21世纪经济管理新形态教材·电子商务系列

新媒体直播电商实务与实操

蒋湘玉 ◎ 主　编

林艳鑫　洪　欣　马浚源 ◎ 副主编

U0366878

清华大学出版社

北　京

内 容 简 介

本书深度融合了新媒体传播学、市场营销学及电子商务的最新理论与实践，旨在为学生及从业者提供一本全面而实用的指南。本书通过剖析直播电商行业的经典案例与前沿趋势，结合生动有趣的操作实例与记忆技巧，循序渐进地引领读者从理论到实践，掌握直播电商的策划、运营、营销及数据分析等核心技能。本书紧跟行业最新动态，更新了直播电商平台的规则变化与营销策略，培养学生在数字经济时代的商业伦理与社会责任感。

本书不仅包含详尽的理论知识讲解，还配有丰富的实操案例、课后分析思考及二维码链接的即测即练，助力读者快速提升实战能力。无论是对于电商、传媒、市场营销等相关专业的学生，还是对于希望跨界转型的职场人士，或是对直播电商感兴趣的初学者，本书都是不可多得的宝贵资源。同时，对于有志于考取"互联网营销师"等相关职业证书或提升职业技能的在职人员，本书亦能提供强有力的支持。

图书在版编目（CIP）数据

新媒体直播电商实务与实操 / 蒋湘玉主编. -- 北京 ：清华大学出版社，2025.4.
(21 世纪经济管理新形态教材). -- ISBN 978-7-302-68730-6

Ⅰ. F713.365.2

中国国家版本馆 CIP 数据核字第 2025BV0362 号

责任编辑：付潭蛟
封面设计：汉风唐韵
责任校对：王荣静
责任印制：刘　菲
出版发行：清华大学出版社
　　　　　网　　　址：https://www.tup.com.cn，https://www.wqxuetang.com
　　　　　地　　　址：北京清华大学学研大厦 A 座　　　　　邮　　编：100084
　　　　　社 总 机：010-83470000　　　　　　　　　　　邮　　购：010-62786544
　　　　　投稿与读者服务：010-62776969，c-service@tup.tsinghua.edu.cn
　　　　　质 量 反 馈：010-62772015，zhiliang@tup.tsinghua.edu.cn
　　　　　课 件 下 载：https://www.tup.com.cn，010-83470332
印 装 者：河北鹏润印刷有限公司
经　　销：全国新华书店
开　　本：185mm×260mm　　　　　印　张：16.25　　　　字　　数：376 千字
版　　次：2025 年 4 月第 1 版　　　　　　　　　　　　　印　　次：2025 年 4 月第 1 次印刷
定　　价：55.00 元

产品编号：108624-01

本书编委会

主　　编：蒋湘玉

副主编：林艳鑫　洪　欣　马浚源

编　　委：胡　锟　吴慧颖　饶跃邦

　　　　　叶荣华　魏韶礼　杜润鑫

　　在新媒体飞速发展的过程中，直播电商作为一种革命性的商业模式，迅速崛起并深刻影响着商业领域的各个方面。这一模式不仅重新定义了消费者的购物体验，也为商家开辟了前所未有的营销方式。通过实时互动和内容展示，直播电商大大提升了购物的便捷性和趣味性，为消费者和商家搭建了沟通的桥梁。

　　为了满足读者学习新媒体直播电商实务与操作技能的迫切需求，我们组织了业内资深专家和经验丰富的教师团队，精心编写了本书。本书旨在全面、系统地介绍新媒体直播电商的运营技能，涵盖了直播电商的各个关键环节。在编写过程中，我们力求内容全面且实用，不仅注重理论知识的阐述，更强调实践操作的重要性。从基础理论到实践操作，我们进行了深入浅出的讲解，帮助读者从零开始，逐步掌握直播电商的核心技能。同时，我们通过实操案例和操作流程，帮助读者将理论知识应用于实际操作中，提升读者解决实际问题的能力。

　　本书共分为 10 章，每一章都针对新媒体直播电商的一个核心领域进行详细阐述，具体如下：

　　第 1 章 "新媒体直播电商概述" 提供了一个全局性的行业视角，详细介绍了直播电商的平台定义、分类及商业模式，并探讨了行业的发展背景和未来潜力。本章通过对新媒体直播电商的历史背景和发展趋势的详细介绍，帮助读者全面了解直播电商的现状和未来潜力。

　　第 2 章 "新媒体直播账号运营" 详细讲解了直播账号的开播流程、运营方法及定位技巧，帮助读者掌握账号的管理和优化策略。本章不仅涵盖了基础操作，还深入探讨了如何通过数据分析来优化直播内容和互动方式，以提升粉丝黏性和转化率。

　　第 3 章 "新媒体直播场景搭建" 重点讲解了直播间设备选择、背景布置、灯光布置和互动道具的使用，提供了一个全面的直播场景搭建指南。本章通过对不同类型直播间的案例分析，帮助读者了解如何营造吸引观众的直播氛围。

　　第 4 章 "新媒体直播间选品" 深入探讨了直播选品的渠道、策略及供应链管理，帮助读者掌握高效的选品方法和技巧。本章分析了各种选品模式的优劣势，并提供了实际操作中的注意事项和成功案例，以帮助读者在复杂的市场环境中做出最优选择。

　　第 5 章 "直播脚本与话术" 解析了直播销售的各类话术及促销手段，详细讲解了直播脚本的撰写、互动技巧和成交话术，旨在提升读者的销售能力。本章通过真实场景的模拟和演练，帮助读者掌握不同销售阶段的关键话术和策略。

　　第 6 章 "直播镜前呈现训练" 则聚焦于主播的镜前表现与沟通技巧，从礼仪培训到品牌塑造，旨在全面提升主播的专业素养和形象管理。本章结合实操案例，探讨了如何通过镜前表现增强观众的参与感和信任度。

第 7 章"抖音本地生活指南"介绍了本地生活服务在直播中的应用及运营策略，探索了新的商业模式，特别是"抖音来客"及团单设计等方面的实践经验。本章通过案例分析和实战演练，帮助读者掌握如何在本地生活服务中有效利用直播电商平台。

第 8 章"新媒体直播流量模型"讲解了直播流量的获取和管理方法，包括免费引流方式、小店随心推、投流巨量千川、投流商品卡及投流搜索流量等，为读者提供了引流和投放策略的深入分析。本章通过详细的数据分析和实操案例，帮助读者理解如何通过精准投放和流量管理提升直播效果。

第 9 章"新媒体直播数据复盘与分析"通过对数据的解析和复盘，帮助读者理解直播数据的关键指标和分析方法，提高数据分析能力。本章通过实操演练，帮助读者掌握如何利用数据驱动直播优化和决策。

第 10 章"新媒体直播法律法规与风险防范"详细讲解了相关法律法规及风险防范策略，提供法律保障和应对指南，为从业者保驾护航。本章结合实操案例，探讨了直播电商中的常见法律问题和风险，并提供了具体的应对策略和建议，帮助读者在合法合规的前提下开展直播业务。

通过学习本书，读者不仅能够全面了解新媒体直播电商的各个方面，还能掌握实际操作技能，为读者在这一新兴行业中的发展奠定坚实基础。我们相信，本书将成为读者学习新媒体直播电商的有力工具，帮助他们在这一充满活力和机遇的领域中脱颖而出。期待读者在学习过程中不断探索和创新，将书中的知识应用于实践，提升自身的专业素养和实践能力，实现个人和职业的共同发展。

编　者

2024 年 11 月

目　录

Contents

第1章

新媒体直播电商概述

本章知识图谱

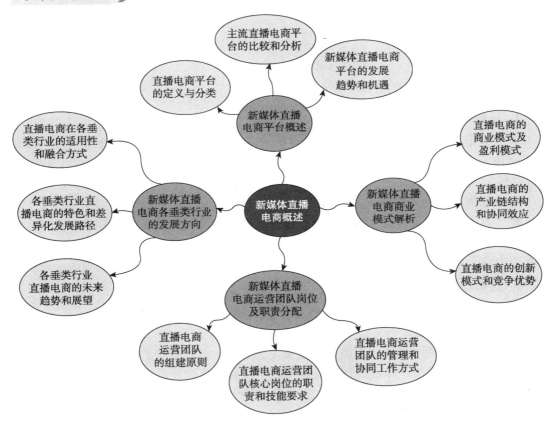

知识目标

通过本章学习，读者应该能够：

1. 掌握直播电商平台的定义与分类；

2. 熟悉当下各主流直播电商平台的现状与特点；

3. 了解新媒体直播电商平台的发展趋势和机遇。

1.1　新媒体直播电商平台概述

 知识驱动

2022 年 12 月，中国社会科学院财经战略研究院、淘宝直播联合发布了《2022 直播电商白皮书》。《2022 直播电商白皮书》中的数据显示，2022 年 6 月，中国电商直播用户规模为 4.69 亿，较 2020 年 3 月增长 2.04 亿，占网民整体的 44.6%。2022 年全网直播电商的 GMV（Gross Merchandise Volume，商品成交总额）为 3.5 万亿元左右，占全部电商零售额的 23%左右。

伴随着行业增长和利润产出，直播电商成为炙手可热的新兴行业。本章将探讨当下主流直播电商平台的发展概况。

 知识要点

1.1.1　直播电商平台的定义与分类

1. 直播电商平台的定义

直播电商平台是一种结合实时视频直播、电子商务和社交互动的综合平台。它利用互联网技术和移动设备，助力商家进行商品展示、与观众进行互动并直接促成购买行为。这种新型的商业模式不仅改变了传统的线上购物方式，还满足了现代消费者对多元化、个性化和实时互动的需求。

在直播电商平台上，商家可以通过直播技术展示商品，与观众进行实时互动，回答观众的问题，了解观众的需求，从而更好地推广商品并促进销售。同时，观众也可以通过直播电商平台了解商品信息、参与互动、购买商品，更加便捷和高效地实现线上购物。

2. 直播电商平台的分类

根据不同的业务模式和特点，直播电商平台主要可以分为以下几类。

1）综合性直播电商平台

综合性直播电商平台提供全方位的直播电商服务，涵盖了多个商品类别和品牌，聚集了大量的主播和观众。综合性直播电商平台不仅具有直播展示商品的功能，还兼具社交互动、购物结算等功能。一些知名的综合性直播电商平台有淘宝直播、抖音直播、京东直播等。综合性直播电商平台具有以下特点。

（1）多元化的商品类别。综合性直播电商平台通常涵盖多个商品类别，如服装、美妆、家居、数码等，满足不同消费者的多元化需求。

（2）主播资源丰富。综合性直播电商平台通常拥有大量主播资源，他们来自不同领域，具备不同专业技能，可以为观众提供多样化的购物体验。

（3）强大的运营能力。综合性直播电商平台通常具备强大的运营能力，包括商品管理、订单处理、售后服务等，确保购物流程的顺畅，并能够保障消费者的权益。

2）垂直领域平台

垂直领域平台专注于某一特定行业或品类，例如美妆、服装、珠宝、食品等。垂直领域平台通常会吸引相关领域的专业主播和品牌商家,提供更具有针对性和专业性的直播电商服务。垂直领域平台能够满足特定消费群体的需求,提高购物的精准度和满意度。垂直领域平台具有以下特点。

(1)专业性。垂直领域平台通常聚集了相关领域的专业人才和品牌商家,为消费者提供专业化的购物指导和优质的商品。

(2)针对性。垂直领域平台的目标消费者群体相对明确,有利于提高购物的精准度和满意度。

(3)个性化。垂直领域平台可以根据不同消费者的需求和偏好,提供个性化的推荐和服务,提高消费者的购物体验。

3)社交媒体整合平台

一些社交媒体平台(如微信、微博等)也整合了直播电商的功能,使观众可以在社交平台上观看直播并购物。这种模式的优势在于借助社交媒体的用户基础和活跃度,提高直播电商的曝光度和参与度。社交媒体整合平台具有以下特点。

(1)广泛的用户基础。社交媒体整合平台通常拥有庞大的用户基础和活跃的社交互动,有利于提高直播电商的曝光度和参与度。

(2)便捷的购物体验。社交媒体整合平台通常将直播与购物功能相结合,观众可以直接在平台上购买商品,实现便捷的"看播+购物"体验。

(3)社交互动的强化。通过直播形式与观众进行互动,可以增强观众与主播、观众与观众之间的社交联系,提高社交媒体的活跃度和用户黏性。

4)品牌自建平台

一些知名品牌或零售商通过自建直播电商平台,直接与消费者进行互动,展示商品并促成购买。这种模式有利于提高品牌曝光度、强化品牌形象,还可以更好地掌握自身的营销策略和渠道。

1.1.2　主流直播电商平台的比较和分析

随着互联网技术的不断发展,直播电商作为一种新型的商业模式,逐渐成为电子商务领域的重要组成部分。接下来将对目前主流的直播电商平台进行比较和分析,包括淘宝直播、抖音直播、快手直播和微信直播等。

1. 淘宝直播

淘宝直播是阿里巴巴旗下的直播电商平台,自 2016 年上线以来,已逐渐成为国内最大的直播电商平台之一。淘宝直播的特点和优势如下。

(1)电商属性强烈。淘宝本身就是一个电子商务平台,因此淘宝直播的电商属性非常强烈,能够很好地结合电商业务,实现直播与购物的互动和融合。

(2)主播资源丰富。淘宝直播拥有大量的主播资源,这些主播来自各行各业,具有不同的专业技能和特点,能够为消费者提供多样化、个性化的购物体验。

(3)商品种类繁多。淘宝作为中国最大的网购零售平台之一,拥有海量的商品种类和品牌,能够满足不同消费者的需求。在淘宝直播中,消费者可以随时购买到自己需要的商品。

（4）完善的直播业务体系。淘宝直播拥有完善的直播业务体系，包括主播孵化、粉丝运营等，能够提供稳定的直播流量和良好的用户体验。

（5）品牌效应强。淘宝作为中国电商的代表性品牌，拥有强大的品牌效应和用户口碑，有利于吸引知名品牌和主播入驻。

2. 抖音直播

抖音直播的特点和优势如下。

（1）短视频内容丰富。抖音以短视频内容为主，能够提供丰富多样的直播内容，满足不同消费者的需求。在抖音直播中，消费者可以在观看短视频内容的同时，通过主播的讲解和展示，了解商品信息和购买详情。

（2）流量巨大。抖音用户基数大，且活跃度高，能够为直播电商提供充足的流量支持。在抖音直播中，消费者可以随时随地观看直播和购买商品。

（3）算法精准。抖音的推荐算法精准度高，能够根据用户兴趣和行为，推送个性化的直播内容。在抖音直播中，消费者可以更容易找到自己感兴趣的直播内容和商品。

（4）年轻人市场潜力巨大。抖音用户主要以年轻人为主，他们对新鲜事物和潮流趋势比较敏感，因此抖音直播的年轻人市场潜力巨大。

3. 快手直播

快手直播的特点和优势如下。

（1）内容多样化。快手直播的内容涵盖了生活、娱乐、才艺等多个领域，能够满足不同层次消费者的需求。在快手直播中，消费者可以观看生活类、娱乐类、才艺类等多样化的内容，同时了解商品信息和购买详情。

（2）用户黏性高。快手的用户群体以年轻人为主，他们对平台具有较高的忠诚度和黏性，有利于主播和品牌的粉丝积累。

（3）社交属性强。快手注重用户与主播之间的互动和交流，通过关注、点赞、评论等方式加强用户与主播之间的联系。在快手直播中，消费者可以更容易与主播互动和交流，购物的信任度和满意度更高。

（4）地域特色浓厚。快手在地域特色方面有着浓厚的基础，能够吸引众多具有地方特色的主播和品牌入驻。在快手直播中，消费者可以更轻松、快捷地了解地方文化和特色商品信息。

4. 微信直播

微信是腾讯旗下的社交平台，拥有庞大的用户群体和社交关系链。微信直播的特点和优势如下。

（1）私域流量池。微信直播可以通过建立私域流量池，更好地管理用户资源和提高转化率。私域流量池包括微信群、公众号、小程序等渠道，能够为主播和品牌提供更精准的流量服务。在微信直播中，消费者可以通过关注公众号、加入微信群等方式获得更精准的流量服务。

（2）社交互动性强。微信直播可以充分利用微信的社交功能，加强观众与主播之间的互动和交流。观众可以通过关注、点赞、评论等方式与主播建立联系，对商品或品牌的信任度和满意度也会随之提高。

（3）变现能力强。微信直播可以通过多种方式实现变现，包括广告投放、商品推广、打赏等。这些变现方式能够为主播和品牌提供更多的盈利渠道和机会。

（4）用户黏性高。微信的用户黏性较高且活跃度高，能够为主播和品牌实现高转化率与长期收益。

1.1.3　新媒体直播电商平台的发展趋势和机遇

1. 持续增长

随着互联网技术的飞速发展和全面普及，新媒体直播电商平台在市场规模方面呈现出持续增长的态势。由于直播电商具有实时互动性，使得越来越多的消费者倾向于通过直播电商来购买产品。此外，消费者的购物习惯也在不断改变，他们更倾向于在直播间了解和购买商品，使得直播电商平台的用户规模也在不断扩大。预计未来这一趋势将继续保持下去，为平台和商家提供更加广阔的市场机会。

2. 技术升级

随着科技的不断发展，新媒体直播电商平台也将不断进行技术升级和创新。例如，增强现实和虚拟现实技术的引入可以使消费者更加真实地体验产品的使用效果，从而增强购物的沉浸感和乐趣。此外，人工智能也可以应用于个性化推荐和客户服务等方面，提高销售效率并提升用户体验。这些先进技术的应用将为直播电商平台注入新的活力，使其在竞争激烈的市场中保持领先。

3. 国际化拓展

近年来，一些中国的直播电商平台已经开始尝试在国际市场上拓展业务。随着中国品牌的日益国际化以及全球用户数量的不断增加，直播电商也将迎来更多走向国际市场的机会。然而，国际化拓展需要充分考虑不同国家的文化背景和市场特点，因此平台需要不断创新和完善自身的业务模式以适应当地市场的需求。通过积极拓展国际市场，直播电商平台将能够进一步扩大其影响力并获得更多的商业机会。

4. 法规与监管

随着新媒体直播电商行业的快速发展，相关的法规和监管措施也在逐渐跟进。政府和相关机构将加强对直播电商的监管以保护消费者权益和维护市场秩序。平台和商家需要密切关注相关法规的变化并确保合规经营。合规经营对于平台和商家的长期发展至关重要，因此他们应积极采取措施以符合法规要求并满足监管标准。通过遵守相关法规和监管措施，直播电商平台和商家可以建立良好的声誉并赢得消费者的信任，从而在激烈的市场竞争中获得优势。

5. 社交化与 UGC 模式融合发展

新媒体直播电商平台与社交媒体的融合越来越紧密，用户生成内容（User Generated Content，UGC）模式逐渐成为直播电商的重要组成部分。通过鼓励用户参与直播内容的创作和分享，平台可以丰富直播内容并提高用户的参与度。同时，通过社交媒体的传播效应，直播内容可以更广泛地传播并吸引更多的潜在消费者。这种社交化与 UGC 模式的融合发展将有助于提升直播电商平台的吸引力和用户黏性，为平台带来更多的商业机会。

6. 多元化盈利模式

随着市场竞争的加剧和技术的发展，新媒体直播电商平台的盈利模式将趋向于多元化。除传统的广告收入和虚拟礼物打赏外，平台还可以通过与品牌合作进行产品推广、开设付费观看专区、提供电商导购等多种方式实现盈利。通过不断创新和完善盈利模式，平台可以吸引更多的广告商、品牌和消费者参与其中，实现可持续的商业成功。

总结而言，新媒体直播电商平台在未来将继续保持强劲的发展势头并面临诸多机遇。通过持续增长、技术升级、国际化拓展、合规经营、社交化与 UGC 模式融合发展以及多元化盈利模式等策略的实施，新媒体直播电商行业将迎来更加广阔的发展前景。然而，也需要注意市场竞争加剧以及法规与监管措施的变化可能带来的挑战。在这个充满机遇与挑战的新时代，新媒体直播电商平台需要不断创新和完善自身以适应市场的变化并抓住发展机遇。

 课后分析思考

1. 选取至少两个主流直播电商平台（如淘宝直播、抖音直播、快手直播等），比较它们在定位、用户群体、直播内容、商业化模式等方面的差异和各自的优势。

2. 分析新媒体直播电商平台的发展趋势，探讨在人工智能、虚拟现实等技术的影响下，直播电商平台可能会出现的创新模式和服务变革。

3. 结合当前市场环境和消费者需求，讨论各个直播电商平台所面临的机遇和挑战，以及如何通过提升内容质量、保护知识产权等方式保持平台的创新力和竞争力。

1.2　新媒体直播电商商业模式解析

 知识要点

1.2.1　直播电商的商业模式及盈利模式

1. 商业模式

新媒体直播电商的商业模式主要是基于互联网直播电商平台进行产品营销和销售。这种模式涉及的主要参与者包括主播、品牌商家和消费者。

（1）主播。主播在新媒体直播电商模式中扮演着重要的角色。他们利用直播电商平台展示和介绍产品，与观众进行实时互动，并引导观众进行购买。他们通常会根据自己的影响力、粉丝数量或其他相关因素来选择与哪些品牌进行合作。

（2）品牌商家。品牌商家是直播电商的另一个重要组成部分。他们提供产品，并承担资金风险，与主播合作推广他们的产品。通过与主播合作，品牌商家能够获得产品曝光率的提高和销售量的增加。除此之外，他们在直播带货中，也会以销售额为基数抽取相应点数的金额，作为和直播电商企业的合作佣金。

（3）消费者。消费者通过观看直播、与主播互动以及购买产品来参与这种商业模式。他们可以在直播电商平台上直接下单购买产品，也可以通过点击链接或扫描二维码等方式跳转到其他平台进行购买。

2. 盈利模式

新媒体直播电商的盈利模式主要包括以下几种方式。

（1）佣金模式。在这种模式下，直播电商企业会从品牌商家的销售额中抽取一定比例的佣金。佣金比例通常是根据销售量或销售额来确定的，因此直播电商企业需要承担销售额不足带来的风险，这会影响品牌商家的合作意愿以及与品牌商家的合作方式。

（2）广告和推广收入。直播电商平台可以在直播过程中插入广告或进行品牌推广，从而获得广告收入。这些广告可以是品牌商家的广告，也可以是其他广告主的广告。此外，一些平台还会通过搜索引擎优化（Search Engine Optimization，SEO）来提高自己在搜索引擎中的排名，从而吸引更多的流量和用户。

（3）礼物和打赏。在这种模式下，观众可以在直播过程中购买虚拟礼物并将其打赏给主播，这些虚拟礼物通常具有一定的价值和特殊意义。直播电商平台通常会抽取一部分虚拟礼物的价值作为平台收入。这种方式可以激励主播提供更好的内容，吸引更多观众，同时也可以为主播和平台带来一定的收入。

（4）付费订阅。在一些直播电商平台上，观众可以支付一定费用以获取独家内容或特殊权益。这种模式下，付费订阅的用户通常是平台的忠实粉丝或对特定内容有高度需求的用户。付费订阅不仅为主播提供了稳定的收入来源，也为平台提供了稳定的用户群体和收入来源。

总的来说，新媒体直播电商的商业模式和盈利模式具有多样性和灵活性。平台可以根据自身的定位、用户需求和商业环境对商业模式和盈利模式进行调整和优化，从而实现更好的商业效果和收益。

1.2.2　直播电商的产业链结构和协同效应

1. 直播电商的产业链结构

直播电商是一种融合了互联网直播和电子商务的新型商业模式，其产业链结构主要包括以下几个环节。

（1）主播。作为直播电商的核心，主播负责在直播电商平台上展示产品，与观众进行互动，并引导观众下单。他们通常拥有一定的粉丝基础和影响力，能够为产品带来更多的曝光和销售机会。

（2）品牌商家。作为产品的提供者，品牌商家需要提供优质的产品和服务，并与主播进行合作，制定营销策略。

（3）直播电商平台。直播电商平台是主播和观众进行互动的场所，也是产品展示和销售的平台。平台需要提供技术支持、流量推广等服务，帮助主播和品牌商家实现产品销售。

（4）物流配送。物流配送是直播电商中不可或缺的一环，负责将产品及时、准确地送达消费者手中。高效的物流配送能够提高消费者的满意度，提升品牌形象。

（5）支付服务。支付服务是保障交易安全的重要环节。在直播电商中，消费者可以通过支付平台或第三方支付工具进行在线支付，确保交易的便捷和安全。

2. 协同效应在直播电商中的重要性

协同效应是指不同环节之间相互配合、相互促进，产生大于各自独立运作时的效果。在直播电商中，协同效应主要体现在以下几个方面。

（1）主播与品牌商家的协同。主播通过自身的知名度和影响力，为品牌商家带来更多的曝光和销售机会。同时，品牌商家的资源支持，如优惠券、折扣等，也可以提高主播的吸引力和影响力，形成互利共赢的合作关系。

（2）直播电商平台与物流配送的协同。直播电商平台提供技术支持和流量推广服务，帮助主播和品牌商家实现产品销售，而物流配送则负责将产品及时、准确地送达消费者手中，两者相互配合，确保消费者能够获得优质的购物体验。

（3）用户口碑效应与社交媒体的协同。观众通过分享直播内容和产品体验，可以吸引更多潜在客户，进一步促进销售增长。同时，社交媒体的传播也可以提高主播和品牌商家的知名度，扩大其影响力。

3. 协同效应的实现方式

要实现直播电商产业链各环节之间的协同效应，需要以下几个方面的工作。

（1）建立良好的合作关系。主播、品牌商家、直播电商平台、物流配送和支付服务等环节需要建立紧密的合作关系，确保各环节之间的顺畅运转。各环节之间可以通过制定合作协议、建立沟通机制等方式，形成稳定的合作关系。

（2）共享资源和技术支持。直播电商平台可以提供技术支持和流量推广服务，帮助主播和品牌商家实现产品销售。同时，物流配送和支付服务也需要提供高效、安全的服务，确保消费者的购物体验。通过共享资源和技术支持，可以提高整个产业链的效率和效益。

（3）建立用户反馈机制。直播电商平台可以建立用户反馈机制，收集消费者对产品和服务的评价和建议。这些反馈可以帮助主播和品牌商家提升产品和服务质量，提高消费者满意度。同时，也可以帮助其他潜在客户做出更明智的购买决策。

（4）利用社交媒体扩大影响力。社交媒体是扩大直播电商影响力的有效途径。通过社交媒体的传播，可以增加品牌商家的曝光度和知名度，吸引更多潜在客户。同时，观众的分享和评论也可以提升产品的口碑和知名度，进一步促进销售量增长。

1.2.3　直播电商的创新模式和竞争优势

随着互联网技术的不断发展，电子商务领域也在不断创新和演变，其中直播电商就是一种新兴的、具有创新性的电商模式。直播电商通过引入实时直播、社交媒体、数据分析和个性化推荐等创新手段，不仅带来了更丰富、更直观的购物体验，还形成了独特的竞争优势。以下将对直播电商的创新模式和竞争优势进行详细探讨。

1. 直播电商的创新模式

直播电商的创新模式主要表现在以下几个方面。

（1）实时直播购物体验。直播电商通过实时直播技术，将产品展示、销售与互动交流相结合，为消费者提供了更直观、更丰富的购物体验。在直播过程中，观众可以看到产品的真实场景、使用效果和功能特点等，还能通过与主播和其他观众的互动，获得更多的产品信息和购物建议。这种模式让消费者在购物时能够更加了解产品，更放心地做出购买决策。

（2）社交媒体与购物的深度融合。直播电商将社交媒体与购物行为深度融合，通过社交媒体的传播和互动，增强了购物的社交性和参与感。观众可以在直播过程中与主播、其他观众进行互动，分享购物心得、评价产品，形成了一个以购物为主题的社交圈子。这种模式增加了用户的黏性和忠诚度，也为品牌商家提供了更多的营销机会。

（3）数据分析和个性化推荐。直播电商通过数据分析和个性化推荐技术，对用户行为进行分析和预测，为消费者提供更精准、更个性化的购物推荐。这种模式根据用户的购物历史、浏览记录、评价反馈等信息，为用户推荐合适的产品和服务，提高了用户满意度和购物体验。

2. 直播电商的竞争优势

直播电商的竞争优势主要表现在以下几个方面。

（1）品牌商家和主播的合作共赢。在直播电商中，品牌商家和知名主播的合作是一种常见的模式。知名主播拥有大量的粉丝和影响力，能够为品牌商家带来更多的曝光和销售机会。同时，品牌商家也愿意为这些知名主播提供更多的资源支持，包括优惠券、折扣等，以换取更多的用户关注和购买。这种合作模式实现了品牌商家和主播的共赢，也形成了良好的合作生态。

（2）多样化的产品推广。直播电商可以销售各种各样的产品，包括服装、化妆品、食品、电子产品等。这种多样化的产品一方面可以满足不同消费者的需求，需求的不同也会推动品牌商家开发出不同类的商品推向市场，另一方面这也会让直播电商企业接触到拥有不同产品的品牌商家，拓宽了商业接触面。

（3）积极的用户参与和互动。在直播电商中，观众可以积极参与直播过程，提出问题、提供建议，主播可以及时回应和解答。这种模式不仅建立了良好的用户关系，还为品牌商家提供了更多的用户反馈。这些反馈可以帮助品牌商家提升产品和服务质量，提高用户满意度和忠诚度。

（4）更高的购物转化率和用户黏性。直播电商通过实时直播、社交媒体、数据分析和个性化推荐等创新模式，提高了购物的互动性、参与感和精准度。这些创新模式不仅吸引了更多的消费者参与直播购物，还提高了用户的黏性和忠诚度，这种高效的购物转化率使得品牌商家的销售业绩得以快速提升。此外，通过不断优化用户体验和提高产品质量，直播电商能够保持用户的持续关注和购买行为，从而形成稳定的用户群体和较高的用户黏性。这对于品牌商家来说具有重要的意义，有助于提高品牌知名度和市场占有率。

（5）灵活的营销策略和创新的空间。直播电商具有灵活的营销策略和创新的空间。品牌商家可以根据不同的市场需求和消费群体，制定不同的营销策略和推广活动。例如，品牌商家可以通过与知名主播合作推出限量版产品、举办限时促销活动等方式，吸引消费者的关注，激发消费者的购买欲望。此外，直播电商还可以结合其他互联网营销手段如短视频、微信公众号等，形成多元化的营销策略组合，提高品牌曝光度和用户参与度。这种灵活的营销策略和创新的空间使得品牌商家能够更好地适应市场和消费者需求的变化从而在激烈的市场竞争中获得优势。

1.3　新媒体直播电商运营团队岗位及职责分配

 知识驱动

随着直播电商逐渐成为新媒体行业的关键模式之一，其背后运营团队的专业性和高效性也日益受到关注。一个成熟的直播电商团队不仅仅是由主播单一角色支撑，而是由多个岗位和角色组成的协调合作体，通过成员之间的分工和协同实现直播效果的最大化和用户体验的优化。在搭建团队时，如何根据不同岗位的特性和工作需求进行合理分工成为了关键。

本节将从团队组建的原则出发，帮助读者理解如何搭建一个兼具稳定性与灵活性的运营团队，随后深入剖析核心岗位的职能和技能要求，提出团队中重要角色在直播过程中应承担的任务。最后，我们将探讨在实际运营中，各岗位如何通过合理的管理和协同机制实现高效合作，使直播电商团队能够应对多变的市场需求与用户偏好。

 知识要点

1.3.1　直播电商运营团队的组建原则

组建一个成功的直播电商运营团队需要遵循多元化、灵活性、协同性和创新性等关键原则。同时，还需要明确的目标和战略、高素质的团队成员、良好的沟通和协作机制、创新意识和能力，以及精细化的管理和考核机制等因素的支持。只有这样，才能够在竞争激烈的市场中获得成功和发展。

1. 关键原则

（1）多元化。直播电商行业涉及的领域广泛，包括内容创作、产品策划、数据分析、市场营销等。因此，一个成功的直播电商运营团队需要具备多元化的技能和背景。拥有不同专业背景、经验和技能的成员可以相互协作，发挥各自的优势，为公司的业务发展提供强大的支持。

（2）灵活性。市场和技术环境的变化日新月异，直播电商运营团队需要具备灵活的思维和快速响应的能力。这意味着团队成员需要时刻关注市场趋势，不断掌握新技术和方法，并能够随时调整策略和优化流程，以适应不断变化的市场需求和用户行为。

（3）协同性。直播电商运营团队成员之间需要保持紧密的协同合作关系。这不仅有助于提高工作效率，还可以促进团队成员之间的知识共享和经验交流。通过建立良好的沟通机制和协作文化，可以增强团队的凝聚力和向心力。

（4）创新性。直播电商行业发展迅速，竞争激烈。团队应鼓励创新和实验精神，以寻找新的增长机会。这意味着团队成员需要敢于尝试新的方法和技术，持续改进和优化运营模式，以适应市场变化和用户需求。通过创新，可以在竞争中获得优势，实现可持续发展。

2. 成功因素

（1）明确的目标和战略。组建一个成功的直播电商运营团队需要明确的目标和战略。目标是指团队努力实现的具体成果，而战略则是实现这些目标的方法和路径。通过制定清晰的目标和战略，可以使团队成员明确自己的工作任务和责任，从而更好地协同合作，提高工作效率和质量。

（2）高素质的团队成员。直播电商运营团队需要具备高素质的成员，他们应具备相关的专业知识和技能，以及良好的沟通能力和团队协作精神。通过招聘和培训高素质的团队成员，可以提高团队的综合素质和业务能力，为公司的成功提供有力保障。

（3）良好的沟通和协作机制。直播电商运营团队成员之间需要建立良好的沟通和协作机制。通过定期召开会议、分享经验和知识、加强信息交流等方式，可以增强团队成员之间的了解和信任，促进团队合作和创新。同时，还需要建立有效的反馈机制，及时发现和解决问题，不断完善团队的协作方式。

（4）创新意识和能力。直播电商行业的发展迅速，竞争激烈。团队应具备创新意识和能力，以寻找新的增长机会。这可以通过鼓励团队成员不断学习和尝试新的方法和技术来实现。同时，还需要建立创新文化，鼓励团队成员敢于挑战传统思维模式，勇于尝试新的运营模式和商业模式。

（5）精细化的管理和考核机制。直播电商运营团队需要精细化的管理和考核机制。通过明确每个岗位的职责和职能，制定详细的工作流程和管理制度，可以使团队成员更加明确自己的工作任务和目标。同时，还需要建立科学的考核机制，对团队成员的工作绩效进行客观评价和激励，以提高工作效率和质量。

1.3.2　直播电商运营团队核心岗位的职责和技能要求

直播电商运营团队是推动直播电商业务发展的重要力量，各岗位的职责和技能要求是确保团队高效运转和实现业务目标的关键。下面将详细介绍直播电商运营团队各岗位的职责和技能要求。

1. 直播主播

直播主播是直播电商团队的核心成员，负责产品展示和销售。他们是直播间的灵魂人物，需要具备良好的口才和沟通能力，能够吸引观众的注意力并激发他们的购买欲望。表 1-1 是直播主播的职责和技能要求。

表 1-1　直播主播的职责和技能要求

工作环节	职　　责	技 能 要 求
售前准备	• 提前挖掘产品的特点、优势和使用方法	• 出色的口才和沟通能力，能够吸引观众的注意力并激发他们的购买欲望
直播现场	• 与观众进行互动，回答观众的问题，解决他们的疑虑，建立信任和忠诚度 • 推动销售，通过各种促销手段和优惠活动提高观众的购买意愿	• 在摄像头前表现得自信并具有吸引力，能够吸引观众的眼球并保持他们的兴趣 • 灵活回答特殊问题，能够准确解答直播中涉及的消费者问题
售后服务	• 提高客户满意度，及时处理客户的投诉和反馈，提供优质的售后服务	• 有良好的沟通能力和亲和力，能够建立用户的长期信任

2. 直播导购

直播导购是直播主播的重要支持者，协助直播主播进行销售。他们负责协助主播介绍产品特点和优势，处理订单和支付事务，提供客户支持和售后服务。表 1-2 是直播导购的职责和技能要求。

表 1-2　直播导购的职责和技能要求

工作环节	职　　责	技 能 要 求
售前准备	• 协助主播梳理产品特点和优势，为主播提供有力的销售支持	• 熟练掌握销售技巧，能够全面了解产品的详细内容，罗列产品售卖时辅助主播讲解的要点
直播现场	• 处理订单和支付事务，确保交易的顺利进行	• 熟悉订单处理和支付流程，能够准确快速地处理订单和支付事务 • 灵活应对突发情况，能够迅速处理直播中出现的问题和意外情况
售后服务	• 提供客户支持和售后服务，解决客户的问题和投诉，提高客户满意度	• 良好的客户服务技能，能够解决客户的问题和投诉，提高客户满意度

3. 直播运营经理

直播运营经理负责团队的整体运营和管理。他们负责制定直播计划和策略，管理团队成员的工作任务和绩效，监控销售和市场趋势，与其他部门进行协调和合作，确保团队的顺利运作和目标的实现。表 1-3 是直播运营经理的职责和技能要求。

表 1-3　直播运营经理的职责和技能要求

工作环节	职　　责	技 能 要 求
售前准备	• 制定直播计划和策略，确定直播的主题、内容和时间安排 • 管理团队成员的工作任务和绩效，确保团队的高效运转和目标的实现	• 业务战略和规划能力，能够制定切实可行的直播计划和策略 • 领导和团队管理技能，能够激发团队成员的潜力，提高整个团队的效率和协作能力
直播现场	• 监控销售和市场趋势，及时调整策略和计划，提高团队的业绩和效益 • 与其他部门进行协调和合作，确保团队的顺利运作和资源的合理分配	• 数据分析和市场洞察能力，能够监控销售和市场趋势，及时调整策略和计划
售后服务	• 跟踪行业动态和竞争对手的动向，及时调整和创新团队的运营模式和策略 • 负责团队的成本管理和预算编制，确保团队的可持续发展和盈利能力的提升	• 良好的沟通和协调能力，能够与其他部门进行有效的协调和合作 • 熟悉直播电商平台的运营规则和推广手段，能够合理利用资源提高团队的业绩和效益

1.3.3 直播电商运营团队的管理和协同工作方式

直播电商运营团队是推动直播电商业务增长的核心力量。一个优秀的直播电商运营团队需要具备高度的协同性、精湛的技能和明确的目标。

1. 直播电商运营团队的组建准则

（1）目标一致。团队成员应共同明确团队的目标和关键绩效指标（Key Performance Index，KPI），以激发团队的合作精神。目标一致可以促进团队成员共同努力，提高团队的凝聚力和向心力。

（2）良好的内部沟通。建立良好的沟通机制和渠道，如定期会议、在线工具等，以加强团队成员之间的沟通和联系。这有助于确保信息的畅通无阻，提高协同工作的效率。

（3）技能互补。根据各岗位的职责和技能要求，合理分配人员，使团队成员的技能相互补充。这样可以充分发挥每个人的优势，同时还可以促进团队成员之间的相互学习和共同进步。

（4）动态调整。根据业务需求和市场变化，及时调整团队结构和人员配置。对于不同阶段的任务和目标，应灵活调整团队结构，使团队更加适应市场变化和业务需求。

2. 直播电商运营团队的管理策略

（1）制定完善的规章制度。制定详细的工作流程、绩效考核标准等规章制度，使每个团队成员明确自己的职责和行为标准。这有助于确保团队工作的规范化、标准化和高效化。

（2）建立激励机制。设计合理的激励机制，如奖金、晋升机会等，以激发团队成员的积极性和创造力。这有助于提高团队成员的工作热情和投入度，促进团队的整体发展。

（3）加强培训与学习。定期组织培训和学习活动，提高团队成员的专业素质和综合能力。这有助于团队成员不断更新知识、提高技能水平，适应行业发展的需求。

（4）监督与反馈机制。建立有效的监督和反馈机制，定期对团队成员的工作表现进行评估。这有助于及时发现问题并采取措施加以解决，提高整个团队的工作效率和质量。

（5）营造良好的团队氛围。积极营造积极向上、团结协作的团队氛围。鼓励团队成员相互支持、相互帮助，共同面对挑战和解决问题。这有助于提高团队的凝聚力和向心力，促进团队的长期发展。

3. 直播电商运营团队的协同工作方式

（1）建立协同工作流程。明确工作流程和职责划分，使每个团队成员清楚自己的工作内容和职责范围。通过协同工作流程，可以确保团队成员之间的高效配合和顺畅衔接。

（2）利用协同工具。选择合适的协同工具和平台，如云存储、在线文档协作等工具，以提高团队成员之间的协作效率。这有助于实现资料共享、讨论问题以及协调分工等方面的优化。

（3）定期沟通与交流。通过定期的会议、讨论会等方式，加强团队成员之间的沟通与交流。这有助于促进信息共享、知识传递，以及及时发现并解决问题。建立良好的沟通机制可以提升协同工作的质量和效率。

（4）建立知识共享平台。建立一个知识共享平台或数据库，使团队成员可以方便地获取和使用专业知识与技能。通过知识共享平台，可以积累和传承团队的优秀经验和技术成果，提高整个团队的综合素质和竞争力。

（5）鼓励团队合作与创新。鼓励团队成员之间相互协作、共同创新。通过团队合作和创新可以提升整个团队的创造力与适应性，以更好地应对市场变化和客户需求。提供支持和激励以鼓励团队成员进行合作和创新是至关重要的。

（6）跨部门协同合作。加强与其他部门的协同合作可以确保直播电商运营团队顺利运作，并与公司战略目标保持一致。与其他部门保持密切沟通与协作关系，能够优化资源和信息流动，共同推动公司业务的发展与提升，促进业务目标的实现。

（7）及时调整与优化。随着业务需求和市场环境的变化，及时调整协同工作方式并不断优化流程和方法以适应新的挑战和机遇，对保持团队的竞争力和适应性是至关重要的。

1.4   新媒体直播电商各垂类行业的发展方向

 知识要点

1.4.1   直播电商在各垂类行业的适用性和融合方式

1. 食品和饮料行业

在食品和饮料行业中，直播电商的适用性非常明显，这个行业的产品具有多样化的特点，从日常用品到高端食品都有涉及。直播电商通过直观的展示和详细的描述，能够帮助消费者更好地了解产品的特点和质量，同时提供线上购买的服务，极大地提高了购物的便利性。

比如，某咖啡品牌通过直播展示咖啡豆的烘焙过程，让消费者了解咖啡豆的来源和烘焙技巧，同时还提供了线上购买咖啡豆的服务。这种方式不仅增强了消费者对品牌的信任度，还通过线上购买的便利性吸引了更多的消费者。

2. 时尚和美容行业

时尚和美容行业的产品具有很强的视觉效果和体验感，非常适合通过直播电商进行销售。在这个行业中，直播电商不仅可以展示产品的外观和特点，还可以通过化妆示范、美容秘诀分享等方式吸引消费者的关注。

例如，某化妆品品牌可以通过直播展示化妆技巧和产品的使用效果，让消费者了解产品的特点和优势。同时，通过在线试妆、试衣等功能，可以让消费者更好地了解产品的效果和适合度。这种方式不仅提升了消费者的购买体验，还提高了消费者的忠诚度。

3. 家居和家电行业

家居和家电行业的产品通常具有较大的体积和质量，消费者在购买时往往需要更多的信息和参考。直播电商通过展示产品的功能和设计，提供实际的使用案例等方式吸引消费者。通过直播，家居和家电品牌可以向消费者展示产品的特点和优势，同时提供在线购物链接，让消费者能够直接下单购买。

比如，某家具品牌通过直播展示产品的设计和功能，让消费者了解产品的特点和优势。同时，通过在线装修建议等功能，让消费者能够更好地了解产品的使用方法和效果。这种方式不仅提升了消费者的购买体验，还提高了消费者的忠诚度。

4. 娱乐和体育行业

娱乐和体育行业的产品通常具有高度的互动性和体验性，非常适合通过直播电商进行销售。在这个行业中，直播电商不仅可以展示艺人和体育明星的风采和表演，还可以通过售卖周边产品等方式吸引消费者的关注。同时，直播电商还可以提供在线演唱会、体育比赛的观看体验，让消费者能够更好地感受艺人和体育明星的魅力。

例如，某音乐平台通过直播展示歌手的演唱过程和幕后制作过程，让消费者了解歌手的表演风格和歌曲创作背景。同时，通过售卖周边产品等方式，让消费者更好地感受歌手的音乐风格和品牌形象。这种方式不仅提高了消费者的参与度和忠诚度，还增加了消费者的购买意愿。

5. 医疗和健康行业

随着人们健康意识的不断提高，医疗和健康行业也开始涉足直播电商领域。在这个行业中，直播电商不仅可以提供在线问诊服务、健康咨询服务等，还可以推广健康产品、健身课程产品等。通过直播，医生和健康专家可以向消费者提供专业的健康咨询和建议，同时售卖相应的健康产品和服务。

比如，某医疗平台可以通过直播展示医生的问诊过程和推广健康科普知识，让消费者了解自己的健康状况和治疗方案。同时，通过售卖相应的药品、保健品和服务等方式，让消费者能够更好地满足自己的健康需求。这种方式不仅提高了消费者的健康意识和知识水平，还增强了消费者的购买意愿。

直播电商在各个垂直行业的应用都具有一定的适用性和融合方式。利用直播电商平台的特点和优势，各行业都可以展示自己的产品和服务，来吸引消费者的关注，增加购物的互动性和体验感，以及提供更便捷的购物渠道。随着互联网技术的不断发展和普及，以及消费者行为的不断变化，相信未来直播电商还将在更多领域得到更广泛的应用和发展。

1.4.2　各垂类行业直播电商的特色和差异化发展路径

各垂类行业的直播电商在发展过程中，由于其服务对象、产品特点、消费者需求和市场竞争等因素的差异，具有各自的特色和差异化发展路径。

1. 食品和饮料行业

食品和饮料行业的产品大多属于日常消费品,消费者对产品的品质和口感有很高的要求。因此,食品和饮料行业的直播电商通常注重美食美酒品鉴、烹饪秀和食品配送服务。通过直播,消费者可以了解产品的口感、品质和制作过程,同时也能享受线上购买的便利。

在差异化发展路径上,食品和饮料行业的直播电商可以与知名厨师和美食博主合作,推出高品质食材和特色美食产品。此外,他们还可以提供个性化的美食定制服务,满足消费者对美食的多样化和个性化需求。

2. 时尚和美容行业

时尚和美容行业的产品具有个性化的特点,消费者注重时尚趋势和产品效果。因此,时尚和美容行业的直播电商通常通过提供虚拟试衣间、化妆教程和个性化建议来吸引消费者。

在差异化发展路径上,时尚和美容行业的直播电商可以与时尚博主和化妆师合作,推出独特的时尚设计和美容产品。同时,他们还可以提供个性化的化妆和造型服务,满足消费者对美的追求。

3. 家居和家电行业

家居和家电行业的产品通常具有较大的体积和质量,消费者在购买之前需要考虑产品的功能和适用性。因此,家居和家电行业的直播电商通常通过产品演示、装修建议和客户评价来满足消费者的需求。

在差异化发展路径上,家居和家电行业的直播电商可以与室内设计师和家居博主合作,推出创新的家居产品。同时,他们还可以提供个性化的家居设计和装修服务,满足消费者对家居环境的多样化需求。

4. 娱乐和体育行业

娱乐和体育行业的消费者通常是明星和体育偶像的粉丝,因此娱乐和体育行业的直播电商通常通过与他们互动、售卖周边产品和提供独特的体验来吸引受众。

在差异化发展路径上,娱乐和体育行业的直播电商可以与明星和体育俱乐部合作,推出独家的娱乐和体育产品。同时,他们还可以提供粉丝见面会、签名会等独特的互动体验服务,满足消费者的需求。

5. 医疗和健康行业

医疗和健康行业的产品和服务具有特殊性质,消费者对健康信息和产品的可靠性有很高的要求。因此,医疗和健康行业的直播电商通常注重提供专业的健康咨询、推广可信的健康产品和提供在线问诊服务来吸引受众。

在差异化发展路径上,医疗和健康行业的直播电商可以与著名医生和健康专家合作,推出科研支持的健康产品。同时,他们还可以提供个性化的健康管理计划和在线咨询服务,满足消费者对健康的需求。

各垂类行业的直播电商在发展过程中具有各自的特色和差异化发展路径。为了更好地满足消费者的需求并获得竞争优势，他们需要结合行业特点、消费者需求和市场趋势等因素进行创新和发展。

1.4.3 各垂类行业直播电商的未来趋势和展望

直播电商在各垂类行业的未来将迎来更多的机遇和挑战。随着科技的发展和消费者行为的改变，以下是各行业的未来趋势和展望。

1. 食品和饮料行业

随着消费者对食品来源、制作过程和口味的关注度不断提高，食品和饮料行业的直播电商将更加注重透明度和真实性。通过直播，消费者可以更直观地了解产品的生产环境、加工过程和食材品质，这将进一步推动有机食品、健康食品和素食等细分市场的增长。此外，随着科技的进步，AR 和 VR 技术将逐渐应用于虚拟试吃和虚拟品鉴等领域，为消费者提供更加沉浸式的购物体验。

2. 时尚和美容行业

时尚和美容行业的直播电商在未来将更加注重个性化和定制化服务。消费者可以根据自己的肤质、发型和个人喜好，接受针对性的化妆建议、发型设计和服装搭配等服务。同时，可持续性和环保将成为时尚产业的重要议题，推动绿色美妆、二手时尚商品和可持续时尚的发展。与时尚博主和化妆师的合作将更加紧密，他们将通过直播为消费者提供专业且真实的购物指南。

3. 家居和家电行业

家居和家电行业的直播电商将进入一个全新的发展阶段，产品范围将进一步扩大。智能家居设备、定制家具和绿色家居用品等细分市场将逐渐崛起。通过直播，消费者可以更加直观地了解产品的设计理念、功能特点和实际应用效果。此外，与室内设计师和家居博主的合作将为消费者提供更加专业的购物建议和个性化的定制服务。

4. 娱乐和体育行业

娱乐和体育行业的直播电商将继续与明星和体育偶像紧密合作，为消费者提供独家的娱乐和体育产品。AR 和 VR 技术将为消费者带来全新的购物体验，例如虚拟演唱会、体育比赛和明星互动等。此外，随着电子竞技的兴起，直播电商将在游戏、电竞队伍和周边商品等领域寻找更多的商业机会。

5. 医疗和健康行业

医疗和健康行业的直播电商将更加注重科技创新和应用，为消费者提供更加便捷、高效和个性化的健康服务。远程医疗咨询、在线健康监测和个性化健康管理计划等新型服务模式将逐渐普及，与著名医生和健康专家的紧密合作将提高直播电商的专业性和可信度。同时，随着大数据、人工智能等技术的不断发展，直播电商将能够更准确地分析消费者需求并提供个性化的健康解决方案。

各垂类行业的直播电商在未来将呈现出更加多元化、个性化和智能化的发展趋势。

为了在激烈的市场竞争中脱颖而出，各企业需要紧密关注行业动态，不断创新和完善产品和服务，以满足消费者的需求并抓住未来的商业机遇。

 课后分析思考

　　直播电商作为一种新兴的商业模式，正在逐步渗透到各垂类行业中。请结合当前市场趋势和行业发展，深入探讨直播电商在不同垂类行业中的适用性和融合方式，并分析各垂类行业直播电商的特色以及差异化发展路径。在此基础上，进一步展望各垂类行业直播电商的未来趋势，并提出相关建议。

 课后扩展阅读

 即测即练

自学自测　　扫描此码

第2章

新媒体直播账号运营

本章知识图谱

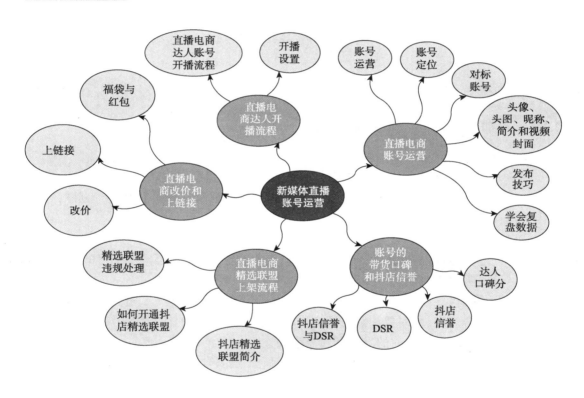

知识目标

通过本章学习，读者应该能够：

1. 了解直播达人账号开播流程；

2. 熟悉和掌握账号运营方法；

3. 熟悉和掌握账号定位技巧；

4. 熟悉和掌握寻找对标账号的方法；

5. 了解达人口碑分的规则；

6. 了解抖店信誉的规则；

7. 了解精选联盟的入驻规则；

8. 掌握直播间改价的规则和方法；

9. 掌握直播间上链接的规则和方法。

2.1　直播电商达人开播流程

 知识驱动

假如你在福建翰智有限公司担任场控专员一职。你凭借对数字媒体运营、内容创作、平台策略及用户行为分析等领域的深入理解与实践经验，肩负起公司直播账号的全流程搭建与运营重任。

你的工作核心在于，运用所学知识与实战经验，精心制定并执行一套高效、系统的直播开播流程。

 知识要点

2.1.1　直播电商达人账号开播流程

直播电商达人账号开播流程主要包括以下步骤。

（1）注册与实名认证。首先需要注册一个账号，并进行实名认证。需要注意的是，确保使用自己的身份信息进行注册，因为直播电商达人账号只能由自己进行直播，不允许由他人代播。

（2）开通直播软件。打开直播开通页面，按照提示完成开通流程。

（3）创建直播预告。在软件中，选择创建直播预告，并上传已经制作好的预告图片和内容。这是吸引观众的重要步骤，所以内容需要具有吸引力。

（4）开始直播。当预告的直播时间到达时，点击"开始直播"，进入直播状态。确保直播内容符合规定，同时要注意与观众进行互动，提升直播的活跃度和观众的参与度。

此外，还有一些开播前的准备和注意事项。

（1）挂靠直播机构。如果开通的是达人直播号，需要挂靠直播机构。在选择机构时，要注意避免那些可能收取不合理费用的机构。

（2）学习直播规则。在直播前，需要学习并了解平台直播的相关规则，以避免在直播过程中因违规而被处罚。

（3）准备直播内容。在开播前，准备好直播的内容，包括产品介绍、互动环节等，确保直播过程流畅并有趣。

（4）准备充分。准备工作包括直播内容规划、场景布置、灯光音效、网络连接等，确保直播过程中的专业性。例如，选择安静明亮的直播环境，避免噪声干扰，保证声音清晰；使用性能良好的手机或电脑进行直播，并确保网络连接稳定，避免直播中断或画面卡顿；保持画面稳定，不要随意晃动，可以提前准备一个支架来固定手机或设备；衣着、言行一定要得体，遵守平台规定，避免出现低俗、违规内容。

2.1.2　开播设置

开播前设置好定位，开启分享按键，如图 2-1 所示。

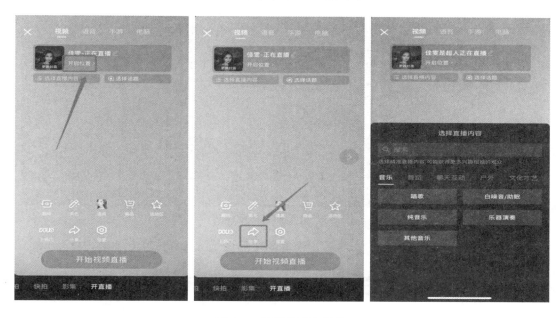

图 2-1　开播前定位设置

选择直播主题，撰写直播介绍，如图 2-2 所示。

图 2-2　开播前直播主题与介绍设置

设置分辨率，并且开启功能权限，如图 2-3 所示。

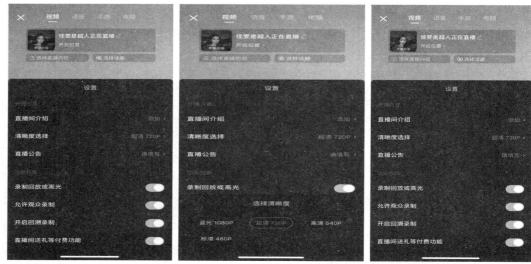

图 2-3 开播前直播间设置

在直播间添加购物小黄车，将需要销售的产品添加入小黄车内，如图 2-4 所示。

图 2-4 直播间添加购物车

在直播时，需要实时关注直播间后台数据，如图 2-5 所示。

图 2-5 达人端后台数据

综上所述，开播带货需要做大量的前期准备工作，其中添加购物车又是重中之重，我们用一张图来清晰地呈现达人带货关系（图 2-6）。

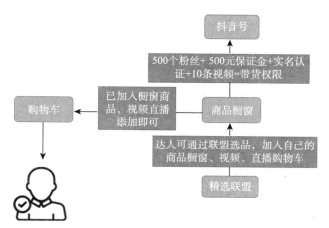

图 2-6　达人带货关系图

 任务操作

步骤	内　　　容	备　　注
①	设置开播流程	实训目标
②	开播前定位设置	实训步骤
③	开播前直播间设置	实训步骤
④	直播间添加购物车	实训步骤
⑤	开播时观察达人端后台数据	实训步骤

课后分析思考

完成直播账号的注册并完善信息。

1. 打开抖音软件，点击"注册"按钮，按照提示填写相关信息，如手机号码、验证码、密码等。

2. 注册成功后，登录账号，进入个人中心或设置页面，完善个人信息，包括头像、昵称、简介，确保信息真实、准确、有吸引力。

3. 实名认证与资质审核，根据平台要求，进行实名认证。通常需要提供身份证、银行卡等相关信息，以便平台验证你的身份和资质。此外，一些平台还要求提供营业执照、税务登记证等资质证明，以确保你的经营行为合法合规。

4. 开通直播权限，在完成实名认证和资质审核后，可以申请开通直播权限。不同平台的申请流程可能略有不同，但通常需要填写直播申请表格，提交相关证明材料，并等待平台审核。审核通过后，就可以正式开启直播带货之旅了。

2.2　直播电商账号运营

 知识驱动

为福建翰智有限公司搭建一个直播账号

你作为一名新媒体专业的学生，在深入学习了数字媒体运营、内容创作、平台策略以及用户行为分析等多方面的知识后，加入了福建翰智有限公司，担任产品专员一职，专注于官方账号的运营与管理工作。现在，你要负责完成直播账号的全流程搭建工作。从市场调研，了解目标受众的喜好与观看习惯，到选定适合的直播平台并熟悉其规则与功能；从账号的注册、认证与基础信息完善，到设计具有辨识度的账号形象，包括头像、封面图以及直播间的装饰风格，确保每一个细节都能体现公司的品牌特色；从策划直播内容，确保既有教育性又有趣味性，能够吸引并留住观众，到培训直播团队，包括主播、助理以及技术支持人员，确保直播过程的专业流畅。

 知识要点

2.2.1　账号运营

抖音账号运营主要是为了让账号获得更高的权重，从而增加视频的曝光量和关注度。以下是一些关于运营的建议。

（1）初始设置。使用手机号注册抖音账号，避免使用微信或其他第三方平台登录。设置简洁大方的用户名和头像，避免涉及敏感词汇或违规内容。

（2）内容定位。确定账号的内容定位，选择自己擅长或感兴趣的领域，并持续发布相关内容。内容要垂直化，即专注于某一领域，不要发布与定位不符的内容。

（3）互动。每天保持一定的活跃时间，如至少一小时，用于刷视频、看直播和参与评论互动。

关注优质同行和领域大号，学习他们的内容创作和运营方式。

在观看视频时，注意完播率，尽量完整观看感兴趣的视频，并点赞、评论和分享。

（4）数据分析。初步数据分析是养号的关键，通过观察视频的点赞数、完播率、评论数量、转发数量和关注数量等因素，了解哪些内容受欢迎，哪些地方需要改进。

根据数据分析结果，调整内容创作策略，提高视频质量和用户参与度。

（5）避免违规行为。遵守抖音平台的规则，不发布违规内容，不参与恶意竞争或刷量行为。避免频繁更改资料或使用多个账号进行切换，以免降低账号权重。

2.2.2　账号定位

（1）确定目标受众。首先，你需要明确你的直播内容会吸引哪一类人群。这可以通过分析市场、竞品和你的产品或服务来确定。例如，如果你的直播内容是关于美妆的，那么你的目标受众可能是年轻女性。

（2）内容定位。内容定位应与你的目标受众相匹配。例如，如果你的目标受众是年轻女性，那么你的内容可以围绕美妆教程、产品评测、时尚搭配等方面展开。同时，内容应保持垂直化，即专注于某一领域，不要涉及与定位不符的内容。

（3）人设定位。人设定位是你在抖音直播中的形象展示。你可以根据自己的性格、特长和直播内容来确定一个独特的人设，如幽默风趣的主播、专业严谨的产品评测师等。

（4）品牌合作与营销策略。根据你的账号定位，你可以考虑与相关品牌合作，进行产品推广或联合营销。同时，制定合适的营销策略，如优惠券、限时折扣等，以吸引更多观众关注和购买。

（5）持续优化与调整。定位并非一成不变，你需要根据市场变化、观众反馈和数据分析来持续优化和调整你的定位策略。例如，如果发现某一类内容特别受欢迎，你可以加大这类内容的投入；如果发现某些营销策略效果不佳，你可以尝试更换新的策略。

账号定位流程如图 2-7 所示。

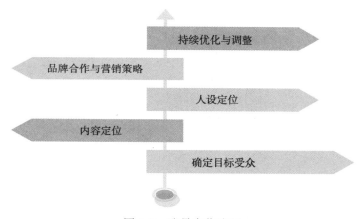

图 2-7　账号定位流程

2.2.3　对标账号

在抖音直播领域，找到适合的对标账号对于提升直播质量和吸引目标受众至关重要。以下是一些建议，帮助你找到抖音直播账号的对标。

（1）利用抖音搜索功能。直接在抖音的搜索栏中输入你所在领域的关键词，如"美妆直播""穿搭分享"等。搜索结果页面会展示一系列相关的账号，你可以从中挑选出与你的直播内容定位相似的账号进行分析。

（2）观察同行账号。关注与你的直播内容相近的账号，观察它们的直播风格、内容策划、互动方式等。通过对比和分析，找到一些值得学习的对标账号。

（3）分析爆款账号。寻找近期在抖音上流量较高、热度较大的爆款账号。这些账号往往具有一些成功的运营策略和吸引观众的元素，通过分析它们的直播内容和运营方式寻找灵感。

（4）利用第三方数据平台。借助一些专业的抖音数据分析平台，如飞瓜数据、蝉妈妈等，找到更详细、更全面的对标账号信息。这些平台通常提供账号的粉丝量、播放量、互动数据等关键指标，可以帮助你更准确地找到适合的对标账号。

（5）关注行业榜单和推荐。定期查看抖音官方或行业媒体发布的直播账号榜单和推荐，这些榜单通常基于数据分析和用户反馈评选出优秀的直播账号，可以作为寻找对标账号的重要参考。

在找到对标账号后，你需要深入分析它们的直播内容、观众互动、营销策略等方面，找出它们的优点和不足，并结合自己的实际情况进行学习和借鉴。同时，也要注意保持自己的独特性和创新性，避免完全模仿对标账号（图2-8）。

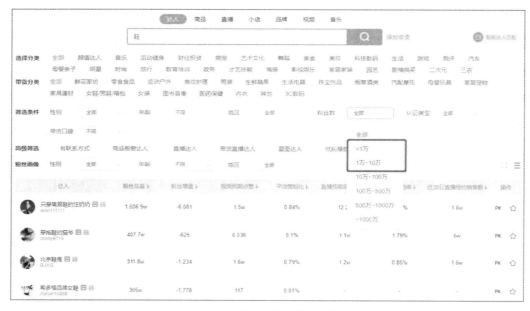

图2-8　如何寻找对标账号

2.2.4　头像、头图、昵称、简介和视频封面

在抖音账号的运营中，头像、头图、昵称、简介和视频封面都是非常重要的元素，它们共同构成了一个账号的整体形象，并影响着用户的第一印象和关注度。

（1）头像。头像是用户在抖音平台上的重要标识，也是用户建立品牌形象的重要元素。对于个人账号，可以选择一张能够展示个人特色或个性的照片，增加用户对你的认知和记忆。对于企业号或品牌账号，可以使用品牌的Logo或具有代表性的图案，以增强品牌的可识别度。

（2）头图（背景图）。头图位于账号主页的顶部，是用户进入主页后首先看到的内容。头图的设计应与账号的定位和内容风格保持一致，能够直观地传达账号的主题或特色。例如，企业号可以选择展示公司或品牌的办公环境、产品等，以体现公司的实力和形象。

（3）昵称。昵称是用户在抖音平台上的称呼，也是其他用户搜索和识别账号的重要依据。昵称的选择应简洁明了，方便用户记忆和搜索。同时，昵称也要能够体现账号的定位和特色，让用户一眼就能看出账号的主题或内容。

（4）简介。简介是用户对账号的简要介绍，也是用户了解账号的重要途径。简介的内容应简洁明了，能够准确地传达账号的主题、特色和价值。简介的内容可以包括账号的定位、内容方向、联系方式等信息，方便用户更好地了解和关注账号。

（5）视频封面。视频封面是平台用户在浏览视频时首先看到的内容，它直接影响着用户是否愿意点击观看视频。视频封面的设计应与视频内容相匹配，能够直观地展示视频的主题或亮点。同时，视频封面也要具有吸引力和辨识度，能够吸引用户的注意力并激发他们的观看欲望。

2.2.5　发布技巧

根据你的目标用户确定发布内容的时间、定位、活动、话题、频率，以及卖货和纯分享的比例等。

根据抖音的算法，发布时间和频率也会影响流量。

选择在你的目标用户活跃度高的时间段发布视频。前期一定要保持固定的发布频率，尽量每天发布 1~2 个视频，保持持续的输出。

在抖音上发布内容时，有一些关键的发布技巧，可以帮助你提高内容的曝光率，吸引更多的观众，具体如下。

（1）内容定位清晰。首先，你需要明确你的抖音账号的主题和内容定位，确保你的内容始终围绕这个定位展开，这样可以吸引并留住目标受众。

（2）优化发布时间。选择用户活跃的时间段发布内容，如晚上和周末。这样可以增加你的内容被用户看到的机会。

（3）制作高质量内容。内容的质量是吸引观众的关键。确保你的视频画质清晰、音效良好、内容有趣且有价值。同时，注意视频的时长，避免过长导致用户失去兴趣。

（4）使用热门话题和标签。关注抖音上的热门话题和标签，并在你的内容中使用它们。这可以增加你的内容被推荐的机会，提高曝光率。

（5）引导观众互动。在视频描述或评论中，引导观众进行点赞、评论和分享。这些互动行为可以提高你的内容在抖音算法中的权重，增加曝光量。

（6）定期更新。保持一定的更新频率，让粉丝知道你的账号是活跃的。但也要注意不要过于频繁地发布内容，以免打扰到用户。

（7）合作与互动。与其他抖音用户或品牌进行合作，可以增加你的账号的曝光度。同时，积极回复粉丝的评论和私信，与他们建立良好的互动关系。

（8）利用数据分析。定期查看和分析你的抖音账号的数据，了解哪些内容受欢迎，哪些时段用户活跃度高。根据这些数据调整你的发布策略和内容方向。

遵循这些发布技巧，并持续学习和改进，你的抖音账号将逐渐积累起一批忠实的粉丝，提高内容的曝光率和影响力。

2.2.6　学会复盘数据

抖音直播和短视频的复盘数据是提升内容质量和优化营销策略的重要依据。以下是一些关键的复盘数据指标及其分析。

1. 抖音直播复盘数据

（1）直播观看人数与观看时长。这两个指标直接反映了直播的吸引力和观众留存率。如果观看人数和观看时长均较低，可能需要考虑调整直播内容或推广策略。

（2）互动数据。包括点赞、评论和分享次数。这些指标反映了观众对直播内容的兴趣和参与度。高互动数据意味着观众对直播内容产生了共鸣，可以考虑继续优化这类内容。

（3）商品销售数据。如果直播中涉及商品销售，那么商品点击率、转化率和销售额等数据就尤为重要。这些数据可以帮助你了解哪些商品更受欢迎，以及如何优化商品展示和介绍方式。

（4）流量来源分析。分析直播流量的来源，包括推荐页、关注页、搜索等，有助于了解哪些渠道带来的流量更多，从而优化流量获取策略。

直播复盘数据表如表 2-1 所示。

表 2-1　直播复盘数据表

直播复盘表

数据概览	账号		开播日期		开播时长		直播时间段	
	观众总数		付款总人数		付款订单数		销售额	
直播内容质量问题分析								
直播吸引力指标	关联因素		问题记录			复盘结论		
最高在线人数		流量精准度 选品吸引力 产品展现力 营销活动力 主播引导力						
平均停留时间								
新增粉丝量								
增粉率								
评论人数								
互动率								
直播销售效率分析								
直播吸引力指标	关联因素		问题记录			复盘结论		
转化率		流量精准度 选品吸引力 产品展现力						
订单转化率								
客单价								

2. 短视频复盘数据

（1）播放量。短视频的播放量是其传播效果的重要指标。如果播放量较低，可能需要优化标题、封面和内容，提高视频的吸引力。

（2）点赞、评论和分享。这些互动数据同样反映了观众对短视频内容的兴趣和参与度。高互动数据意味着视频内容具有吸引力，可以考虑加大推广力度。

（3）完播率。完播率是衡量短视频质量的重要指标。高完播率意味着视频内容能够吸引观众从头看到尾，需要保持内容的连贯性和吸引力。

（4）观众画像。分析观看短视频的观众画像，包括年龄、性别、地域等，有助于了解目标受众的需求和喜好，从而优化内容定位。

通过对抖音直播和短视频的复盘数据分析，你可以发现内容创作和营销策略中的不足，进而进行调整和优化。同时，这些数据也可以作为制定未来内容计划和营销策略的重要依据。

 课后分析思考

在直播电商领域，直播账号的头像和昵称是观众接触并记住品牌的第一印象。它们不仅代表着品牌的形象，还直接影响着观众的点击率、关注度和忠诚度。作为福建翰智有限公司的产品专员，你负责直播账号的全流程搭建与运营工作，深知头像和昵称设置的重要性。

1. 分析直播账号头像设置的策略。请列举并分析几种常见的直播账号头像类型（如品牌标语、真人照片、卡通形象等），并说明它们各自的优势和适用场景。在设置直播账号头像时，应如何平衡品牌识别度与吸引力之间的关系？如何通过头像设计传递出品牌的价值观、定位或特色？

2. 探讨直播账号昵称设置的要点。直播账号的昵称应如何体现品牌的核心价值或产品特点？在命名时，应如何避免与其他品牌或账号产生混淆，确保独特性和易记性？能否提供一些创意的命名策略，以增加直播账号的吸引力和关注度？

3. 结合具体案例进行分析。请选取一个成功的直播账号案例，分析其头像和昵称设置的成功之处，并说明它们如何助力品牌传播和观众积累。相反，再选取一个不太成功的案例，指出其头像和昵称设置上的问题，并提出改进建议。

4. 实践应用。假设你正在为福建翰智有限公司的一个新直播账号进行头像和昵称设置，请根据你的分析结果和创意策略，提出一个具体的设计方案，并解释你的设计思路。

2.3 账号的带货口碑和抖店信誉

 知识驱动

假设你是某卤味鸡爪直播间的负责人，店铺的DSR（Detail Seller Rating，评分主要包括三个核心指标：产品分、服务分、物流分）分数近期有所降低，你需要列出改进方法和思路。

 知识要点

抖音信誉分是抖音平台对用户在平台上的行为和表现进行综合评估后得出的分数。该分数旨在全面客观地评估用户的信用状况，以确保平台的良好秩序和用户的优质体验。

在抖音上，信誉分的计算通常考虑多个维度，包括内容质量、用户互动、视频质量、违规行为以及用户反馈等。例如，用户发布的内容如果具有创意性、原创性，并且观看时长较长，那么其信誉分可能会相应提升。同时，积极参与社交互动，如评论、点赞、分享等，也能获得额外的信誉分奖励。而视频质量，包括清晰度、稳定性和剪辑技巧等，也是评估信誉分的重要因素。

然而，如果用户存在违规行为，如发布低俗、暴力、侵权等内容，或者存在多次刷屏、发布违规视频、冒犯用户等行为，那么其信誉分将会下降，并可能受到其他处罚。此外，对于抖音平台上的举报、申诉和反馈不履行义务的行为，也会被扣除信誉分。

总的来说，抖音信誉分是一个综合反映用户在抖音平台上行为和表现的指标。用户应该积极遵守平台规则，发布高质量的内容和互动，以提升自己的信誉分，享受更好的平台体验。同时，平台也会持续对信誉分机制进行优化和完善，以更好地维护平台秩序和提升用户体验。

请注意，具体的信誉分计算方式和规则可能会根据抖音平台的更新和调整而有所变化。建议用户定期查阅抖音官方发布的相关政策和规则，以了解最新的信誉分制度和要求。DSR 分数如图 2-9 所示。

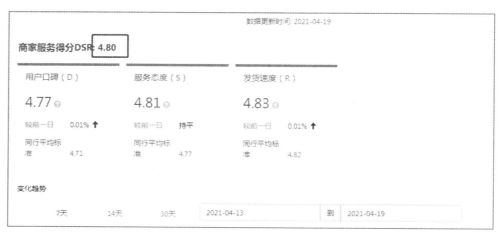

图 2-9　DSR 分数

2.3.1　达人口碑分

抖音达人口碑分是一个重要的指标，它代表了达人在抖音平台上的信誉和影响力。这个分数是根据达人分享商品近 90 天内的内容口碑、商品口碑及服务口碑三个评分维度的指标加权后排序计算得出的。

影响带货口碑分的最直接因素就是商品品质和内容质量，这两个分值占比最大。口碑分一旦过低，不仅会影响转化率，还会影响抖音官方活动报名，严重的甚至直接影响到账号权重。对于带货达人来说，口碑分越高，越能强化消费者的信任感及忠诚度，如图 2-10 所示。

具体来说，带货口碑分有以下规则，口碑分小于 4.0 时禁止投放广告。

达人口碑分在 4.0 到 4.6 之间时，可以投放广告，但广告的投放数量会根据分数进行限制。因此，达人需要提高自己的口碑分，才能投放更多广告，获得更多流量。

达人在口碑分小于 4.4 时，获得的流量自然会减少。

如果达人分享的商品产生的有效支付订单量中最大的一个行业都不足 30 笔，则暂不展示得分。

图 2-10　带货口碑分

抖音的大促活动，达人口碑分小于 4.5 者无法报名。

此外，销售量、用户评价以及产品质量等因素也会影响抖音达人的带货口碑分。销售量越高，口碑分往往也越高；积极的用户评价会提高口碑分；产品质量好，用户会对产品产生好感，口碑分也会提高。

抖音达人口碑分的提升是一个多方面的任务，需要综合考虑内容质量、用户互动、商品与服务以及用户体验等多个因素。以下是一些具体的建议。

（1）提供高质量的商品和服务。确保所售商品质量上乘，并提供优质的售后服务，这是提升口碑分的基础。只有让用户真正感受到产品的价值，才能赢得他们的信任和好评。

（2）发布有价值的内容。制作并发布有趣、有用、富有创意的视频内容，吸引用户的关注和兴趣。内容可以涵盖产品展示、使用方法、行业趋势等，让用户从中获得有用的信息。

（3）积极与用户互动。回应用户的评论和私信，及时解答他们的问题，建立良好的互动关系。通过积极的互动，可以增进用户对品牌的信任和好感，从而提高口碑分。

（4）优化用户界面。确保抖音账号的用户界面清晰、简洁、易于导航，让用户能够轻松找到所需的信息。良好的用户体验有助于提升用户的满意度和忠诚度。

（5）定位目标用户群体。了解并研究目标用户群体，制定相应的策略来吸引他们。例如，可以根据用户的年龄、性别、兴趣等因素，定制更具针对性的内容。

（6）定期更新。保持频繁和稳定的更新，让用户知道品牌在不断发展和进步。定期发布新的内容、活动或产品信息，可以吸引用户的关注并维持他们的兴趣。

（7）借助口碑分提升工具。使用专业的口碑分监测软件、客户服务机器人等工具来监控和管理口碑分。这些工具可以帮助运营人员及时发现并解决问题，从而提升用户的满意度和口碑分。

2.3.2　抖店信誉

抖音小店的信誉是由多个因素综合评估得出的，主要涉及店铺的评分、用户评价、投诉处理以及是否存在违规行为等方面。

具体来说，店铺评分是根据店铺的综合表现进行评定的，这包括商品质量、服务态度以及物流速度等多个方面的综合评价。而用户评价则是基于消费者对购买过的商品、物流服务以及店家服务等方面的实际体验给出的反馈，这些评价也是信誉评估的重要依据。

此外，如果消费者对店铺有投诉，抖音平台会进行调查处理，并根据投诉结果对店铺信誉进行相应的调整。同时，如果店铺存在违规行为，如虚假宣传、侵权行为等，抖音平台也会采取相应的处理措施，包括警告、限制或关闭店铺等。

为了提升抖音小店的信誉，卖家可以采取一系列措施，如提供质优服务、发布优质内容、加强售后服务等，以积累好评并提高信用分。同时，卖家还需要注意遵守平台规则，诚信经营，以树立良好的店铺形象。

综上所述，抖音小店的信誉是一个综合反映店铺经营状况和消费者满意度的重要指标。通过不断提升服务质量和遵守平台规则，卖家可以赢得消费者的信任和喜爱，从而提升店铺的信誉和竞争力。

抖音带货信誉等级（如图 2-11 所示）是根据商家在抖音平台上的信誉要求达标情况而划分的，它直接反映了商家在交易和服务方面的表现，以及消费者的满意度。

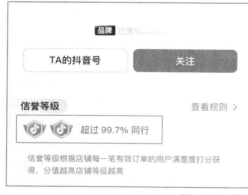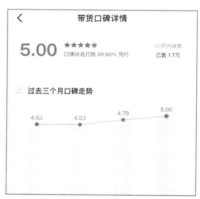

图 2-11　信誉等级

通过不断优化商品质量、提升服务水平和遵守平台规定，商家可以逐步提升自己在抖音平台上的带货信誉等级，从而获得更多的商业机会和消费者信任。

2.3.3　DSR

DSR 是卖家服务评级系统，主要应用在淘宝、天猫、京东和抖音小店等电商平台上。它包含了三个维度，即商品描述相符评分、卖家服务态度评分和物流服务质量评分。

这三个维度分别反映了商品与描述的符合程度、卖家对待买家的服务态度以及物流服务的速度和准确性。DSR 对应显示分数如图 2-12 所示。

百分制得分范围	对应五分制得分
97-100	5
93-96	4.9
89-92	4.8
85-88	4.7
81-84	4.6
77-80	4.5
73-76	4.4
69-72	4.3
65-68	4.2
61-64	4.1
60	4

图 2-12　DSR 对应显示分数

具体来说，商品描述相符评分反映了商品实物与商品详情页描述的一致性。如果商品实物与描述相符，买家会给出较高的评分；反之，如果商品实物与描述存在较大的差异，买家的评分则会较低。

卖家服务态度评分主要评估卖家在售前、售中和售后服务过程中的态度和专业性。良好的服务态度能够增强买家的购买信心，从而提升评分。

物流服务的质量评分包括对卖家发货速度、配送时效以及包裹的完整性等方面的评估。如果物流服务高效且准确，买家会给出较高的评分。

DSR 评分对于卖家来说非常重要，它不仅影响着店铺的信誉和形象，还直接关系到店铺的搜索排名、流量以及买家的购买决策。因此，卖家应重视 DSR 评分，通过提升商品质量、优化服务态度以及改进物流服务等方式，不断提高自己的 DSR 评分，从而吸引更多的买家以提升销售业绩。

在抖音小店中，DSR 评分同样具有重要的作用。抖音平台会根据 DSR 评分对店铺进行评级，评级高的店铺将获得更多的曝光机会和流量支持。因此，抖音小店的卖家需要时刻关注自己的 DSR 评分，及时调整经营策略，以提升自己的店铺评级和竞争力。

要提升抖音小店的 DSR，可以从以下几个方面着手。

（1）优化商品描述与图片：确保商品描述准确、详细，避免夸大其词或误导消费者。同时，优化商品图片，提高图片的质量和清晰度，让消费者能够更直观地了解商品的真实情况。

（2）提供优质的客户服务：重视售前、售中、售后服务，保持积极、友好的态度，及时解决消费者的问题和疑虑。对于消费者的投诉和建议，要认真倾听、积极改进，不断提升服务质量。

（3）提升物流速度与质量：选择可靠的物流合作伙伴，确保商品能够准时、安全地送达消费者手中。同时,关注物流信息的更新和反馈,及时解决物流过程中出现的问题。

(4)鼓励消费者评价和反馈:可以通过一些激励措施,如好评返现、积分兑换等,鼓励消费者在购买后对商品和服务进行评价和反馈。这不仅可以增加店铺的曝光率,还能帮助卖家了解消费者的真实需求和意见,从而进行有针对性的改进。

(5)加强店铺运营管理:定期对店铺的运营数据进行分析,了解店铺的优势和不足,制订相应的改进计划。同时,关注抖音平台的政策和规则变化,及时调整店铺的运营策略,以适应市场的变化。

 任务操作

步骤	内　　容	备　　注
①	查看店铺 DSR 分数	参见图 2-9
②	商品质量:确保所售商品的质量与商品详情页的描述一致。商品质量是顾客满意度的核心,也是提高 DSR 分数的关键。如果商品质量差,或者与描述不符,很容易引起顾客的不满和投诉,导致 DSR 分数下降	列出提升商品质量的办法
③	客户服务:提供优质的客户服务,包括及时回复顾客的咨询和投诉、积极解决问题,以及提供个性化的购物建议等。良好的客户服务可以增强顾客的信任感和满意度,提高 DSR 分数	列出提升客户服务的办法
④	发货速度:尽可能提高发货速度,确保顾客能够及时收到货物。快速可靠的物流配送能够提升顾客的购物体验,提高 DSR 分数	列出提升发货速度的办法

2.3.4　抖店信誉与 DSR

抖店信誉和 DSR 之间存在紧密的关系。两者都是评估卖家或店铺在抖音电商平台表现的重要指标,且相互影响,共同构成店铺的综合评价体系。

首先,DSR 评分是抖店信誉的重要组成部分。DSR 评分涵盖了商品描述相符、卖家服务态度、物流服务速度等多个方面,是对卖家服务质量的全面评价。一个高 DSR 评分的店铺,通常意味着其在商品质量、服务态度、物流效率等方面表现出色,从而更容易赢得消费者的信任和好评,进而提升店铺的信誉。

其次,抖店信誉也影响着 DSR 评分。店铺的信誉是消费者在进行购买决策时的重要参考因素。一个信誉良好的店铺,其商品和服务往往更受消费者青睐,从而可能获得更好的评价和更高的评分。反之,如果店铺信誉不佳,可能会导致消费者对其商品和服务产生疑虑,降低购买意愿,进而影响到 DSR 评分。

因此,对于卖家而言,提升抖店信誉等级和 DSR 评分是相辅相成的。通过优化商品描述、提升服务态度、加快物流速度等措施,可以提高 DSR 评分,进而提升店铺信誉。同时,良好的店铺信誉也有助于吸引更多消费者,提升销量和口碑,进一步提高 DSR 评分。

 课后分析思考

题目:如何制定一套有效的策略来显著提升抖音小店的 DSR 评分。

要求：请详细描述策略，包括计划采取的具体措施。

分析并解释这些措施如何有助于提升商品描述相符、卖家服务态度以及物流服务质量这三个维度的评分。

请提供预期的实施效果，包括可能遇到的挑战及其解决方案。

请结合抖音平台的特性和市场趋势，讨论策略如何适应并利用这些因素来提升 DSR 评分。

（提示：可以从商品质量控制、客户服务培训、物流合作伙伴选择、激励机制设计等方面考虑策略。）

请撰写一份详细的提升抖音小店 DSR 评分的策略方案，并在方案中充分展示个人的理解和分析能力，以及提出创新且切实可行的解决方案。

2.4　直播电商精选联盟上架流程

 知识驱动

假设你运营着一家售卖烤鳗鱼的直播间，为了扩大销量，决定将自己公司的产品上架精选联盟，现在由你来完成全流程操作。

 知识要点

2.4.1　抖店精选联盟简介

抖店精选联盟是抖音平台上撮合商品和达人的 CPS 平台。符合平台要求的入驻商家，可以把商品设置佣金添加到精选联盟商品库，供达人选品推广。

简单一点来说就是，抖店精选联盟就是商家推广商品的平台，达人可以在平台上选择商品添加到自己的橱窗，通过短视频或者直播推广帮商家卖货，来达成双赢的局面。

2.4.2　如何开通抖店精选联盟

开通抖店精选联盟最核心的一点是，商家店铺体验分需不低于 70 分。

1. 新入驻的商家

新入驻的商家不会考核体验分，只需要满足没有违规、店铺正常等情况就可以开店，相当于是零门槛就可以入驻精选联盟。

所以新开的抖音小店一定要及时开通精选联盟权限，否则过了 60 天，就要考核店铺体验分了。

2. 非新入驻的商家

对于不是新入驻的商家，除了要满足体验分≥70 分，还需要满足其他要求才能开通抖店精选联盟，其中最关键的就是品退率、支付率以及客服满意率。具体为近 30 天商品品退率小于所属类目近 30 天商品品退率入驻标准，24 小时支付一揽收率不低于

45%，客服满意率不低于 65%。

3. 清退精选联盟标准

商家体验分≤65 分是会被清退出精选联盟的，如图 2-13 所示。如果店铺被清退出精选联盟，只需要把体验分提升到 70 分以上就可以重新开通了。

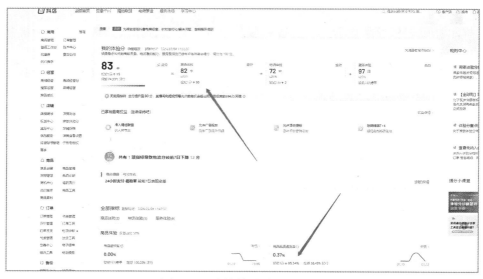

图 2-13　店铺体验分查看位置

精选联盟功能若是被后台关了，准备给你做体验分的达人也进不来。因为达人上体验分推广福利品，都要通过精选联盟来带。所以你的精选联盟功能一旦被关，体验分还没上，店铺基本就无法再营业了。除非强开精选联盟，但是这个措施又花钱又麻烦，非常不建议。大部分人在这时候就意识到自己达不到要求，又换店重干。

首先，新店要先出体验分，体验分在 95 以上，如图 2-14 所示，单量保证在 300～500。新手前期正价不好出单，先用福利品货损出单。

注意这个产品一定要和小店主营类目相符。

例如：做百货就用纸巾做福利品，做服装就用袜子做福利品。

图 2-14　店铺体验分

其次，保证体验分的单签收 100 单，去后台奖惩中心——新手十字星（图 2-15）完成考试，过新手期。

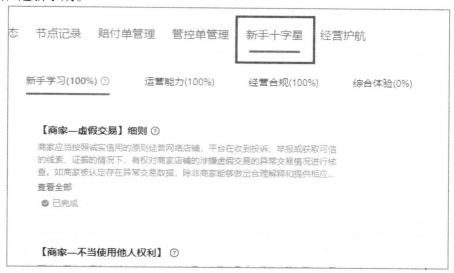

图 2-15 新手十字星

最后，这时候再上正价品，也就是说你上品的时候，精选没有关闭，体验分在 95 左右。

这个时候，小店的权重一定会比你没有体验分的时候高很多，再上品，流量也会高很多。

记住小店一定是先起店再起品，起店顺利，出单就不是问题。

4. 抖音精选联盟上架流程

抖音直播电商精选联盟上架流程涉及多个步骤，以下是具体的操作过程。

（1）登录抖音商家中心：打开抖音商家中心的网页或软件，使用您的账号登录。

（2）进入商品管理：在商家中心首页，点击左侧菜单栏的"商品管理"选项。

（3）选择并上传商品：在商品管理页面，点击"新增商品"按钮，选择您要上传的商品。按照要求填写商品的标题、描述、价格、库存等信息，并上传商品的主图和详情图。

（4）设置商品属性：根据商品的特点和分类，选择适当的属性标签，帮助用户更好地搜索和筛选商品。

（5）提交审核：确认无误后，点击"提交审核"按钮，等待平台审核您的商品。

审核通过后，商品就成功上传到了您的店铺中。接下来，为了将商品上架到精选联盟，您需要：

（1）开通精选联盟：确保您的店铺满足开通精选联盟的条件，如商家已入驻小店且店铺营业状态正常，体验分高于（含）4 分等。满足条件后，点击"精选联盟"并选择"开通精选联盟"。

（2）设置佣金率和结算方式：在精选联盟页面，找到"计划管理"下的"普通计划"，点击"添加商品"，选择您希望上架到精选联盟的商品。然后，设置合适的佣金率，并确定达人结算订单的方式。

（3）确认并上架：设置完成后，点击"提交"。您可以在本页面下再次确认推广状态，确保商品已成功上架到精选联盟。

上架到精选联盟的商品将出现在选品广场中，达人可以在这里找到您的商品，将其加入橱窗或进行直播带货。当有订单产生时，达人会获取佣金，而您也会收取差价利润。

请注意，每个店铺开通精选联盟的次数有限，如果触犯规则或体验分低于一定标准，可能会被关闭权限。因此，请确保遵守平台规则，提供优质的商品和服务，以维护店铺的良好运营状态。

请注意，每个商家有且仅有 3 次开通精选联盟机会，如果被系统关闭了 3 次，该商家将永久不可申请开通精选联盟。同时，不同店铺类型需要上传不同的品牌资质，并保障品牌资质真实性、合规性、链路完整性。

2.4.3　精选联盟违规处理

抖音精选联盟对违规行为的处理是严肃且多样的。以下是一些主要的违规处理措施。

（1）关闭违规招商活动：针对存在违规行为的招商活动，平台有权选择关闭，但这不影响其他进行中的招商活动和其他商家的权限。

（2）关闭所有招商活动：当违规行为较为严重时，平台可能会选择关闭所有的招商活动。

（3）封禁处理：根据违规情节的严重程度，平台会对账户进行不同时长的封禁处理。封禁处理包括 30 天封禁和永久封禁，取消权限，并且对进行中的招商活动及申请中的商品等于取消权限当天全部下线或做驳回处理。同时，情节严重的，平台有权冻结已产生的团长服务费。

如果对违规处理不认可，可以在收到违规处理通知的 7 日内发起违规申诉。平台将在收到申诉申请的 5 个工作日内给予团长申诉结果。如果团长未在申诉时效内进行申诉，将视为团长认可违规。

此外，对于商家而言，如果违反了精选联盟的规则，也会受到相应的处罚，如限制店铺的流量、屏蔽或删除推广信息、终止合作等。如果商家给精选联盟平台或其关联方造成任何损失，商家需要进行全额赔偿。

商家需要遵守精选联盟平台管理规则，若违反规则，精选联盟平台可对其违规性质、严重程度等进行独立判定，如给精选联盟平台或其关联方造成任何损失的，商家应予以全额赔偿，同时精选联盟平台有权对商家进行相关处罚，精选联盟平台对处理结果免责。精选联盟平台在发现及查处商家违规行为过程中所使用的数据（如有）以精选联盟平台统计的为准。

📖 课后分析思考

题目：如何成功入驻抖音精选联盟，并阐述入驻后的运营策略及预期效果。

要求：

1. 详细描述入驻抖音精选联盟的申请流程和所需材料，并解释这些材料的重要性。

2. 分析抖音精选联盟的特点和优势，说明为何选择入驻该联盟。

3. 提出入驻后的运营策略，包括内容创作、用户互动、商品推广等方面的规划。

4. 预测并描述实施运营策略后可能达到的效果，包括提升品牌知名度、增加销售额、优化用户体验等方面的预期。

（提示：在阐述运营策略时，可以考虑如何利用抖音平台的短视频特点、算法推荐机制以及用户行为分析来优化内容创作和推广策略。同时，也需关注联盟内其他成员的竞争状况和市场趋势，制定针对性的运营方案。）

5. 请撰写一份入驻抖音精选联盟的详细方案，包括入驻流程、运营策略及预期效果的分析和预测。在方案中，请展示你对抖音精选联盟的理解，以及如何通过入驻该联盟实现商业目标的能力。

2.5　直播电商改价与上链接

 知识驱动

猫粮直播间要针对"双十一"进行 SKU（商品规格）调整和优化，并且配合主播完成"秒杀"活动，请结合本章知识进行相对应的操作。

 知识要点

2.5.1　改价

在直播电商活动中，改价和上链接是两个常见的操作。下面是关于这两个操作的详细解释。

改价的行为在直播过程中经常出现，主播或运营人员可能会根据市场情况、竞争状况或观众反馈，对商品的价格进行调整。改价的原因可能是为了促销、清仓、调整市场定位等，目的是提高销售量、提高用户购买意愿或应对竞争。

改价操作通常需要在直播管理后台或相关工具中进行。主播或运营人员可以调整商品的售价、折扣、优惠等参数，以实现价格的变动。同时，前端页面也会实时更新价格信息，让观众看到最新的价格。

直播改价的步骤主要取决于直播方式和配合使用的设备。以下是几种不同情况下的改价步骤。

手机直播改价，如果你是个人主播，只有一台手机，那么你需要在直播使用的手机里设置价格修改。这通常包括设置秒杀价格、数量和时间等。

手机直播 + 计算机改价。如果除了手机，你还有计算机可以使用，那么可以用计算机登录巨量百应（抖音的官方直播后台）的后台地址，进入直播管理的界面，在这里进行价格修改设置，如设置秒杀价格、数量和时间等。

摄像头直播＋计算机改价。如果你是使用摄像头或相机进行直播，并且配合计算机使用，那么同样可以用计算机登录巨量百应（抖音的官方直播后台名称，如图 2-16 与图 2-17 所示）的后台地址，进入直播管理的界面，进行价格修改设置。

图 2-16　巨量百应登录界面

图 2-17　巨量百应操作界面

抖音直播中控台改价。打开抖音软件，点击右下角"我"标签，再点击右上角的"…"图标，选择"直播中控台"并进入，具体操作步骤如下。

（1）在直播中控台界面上方，点击选择想要调整价格的直播间。

（2）在直播中控台界面下方的菜单中，点击"商品"进入商品管理页面。

（3）找到想要改价的商品，在对应的商品下方，点击"编辑"按钮。

（4）在弹出的编辑页面中，修改商品的价格等信息，完成修改后点击"保存"按钮。

2.5.2　上链接

上链接是直播电商运营基本的工作。上链接是指将商品链接添加到直播页面或相关推广渠道中，以便观众能够直接点击链接进入商品详情页进行购买。上链接的目的是提高用户购买的便捷性，促进销售转化。

要进行上链接操作，通常需要在直播管理后台或相关工具中添加商品链接。主播或运营人员可以选择将链接添加到直播页面的特定位置，如商品卡片、悬浮窗等。此外，也可以通过社交媒体、广告等渠道分享商品链接，吸引更多潜在用户点击进入购买。

需要注意的是，无论是改价还是上链接操作，都需要谨慎处理，确保操作准确无误，以避免给观众和商家带来不必要的困扰和损失。同时，这些操作也需要遵守平台的规定和政策，确保合规性。

不同方式上链接的操作步骤如下。

（1）手机端直播上链接。打开抖音或其他直播平台软件，点击下方中央的"+"号按钮，选择"开直播"功能。

进入直播准备界面后，找到并点击"商品"或类似的标识，进入选品页面。

在选品页面，你可以从自己的橱窗、已绑定的小店或直接粘贴商品链接来选择和添加商品。橱窗中已经添加了商品，可以直接选择并加入直播购物车。绑定了小店，也可以从小店中选择商品并添加到直播购物车。你还可以直接粘贴商品链接来添加商品。

商品添加到直播购物车后，你可以设置商品的卖点或描述，这有助于促进直播间的成交。

（2）计算机端直播上链接。登录直播平台提供的"达人工作台"或类似的后台管理系统，使用你的直播账号登录。

进入直播中控台或相应的管理界面。在商品管理部分，点击"添加商品"按钮。同样，可以选择从橱窗、小店添加商品，或直接粘贴商品链接。确认添加商品后，商品会出现在直播购物车中，可以进行进一步的设置和调整。

抖音小店的商品要正确地修改价格。运营在直播的过程中会对商品进行改价，那么这个时候大家通常是点编辑改价，用这个方法改价，需要很长的审核时间，而且在直播的过程中是不能下架商品的。正确的做法是点击"售价"下面的"编辑"修改它的价格和规格。

2.5.3　福袋与红包

直播抽奖和红包玩法是直播中常见的互动方式，旨在提升观众的参与度和直播的趣味性。以下是一些具体的玩法。

（1）截屏抽奖。主播挑选一个固定的关键词，粉丝在谈论区不停地刷这个词，主播随机截屏，抽取前 2～3 名给予奖品。这种方式需要观众快速反应，不停刷新屏幕，以提高中奖概率。

（2）整点、半点抽奖。每隔 30 分钟至 1 个小时进行抽奖，用户到点抽奖即可，这种方式利用了用户心理，让他们更愿意在直播间停留。

（3）下单抽奖。主播在直播过程中发布奖品内容，并设定抽奖条件，如只有下单的用户才能参加抽奖，购买满一定金额可获得更多抽奖机会等。这种方式旨在引导用户下单购买产品，并增加参与抽奖的积极性。

（4）开场满送。主播会以直播间人满多少来进行抽奖，主要是为了聚人气。

（5）问答抽奖。主播在直播间设定问题，粉丝答中即可参与截屏抽奖，这种方式增加了观众与主播的互动。

（6）红包玩法。

①不定时派发。主播可以在直播过程中的某个特定时刻突然派发红包，给观众惊喜并提高观众的参与积极性。

②创建互动任务。主播设定一些互动任务，只有完成任务的观众才能获得红包，例如回答问题、分享直播、留言等。

③随机派发数量不等的红包。红包的金额和数量不一定相同，可以设置不同面额的红包，派发的数量也可以变化，这样能增加观众的期待和参与度。

④运用礼物道具。主播可以将某些礼物道具与红包绑定在一起，只有送出指定礼物的观众才能获得红包，以此鼓励观众送礼物并增加互动。

⑤可重复参与。让观众能够多次参与红包派发，增加中奖的机会和兴趣。

需要注意的是，在直播抽奖和派发红包时，主播一定要说话诚恳，表现出诚意，让用户感觉真实、没有套路。同时，为了遵守相关规定，发红包时也要提前预热，红包金额必须是整数，数量要根据直播内容而定。

抖音福袋是抖音平台的一种互动功能，旨在增强直播间的趣味性和观众的参与度，如图 2-18 所示。抖音福袋的参与步骤有三种：第一种是观看直播，用户需要在直播间内观看直播，并等待主播开启福袋活动。第二种是完成任务，根据主播的要求，完成特定的任务，如关注主播、点赞直播间、评论等，以获得参与福袋抽奖的资格。第三种是等待开奖，主播在设定的时间后开启福袋，系统随机抽取符合条件的用户作为中奖者。

图 2-18　福袋

主播设置福袋的步骤为：第一步为创建活动。主播在直播间内点击"更多"按钮，选择"福袋"功能，然后设置福袋的名称、奖品、数量、参与条件等。第二步为审核通过。设置完成后，福袋活动需要经过抖音平台的审核，确保活动符合相关规定和要求。第三步为开启活动。审核通过后，主播可以在直播间内开启福袋活动，并引导观众参与，如图 2-19 所示。

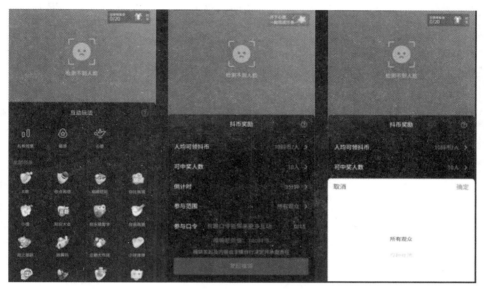

图 2-19　福袋设置

 任务操作

步骤	内　　　容	备　　注
①	使用你的抖店账号登录到抖店商家后台，并对现有的 SKU 进行修改	实训目标
②	在商品管理页面，找到你想要修改 SKU 价格的商品，并点击进入商品详情页	实训步骤
③	在商品详情页，找到并点击"编辑"按钮，进入商品编辑页面	实训步骤
④	在商品编辑页面，找到商品规格（SKU）部分。这里会列出所有已设置的 SKU 及其对应的价格、库存等信息	实训步骤
⑤	点击你想要修改价格的 SKU 对应的"价格"栏，输入新的价格。确保新的价格符合定价策略，并且没有违反平台的价格规定	实训步骤
⑥	修改完价格后，检查其他商品信息是否也需要调整。如果确认无误，点击"保存"按钮保存修改。之后，你可能需要点击"发布"按钮将修改后的商品信息更新到前台展示	实训步骤
⑦	发布后，你可以到前台商品页面查看修改后的 SKU 价格是否已正确显示	实训步骤

课后分析思考

题目：在抖音直播中，如何进行商品改价并成功上链接，以及改价上链接后如何优化销售效果？

要求：

详细描述在抖音直播中修改商品价格的步骤，包括如何进入商品管理界面、找到目标商品、修改价格等具体操作。

解释商品改价后如何生成并上传商品链接，确保观众能够顺利购买。

分析改价上链接后可能面临的风险和挑战，如价格波动对消费者购买意愿的影响、竞争对手的应对策略等。

提出优化销售效果的建议，包括如何利用抖音直播的特点吸引观众、提升商品转化率、加强售后服务等。

（提示：在优化销售效果时，可以考虑结合抖音直播的实时互动、短视频推荐等功能，制定个性化的营销策略。同时，关注用户反馈和市场变化，及时调整策略，以达到最佳销售效果。）

请撰写一份关于抖音直播中商品改价和上链接的详细操作指南，并结合实际案例，分析改价和上链接后如何优化销售效果，提出具体可行的建议。

 课后扩展阅读

 即测即练

自学自测　　扫描此码

第3章

新媒体直播场景搭建

本章知识图谱

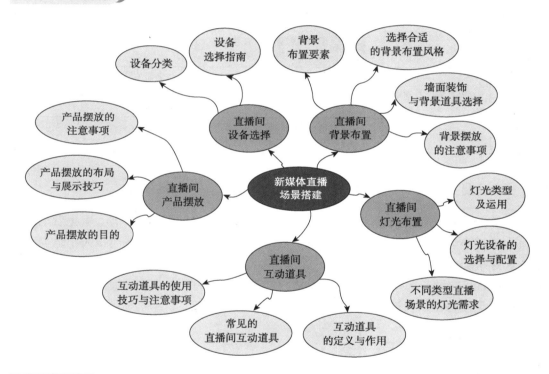

知识目标

通过本章学习，读者应该能够：

1. 了解新媒体直播场景搭建中各类设备的分类与选择，包括摄像设备、音频设备、灯光设备，理解其兼容性和稳定性的重要性；

2. 掌握直播间背景布置的要素和风格选择，确保视觉效果与内容主题的相关性，并熟悉墙面装饰与背景道具的选择与布置；

3. 熟悉直播间灯光布置的类型及应用，掌握灯光设备的选择与配置技巧，确保直播间光影效果的专业性与安全性；

4. 了解并运用直播间互动道具和产品摆放技巧，增强观众互动体验，优化布局设计以提升品牌形象和直播效果。

3.1　直播间设备选择

 知识驱动

你是一位数字内容创作者，计划在社交媒体上开展直播节目，内容涵盖旅游分享、美食体验和生活日常。你需要根据自己的直播内容选择合适的直播设备，确保直播画面高清、声音清晰、光线充足，同时保证设备的兼容性和稳定性。

 任务操作

步骤	内　　容	备　　注
①	了解不同类型的直播设备	了解摄像设备、音频设备、灯光设备和其他必要设备的基本原理和功能
②	分析直播内容与设备需求	分析拟直播的内容对设备的需求，例如旅游分享可能需要移动性较强的摄像设备，美食体验可能需要高清的摄像设备和清晰的音频设备
③	选择合适的直播设备	根据直播内容需求，选择合适的摄像设备、音频设备和灯光设备，并考虑设备的兼容性和稳定性

 知识要点

直播前要做好直播间场地面积规划，提前考虑场地的具体使用安排，避免后期因场地过大或过小等问题导致直播效果不佳。根据直播内容的不同，场地面积大小也会有差别，如穿搭类的直播场地面积以 15～20 m^2 为宜，美妆类直播场地面积以 5～10 m^2 为宜。而直播间的设备选择直接决定了直播效果和观众体验。本节将详细探讨搭建直播间所需的各类设备，以及这些设备对于直播质量的重要性。

3.1.1　设备分类

1. 摄像设备

直播间的摄像设备选择是直播工作的核心环节。常见的摄像设备包括高清摄像机、网络摄像头、智能手机等。选择合适的摄像设备需要考虑到画质、稳定性、成本以及适用场景。

（1）高清摄像机。高清摄像机通常具备更高的分辨率和帧率，适合专业场景的直播，如演讲、演唱会等。其优秀的画质和稳定性能够确保观众获得高品质的视觉体验，如图 3-1 所示。

（2）网络摄像头。这些设备价格相对较低，能够连接到计算机或笔记本，适用于个人直播、互动直播和小规模直播活动。尽管网络摄像头的画质可能不及专业摄像机，但对于新手或预算有限者来说，是一个不错的选择，如图 3-2 所示。

（3）智能手机。智能手机具备高像素和便携性，适用于户外或临时直播场景。这类设备便于携带和操作，同时其摄像功能也越来越强大，可以应对一些基本的直播需求，如图 3-3 所示。

图 3-1　高清摄像机　　图 3-2　网络摄像头　　图 3-3　智能手机

2. 音频设备

音频设备对于直播质量同样至关重要。清晰、稳定的音频能够提升直播观众的体验。常见的音频设备包括话筒、声卡、录音设备等。

（1）话筒。指向性话筒适合单人讲述，领夹式话筒适合需要双手操作的场合，而会议话筒适合小型团队讨论，如图 3-4 所示为 BOYA 指向性话筒。

（2）声卡。声卡用于音频处理，提升音质和稳定性。选择合适的声卡能够有效改善直播声音效果，特别是在需要进行实时处理的情况下，如图 3-5 所示。

（3）录音设备。录音设备用于备份录音、混音或后期处理，确保音频内容的完整性和质量，尤其在重要场合需要备份或录制的情况下，录音设备尤为重要。

图 3-4　BOYA 指向性话筒　　　　图 3-5　声卡

3. 灯光设备

良好的照明能够提高直播画面的清晰度和质量。常见的灯光设备包括柔光灯、手持灯等。

（1）柔光灯。柔光灯可调节亮度和色温，创造出更加柔和自然的光线，适合不同主题的直播，能够给观众更好的视觉体验，如图 3-6 所示。

图 3-6　柔光灯

（2）手持灯。手持灯适用于移动直播或特殊拍摄场景，能够提供灵活的照明方式，确保画面的充分照明和清晰度，如图 3-7 所示。

图 3-7　手持灯

4. 其他设备

（1）无线网络设备。为确保直播流畅，网络宽带的上行速度要在 4 Mbps 及以上（可以通过专业工具检测宽带上行速度），具体可根据网络供应商情况进行选择。无论选择哪家供应商，都应尽量选择独享带宽，避免使用共享带宽。室内直播时，若室内有无线网络且连接设备较少，网络质量较佳，可以选择使用室内网络进行直播。

（2）支架。支架包括固定机位直播支架和移动机位防抖直播支架两种。固定机位直播支架又分为单部手机固定支架和多机位固定支架。用单部手机直播时，可以使用如三脚架、简易手机支架等；用多部手机直播时，可以使用多机位直播支架，可支持 5 部以上手机同时直播，如图 3-8 所示。

（3）提词器。如果一场直播的内容较多，不事先准备提词器难免会在直播中遗漏关键信息。在直播过程中需要使用合适的提词方式向主播提示某些关键词。提词内容包括产品关键信息、抽奖信息、后续活动信息和向其他平台导流信息等。提词方式包括直播手卡、白板以及提词器。手卡需提前填写直播中需要主播讲出的关键信息。白板为手写板，尺寸不宜过大。需要与主播进行场外沟通而又不方便出现在直播镜头中时，可以将沟通内容通过白板向主播传达。提词器是通过一个高亮度的显示器件显示文稿内容，并将显示内容反射到摄像机或手机镜头前一块成 45° 角的专用镀膜玻璃上，使主播在看台词的同时也能面对镜头。提词器价格相对昂贵，可以根据直播预算及实际需要酌情购买，如图 3-9 所示。

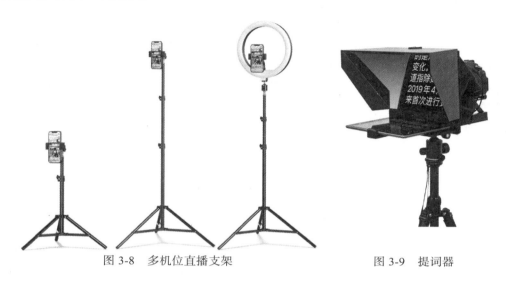

图 3-8　多机位直播支架　　　　　　　　　图 3-9　提词器

3.1.2　设备选择指南

在搭建直播间并选择设备时，考虑到不同直播内容的需求、预算限制以及设备的兼容性和稳定性是至关重要的。

以下是针对设备选择的一些建议和指南。

1. 根据直播内容选择设备

不同类型的直播内容对设备的要求各有不同。户外探险直播可能需要便携、耐用的设备，而室内讲座直播则更需要专业性能出众的设备支持。

（1）户外探险直播。户外探险直播对于摄像设备和音频设备的需求可能与室内直播有所不同，便携性成为其首要考虑因素。智能手机、轻便型摄像机以及防水、耐用的话筒可能更为适合，这些设备能够轻松携带，适应户外环境的各种挑战。

（2）室内讲座直播。在室内讲座直播中，专业性能较为重要。高清摄像机、专业话筒和声卡可能是更合适的选择，以确保画面和声音质量达到专业水准。这些设备在室内环境中能够更好地捕捉细节，提供更高质量的直播内容。

（3）其他类型直播。针对其他类型的直播，如户外体育赛事、演唱会、访谈节目等，需根据具体场景和要求选择对应的设备。灵活的摄像机角度、多声道录音设备、更加强大的灯光设备是关键。

2. 考虑预算和性价比

在设备选择过程中，充分考虑预算是非常重要的。并非价格高的设备就一定能满足需求。在确保设备性能的前提下，要选择性价比更高的设备，并充分考虑设备的功能和使用需求。经过市场调研和对比，找到在预算范围内性能最优的设备是明智的选择。

3. 考虑设备兼容性和稳定性

设备之间的兼容性和稳定性直接关系到直播的顺利进行。确保设备之间能够良好配合，避免不同设备之间的通信或连接问题，以及设备运行中的意外故障。在购买设备时，可以优先考虑同一品牌或相互兼容性较好的设备，降低兼容性问题的发生概率。

在设备选择时需要全面考虑直播内容、预算、性价比，以及设备之间的兼容性和稳定性等因素。这些因素相辅相成，决定了最终直播效果的好坏。因此，在实际操作中，对这些因素进行充分的分析和权衡至关重要。

3.2 直播间背景布置

 知识驱动

你是一家新兴的在线教育机构的创始人，准备开设一档直播课程，希望通过精心设计的背景布置，打造出一个能够给学员留下深刻印象的直播环境。你需要根据课程主题和目标学员群体的喜好，选择合适的背景布置风格，并搭配适当的装饰和道具，确保背景与课程内容相互呼应，达到传达品牌形象的效果。

 任务操作

步骤	内 容	备 注
①	确定直播主题和目标受众群体	分析你的直播内容和目标受众，确定所要传达的主题和风格
②	选择合适的背景布置风格	根据直播主题和目标受众群体的特点，选择自然清新、简约现代、时尚艺术、活泼趣味或主题式等背景布置风格
③	选取墙面装饰和背景道具	根据选择的背景风格，精心挑选墙面装饰和背景道具，确保其与主题相呼应，展现出品牌的独特魅力
④	布置背景并注意细节	将选取的墙面装饰和背景道具布置在直播背景位置，注意摆放位置和视觉效果，确保整体美观大方

 知识要点

直播间的背景布置扮演着至关重要的角色，它不仅是视觉效果的象征，更是展示主题、吸引观众、提升内容品质的重要元素，值得我们深入了解其重要性与作用。

在直播中，观众的第一印象往往来自视觉感受，而背景布置直接影响着这一感受。精心设计的背景不仅能够提升直播内容的品质和吸引力，还能够与主播风格和品牌形象相呼应，提高观众的观看体验，增强互动性。通过背景的设计，我们可以更好地展示主题、突出品牌形象、传递内容信息。一个恰到好处、符合主题和内容的背景布置，将直接影响到直播的成功与效果。

3.2.1　背景布置要素

当设计直播间的背景时，要考虑多个因素以确保良好的观赏性和吸引力，从而提高直播内容的质量。直播间背景布置是直播中重要的一环，影响到观众的感知和参与度。直播间背景布置要素如图 3-10 所示。

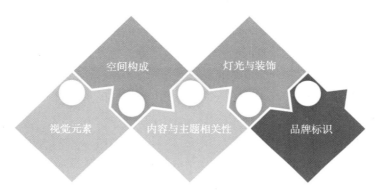

图 3-10　直播间背景布置要素

1. 视觉元素

直播间的视觉元素指颜色、图案、形状等因素。这些因素通过观众的视觉感知产生心理感受，直接影响着他们对直播内容的接受程度和情感体验。合适的颜色搭配、有趣的图案设计和吸引人的形状能够吸引观众的眼球，并与直播内容形成良好的视觉和心理连接。

2. 空间构成

背景的布局、大小和空间能够对直播画面和氛围造成直接影响。合理的布局可以提供给观众更好的视觉体验，增加场景的立体感，让观众更容易关注到重点内容。空间大小适宜、物品布置合理，可以将直播主题内容呈现得更加清晰和突出。

3. 内容与主题相关性

直播间的背景设计应该与直播内容和主题相关，这有助于引起观众的共鸣和提升其认同感，使其更容易沉浸在直播的氛围中。例如，如果是美食直播，可以考虑在背景中增加食材、餐具等相关元素。

4. 灯光与装饰

灯光和装饰对直播背景至关重要。灯光设置可以改变背景的明暗度、氛围和质感，起到突出重点、烘托氛围的作用。合适的装饰物件可以为背景增添立体感和丰富性，让整个直播更生动。

5. 品牌标识

在直播间背景中嵌入品牌标识或标志性元素，是提升品牌识别度的有效方式。通过合理地植入品牌元素，可以提高观众对品牌的认知和记忆，加强品牌形象。

以上这些要素在直播场景中起着不可或缺的作用，它们不仅能为直播内容提供视觉美感和观赏性，还能增加观众的关注度和参与感。通过综合考虑和合理布置这些要素，可以打造出令人印象深刻且具有吸引力的直播背景，为直播内容的传播和效果增添亮点。

3.2.2　选择合适的背景布置风格

不同类型的直播需要不同风格的背景布置，例如美食直播可能需要充满温暖氛围的背景，而科技类直播的背景则可能更注重简洁、专业。背景布置与直播内容的品质和专业性有着直接的关联。选择合适的背景布置风格是直播间场景搭建中至关重要的一环。不同的直播内容和风格需要相应的背景布置来呼应和提升，以下探讨几种常见的背景布置风格及其特点。

1. 自然清新风格

这种风格以自然元素为主，常用的背景装饰有植物、绿植墙、树藤等。这种背景布置呈现出清新自然的氛围，适用于健康、户外活动等主题的直播。绿色植物和自然元素能够给观众带来舒适愉悦的感觉，增强直播的亲和力和可信度，如图 3-11 所示。

图 3-11　自然清新风格

2. 简约现代风格

简约现代风格的背景布置以简洁、明亮、干净为主要特点，常用的装饰元素有简约线条的家具、简洁的灯具等。这种风格适用于专业性较强的直播，如商业、科技、新闻报道等。简约风格背景给观众以清晰的视觉感受，能够增加内容的专业性和可信度，如图 3-12 所示。

图 3-12　简约现代风格

3. 时尚艺术风格

此风格的背景通常以艺术品、摄影作品、艺术装置等为主要装饰，强调独特性和艺术感。这种风格适用于时尚、文化、艺术相关的直播，例如时尚潮流解读、艺术品展示等。充满艺术感的背景布置能够吸引目光，增加直播内容的个性化和创意性，如图 3-13 所示。

图 3-13　时尚艺术风格

4. 活泼趣味风格

活泼趣味风格的背景布置常常采用色彩鲜艳、元素丰富的装饰，如卡通画、小道具、彩球等，适用于儿童、游戏、娱乐类的直播内容。这种风格背景能够增加观众的好奇心和互动性，使直播更具娱乐性和趣味性，如图 3-14 所示。

图 3-14　活泼趣味风格

5. 主题式风格

　　根据不同的直播主题和内容，可以选择相应的主题式背景布置，例如节日主题、季节主题、文化主题等。这种背景布置风格更具灵活性，能够更好地契合直播内容，提升内容的话题性和传播性，如图 3-15 所示。

图 3-15　主题式风格

　　不同风格的直播内容需要相应的背景布置来营造出特定氛围并提升观众的观看体验。通过精心设计的背景布置，能够增加直播内容的吸引力、专业性和互动性，从而提高观众留存率，提升直播效果。

3.2.3　墙面装饰与背景道具选择

　　墙面装饰和背景道具的选择和摆放是直播场景中的重要环节。它们通过视觉和感官的呈现，直接影响着观众的观感和情感共鸣，提升直播的观赏性和互动性。正确选择和合理搭配墙面装饰和背景道具，能够增强直播内容的真实感和吸引力，为观众创造出更具魅力的观看体验。

选择恰当的装饰元素和道具是塑造整体直播氛围、吸引观众注意力的关键环节。在直播场景中，墙面装饰和背景道具的选择需要遵循一系列要点，以确保其与直播内容相呼应、符合观众的视觉需求，并增强直播场景的真实感和趣味性。

1. 墙面装饰的选择

在直播场景中，墙面装饰物起到了营造氛围和增强观赏性的作用。以下是一些常见的墙面装饰物及其选择要点。

（1）壁纸或贴纸。选用视觉吸引力强、与主题相关的壁纸或贴纸是创造与直播内容相符的背景氛围的有效方法，如图 3-16 所示。比如，美食直播可以选择食物图案或相关元素的壁纸，营造出食欲诱人的氛围。

图 3-16　壁纸或贴纸

（2）画作与挂饰。悬挂艺术画作、相框或装饰品可以为场景增加美感和层次感。选择与直播内容相符合的画作或挂饰是关键，如图 3-17 所示。例如，在游戏直播中，选择游戏元素或相关场景的画作或挂饰，能够与主题形成呼应，为观众带来更加沉浸式的感受。

图 3-17　画作与挂饰

（3）灯光效果。灯光效果对墙面装饰起到关键作用。使用墙灯或 LED 灯带等特殊灯光可以打造独特的墙面效果，提升直播画面的观赏性。灯光的变化和照射角度调整，可以带来不同的视觉效果，增加直播的吸引力。

（4）背景板材质选择。在选择背景板材质和材料时，需要考虑其与直播主题的契合性。布艺、木质、金属等材质都能带来不同的视觉效果。比如，对于科技感十足的直播，选择金属或现代感强的材质可以提升整体感觉。

在直播场景中，墙面装饰物的选择要与直播内容相互呼应，创造出视觉冲击力和氛围感。无论是壁纸、画作、灯光还是背景板材质选择，都应当围绕直播主题进行精心挑选，以达到场景的协调和直播内容的突出。直播背景的合理装饰不仅能提升观赏性，也能为直播内容注入更多生动的视觉元素，吸引观众的目光。

图 3-18　圣诞主题的背景道具

2. 背景道具的选择

（1）主题相关性。道具应与直播主题相关联，这样能增强观众对直播内容的认同感，如图 3-18 所示。比如，户外探险直播可以使用野外用具、登山装备等，强化直播内容的真实性。

（2）色彩和造型。道具的颜色和造型应与整体背景风格相协调，不宜过于突兀或与背景不协调，以保持整体的和谐感，如图 3-19 所示。

图 3-19　道具的颜色和造型与背景风格相协调

（3）空间利用和搭配。要考虑道具的尺寸和摆放位置，合理利用空间，确保道具不会干扰主播和摄像机的操作，保持舒适的视觉感受。

3.2.4　背景摆放的注意事项

正确的背景摆放不仅能够提升直播的质量，还能够吸引观众的注意力，增强直播内容的吸引力。以下是关于背景摆放的一些重要注意事项。

1. 确定摆放位置

从摄像机角度考量，摄像机的角度与背景之间需要有一个最佳的角度匹配。背景摆放过于拥挤或与摄像机角度不符，可能会导致画面视觉混乱或不协调。从摆放高度考量，需要考虑直播画面的构图，摆放物品的高度要符合观众的视线需求，过高或过低的摆放高度都可能影响画面美感和观看体验。

2. 背景物品的选择和布置

（1）保持简洁。避免摆放过多杂乱的物品，以免分散观众的注意力。背景物品的选择要符合直播主题和内容，如图 3-20 所示。

图 3-20　简洁的背景

（2）背景元素协调。保持背景元素之间的协调，颜色和造型要协调一致，避免背景元素不协调导致画面混乱，如图 3-21 所示。

图 3-21　背景元素协调

（3）空间感与层次感。合理利用背景的深浅，增加画面层次感，并适当运用虚拟和实体物品相结合的方式，营造更加立体和生动的背景，如图3-22所示。

图 3-22　背景的空间感与层次感

3. 品牌形象传达

背景布置不仅要与直播内容相关，还需传达品牌形象，通过背景布置合理呈现品牌元素，提升品牌形象和认知度。确保背景与品牌形象保持一致，增加品牌的辨识度，使品牌更加深入人心。

4. 光影与色彩的运用

通过灯光的巧妙运用，塑造画面的光影效果，增添背景的质感和氛围。合适的光线照射可以提升背景物品的质感和画面的层次感，但也需要注意光线不要过于刺眼或过暗，以免影响观看效果。背景色彩与直播内容应协调搭配，避免出现冲突或造成视觉疲劳，使背景更具吸引力和和谐感。

5. 直播内容与背景的一体化

确保直播内容与背景相互协调和一致，使观众在欣赏的同时能更好地理解内容。背景布置也应符合直播内容的创意表达，有利于更好地展现内容，提升观看体验。通过合理布置背景和道具的位置、品牌形象的传达、色彩光影的运用以及内容与背景的一体化，能够为观众带来更加丰富和独特的视觉体验，同时突出直播内容的重要性，增强直播的吸引力和感染力。

3.3　直播间灯光布置

 知识驱动

你是一位专业的网络主播，计划在社交平台上开展直播活动，包括教学、美妆、情感分享等内容。你意识到良好的灯光布置是提升直播效果的关键因素之一，因此你要深入了解不同类型的灯光及其运用，以提升直播的画面质量和观感体验。

任务操作

步骤	内　　容	备　　注
①	分析不同类型直播场景的灯光需求	根据计划的直播内容，分析教学、美妆、情感分享等不同类型直播场景的灯光需求，思考如何合理搭配灯光，以营造出最适合的氛围和效果
②	选择合适的灯具和设备	考虑到直播需求和场景特点，选择合适的灯具和设备，包括环形灯、LED 灯、软光箱、柔光球、手持补光灯和反光板等

 知识要点

灯光在直播中的角色至关重要，它不仅是照亮画面的工具，更是氛围、情感和观众关注点的传达者。通过巧妙的布置，灯光能营造多种氛围，从欢快到温馨，从专业到悬念，使观众在不同情境下产生不同的情感共鸣。此外，灯光也是视觉引导的利器，通过灯光的亮度和方向变化，引导观众的目光聚焦到主要内容或区域，加强观看体验。而更深层次的是，灯光能够传递情感。它通过明暗、色彩、温度等变化，将主播的情感表达与观众共鸣，使直播内容更加生动、感染力十足。因此，在直播场景搭建中，合理运用灯光不仅提升了画面的美感，更为直播内容的表现力和观众体验增添了新的可能性。

3.3.1　灯光类型及运用

在直播场景中，不同类型的灯光对于创造特定的氛围、突出重点、塑造主体和背景的关系都有着独特的作用。以下是常见的灯光类型。

1. 顶光（顶部光源）

顶光是直接从顶部发出的光源，通常用于提供整体照明。它可以为整个场景提供均匀的光线，但常常会造成过多的阴影，因此需要搭配其他类型的灯光进行补光，以避免画面过于平淡或过于阴暗。

2. 主光（主要光源）

主光是用于强调主体的光源，通常用于突出直播中的主要对象或区域，使之更加醒目。通过调整主光的亮度、角度和色温，可以有效塑造直播场景，吸引观众的注意力，如图 3-23 所示。

图 3-23　主光

3. 辅光（补光）

辅光主要用于补充主要光源，以减轻或弥补主光源造成的阴影，从而提供更均匀的照明。它可以改善画面的整体亮度，使画面更加自然和舒适，也能够减少过于强烈的阴影效果，如图 3-24 所示。

图 3-24　辅光

4. 轮廓光

轮廓光通常从背后或侧面照射主体，用于产生明显的轮廓效果。这种灯光可使主体在背景中更加醒目，并产生一种层次感，使画面更具立体感。合理运用轮廓光有助于使主体更加生动，增强观众的观感体验，如图 3-25 所示。

图 3-25　轮廓光

5. 背景光

背景光用于照亮背景或场景的一部分，营造特定的氛围。它能够突出场景的特色，为整个画面增添层次和美感。通过合理的背景灯光设置，可以凸显场景的重点和情感色彩，增加观众的视觉享受。

6. 环境光

环境光可以调整整个场景的氛围和观感，包括色温、色彩和明暗度等方面的调节。它对直播的整体感官体验起到重要作用，能够增强氛围感，使观众更好地沉浸其中。

7. 色温调控

色温是指光线的色调，是对光线冷暖程度的衡量。在直播中，合理的色温调控可以影响观众的情绪和观看体验，如图 3-26 所示。色温的分类如下。

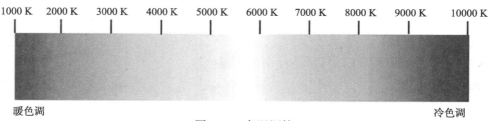

图 3-26　色温调控

（1）暖色调。暖色调通常指 2500 K 至 3500 K 的色温，呈现出温暖、柔和的光线，适合营造温馨、亲近的氛围，常用于情感类直播。

（2）中性色调。中性色调介于暖色调和冷色调之间，3500 K 至 5000 K，在直播中常用于展示清晰度和自然感的场景，适用于讲解类、展示类直播。

（3）冷色调。冷色调通常指 5000 K 以上的色温，呈现出宁静、清冷的光线，常用于展现专业、清晰和具有严肃感的场景，例如科技、医学类直播。

3.3.2　灯光设备的选择与配置

在直播场景搭建中，灯光设备的选择和配置对于创造出优质直播画面至关重要。常用的灯光设备如下。

1. 环形灯

环形灯是一种环形设计的灯具，其特点是提供柔和、均匀的照明效果，如图 3-27 所示。这种灯光设备广泛应用于美妆教学、人像拍摄等场景。其圆形光源可以为主体提供均匀的光线，使得面部特征更加立体和自然。

图 3-27　环形灯

优点：提供柔和、均匀的照明效果，有利于突出主体特征，尤其适用于美妆教学、人像拍摄等场景。

缺点：过于均匀的光线会减少画面的层次感，需要搭配其他光源使用。

用途：适用于需要柔和、均匀光线的场景，能够使面部特征更加立体、自然。

2. LED 灯

LED 灯源在直播场景中极为常见，它具有节能、可调色温等特点。由于 LED 灯的高色彩还原度，可以提供均匀柔和的光线，适用于各种直播环境，并可以调整色温满足不同拍摄需求，如图 3-28 所示。

图 3-28　LED 灯

优点：具有节能、可调色温等优势，色彩还原度高，提供均匀柔和的光线，适用于各种直播环境。

缺点：部分便宜的 LED 灯可能存在色彩偏差，需要谨慎选择。

用途：适用于不同场景，可通过调整色温满足不同的拍摄需求。

3. 柔光球

柔光球通过特殊的设计和材质，产生柔和、均匀的照明效果。这种设备常用于营造柔和、温馨的氛围，使得拍摄的画面更加舒适自然，如图3-29 所示。

图 3-29　柔光球

优点：产生柔和、均匀的照明效果，营造温馨氛围。

缺点：光线可能不足以全面照亮场景，需要搭配其他光源使用。

用途：适用于营造柔和氛围的场景，如情感类直播，使画面更加温馨自然。

4. 反光板

反光板是一种光线反射工具，能够反射环境中的光线，调节光线的亮度和方向。它通过反射光线改变画面的光线来源和角度，使得拍摄的画面更加明亮和柔和，如图 3-30 所示。

图 3-30　反光板

优点：通过反射光线改变光线角度，增强画面亮度和柔和度。

缺点：单一作用，需要搭配其他光源使用。

用途：用于局部光线调整，能够反射环境中的光线，使画面更加明亮和柔和。

不同的灯光设备具有各自的特点和适用场景。在选择和配置灯光设备时，需要考虑直播内容、场景需求和预算，以选择最适合的设备，确保达到最佳的照明效果。

3.3.3　不同类型直播场景的灯光需求

1. 教学类直播

教学类直播是常见的一种直播形式，对灯光有着较高的要求。在这种场景中，讲师需要清晰可见，以便学生观察他们的面部表情、手势以及可能展示的教学资料。主光源的应用至关重要，它能够提供足够的亮度和清晰度，减少阴影。而辅助光源则能够帮助消除主光源造成的过于强烈的阴影，确保画面更为柔和自然，如图 3-31 所示。

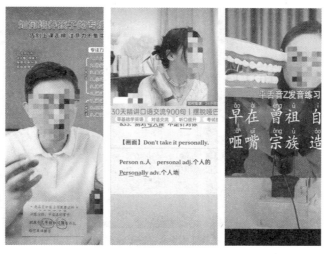

图 3-31　教学类直播

2. 美妆类直播

　　美妆类直播要求灯光具有高度的色彩还原度和准确性。这种直播需要细致入微的观察和演示，因此对于光线的质量要求很高。环形灯或柔光球常被用于这类直播，它们能够提供柔和均匀的光线，减少阴影，突出细节，并确保彩妆效果真实可见，如图 3-32 所示。

图 3-32　美妆类直播

3. 情感类直播

　　情感类直播更加侧重于营造情感氛围和共鸣。为了营造温馨、舒适的氛围，常采用柔和的环境光或柔光球。这种柔和的光线氛围可以为观众带来更舒适的视觉体验，让他们更加沉浸在直播内容中，如图 3-33 所示。

图 3-33　情感类直播

4. 音乐演出直播

音乐演出直播需要充足的光线来突出舞台和表演者的形象。这种直播常采用背景光和轮廓光，以突出舞台的层次感，同时主光源提供均匀的光线，确保音乐表演者和乐器能够清晰展现，如图 3-34 所示。

图 3-34　音乐演出直播

不同类型直播场景对于灯光的需求有所不同，每种场景需要的光线效果都有其独特之处。合理搭配不同类型的灯光设备，能够提升直播画面的品质，创造更吸引人且专业的视觉效果。

3.4　直播间互动道具

 知识驱动

你是一位专业的网络主播，计划在社交平台上开展直播活动，包括教学、美妆、情感分享等内容。你需要根据自己的直播内容选择适合的互动道具，以增强直播过程中的观众活跃度。

 任务操作

步骤	内　　容	备　　注
①	探索常见的直播间互动道具	研究弹幕互动、礼物系统、抽奖活动、情景道具与特效、实时互动问答等常见互动道具，了解它们的功能和使用场景
②	分析使用互动道具的实践案例	深入研究电商类直播和教育类直播等不同领域的实践案例，学习如何运用互动道具提升直播效果和用户参与度
③	掌握互动道具的使用技巧与注意事项	学习合理搭配多种互动道具、精准把握互动时机，以及数据分析与优化策略等互动道具使用技巧和注意事项

 知识要点

在新媒体直播中，互动性是吸引观众并提高其参与度的关键要素之一。直播间互动道具是提高直播活动趣味性和参与度的重要工具，能够增强主播与观众之间的互动，创造更生动且吸引人的直播环境。

3.4.1　互动道具的定义与作用

1. 定义

互动道具是指在直播过程中用于促进观众参与度、增加互动性的各种工具、功能或元素。这些道具可以是基于平台提供的功能，也可以是主播特别设计的互动形式，使观众能够以多种方式与主播和其他观众进行实时互动。

2. 作用

互动道具能够拉近主播与观众的距离，增强直播的互动性和参与感。观众能够通过多种方式参与互动，使得观看直播不再是单向的信息接收，而是更具交互性的体验。适当的互动道具为直播内容增添了更多元化、有趣的元素，提升了直播的吸引力和趣味性，吸引了更多观众的关注。互动道具有助于建立更为紧密的观众与主播之间的联系。观众通过参与互动，感受到了主播的关注和回应，增加了对主播的认同和喜爱。互动道具的有效运用能够提高观众的留存率，并为主播带来商业价值。观众通过购买礼物等方式为主播提供支持，增加了直播的商业价值，同时也帮助主播获得收入。

3.4.2　常见的直播间互动道具

常见的直播间互动道具如图3-35所示。

图 3-35　直播间常见互动道具类型

1. 弹幕互动

弹幕互动是一种通过发送文字消息实现的观众互动方式。观众可以发送弹幕评论、提问、表达观点或情感等，这些文字信息会在屏幕上以动态、实时的方式显示，为直播增添了更多的互动性和参与感。弹幕互动不仅能拉近观众和主播的距离，还能促进观众之间的交流，营造出热烈的互动氛围。

2. 礼物系统

礼物系统允许观众通过购买虚拟礼物并赠送给主播，以表达支持和喜爱。这些虚拟礼物可能有不同的价值和形象，例如星星、爱心、飞吻等。礼物的赠送不仅是观众对主播的鼓励和支持，也是观众之间竞相展示支持态度的一种方式。此外，礼物系统也成为直播电商平台的一种盈利模式，帮助主播获得收入。

3. 抽奖活动

抽奖活动是通过设置抽奖环节来吸引观众参与互动。主播可以设定在特定时间、特定条件下进行抽奖，以吸引观众积极参与。这种形式的互动活动常常成为观众参与的动力，提高了直播间的互动性和观众的忠诚度。

4. 情景道具与特效

情景道具和特效是直播电商平台或特定软件提供的功能，可以增添直播内容的趣味性和视觉吸引力。这些道具包括但不限于虚拟背景、滤镜、贴纸、动态特效等，能够丰富直播场景，吸引观众的视线，增强观看体验。

5. 实时互动问答

通过设置实时互动问答环节，让观众参与答题、互动讨论等活动，与主播进行知识互动。这种形式有助于提高观众的专注度和学习兴趣，拉近观众与主播的距离，同时也提高了直播内容的互动性。

3.4.3　互动道具的使用技巧与注意事项

在新媒体直播中，掌握互动道具的使用技巧和注意事项，对于提升直播效果和观众体验至关重要。下面将深入探讨合理运用互动道具的技巧以及需要注意的事项，如图 3-36 所示。

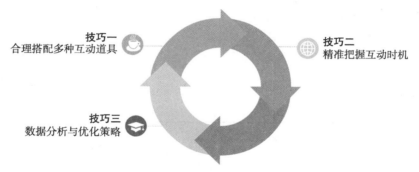

图 3-36 互动道具使用技巧

技巧一：合理搭配多种互动道具

合理搭配多种互动道具是提高直播互动性的关键。不同的互动道具有不同的作用，因此在使用时需要根据直播内容和主题，精心搭配道具。例如，可以结合弹幕互动和礼物系统，在直播内容间隙或者特定时段进行抽奖活动，以增加观众参与度。但是应避免过度使用互动道具，以免干扰到直播内容本身，并且需要在多种道具之间取得平衡，让互动更有价值。

技巧二：精准把握互动时机

把握互动时机是提高互动效果的关键。合适的互动时机可以更好地促进观众参与和互动。例如，在内容紧张的知识点讲解后，可以设置弹幕互动或实时互动问答，让观众有机会提出问题或分享观点。但必须注意不要过分干扰直播的主要内容，保持互动的合理性和自然性。

技巧三：数据分析与优化策略

数据分析是提高互动效果的关键一环。通过观察不同互动道具的使用效果、观众参与度以及留存率等数据指标，可以优化互动策略。了解观众的互动偏好和习惯，可以调整互动形式和时机，更好地满足观众需求，提高互动效果。

避免互动过度和干扰内容。在运用互动道具时，必须注意避免互动过度和干扰直播内容。尽管互动对于直播体验非常重要，但过度的互动可能会分散观众注意力，影响直播内容的传达效果。因此，需要在使用互动道具时保持适度，并在维持直播内容核心的同时，增加互动的趣味性。

互动道具的使用技巧和注意事项直接影响着直播的效果和观众体验。合理搭配多种互动道具，精准把握互动时机，结合数据分析优化策略，并注意避免互动过度和干扰内容是提高直播互动效果的关键。只有在保持互动的适度和合理性的基础上，互动道具才能更好地为直播增色添彩，提升观众的参与度和观看体验。

3.5 直播间产品摆放

 知识驱动

你是一家新兴的电子产品公司的市场推广经理，负责策划一场线上直播活动，旨在展示公司最新推出的智能家居产品系列,并吸引更多消费者关注和购买。通过本节学习,你将深入了解直播间产品摆放的目的、布局与展示技巧,以及注意事项和数据分析方法,从而打造出引人注目、吸引消费者的直播场景。

 任务操作

步骤	内　　容	备　　注
①	设计产品摆放的布局方案	结合公司产品特点和直播主题,设计合理的产品摆放布局方案,包括产品摆放位置、展示方式、品牌标识等细节设计
②	实践操作并进行数据分析	在直播活动中实施产品摆放的布局方案,并通过数据分析工具收集直播效果数据,如观看人数、互动率、销售数据等,用于评估直播效果

 知识要点

在新媒体直播间中,产品摆放的作用不容忽视,它能够显著提升直播间的视觉吸引力,优化产品展示效果,有效促进观众的购买决策。同时,合理的摆放还能提高空间利用率,营造独特的品牌形象。因此,在新媒体直播中,产品摆放是打造高效、高吸引力直播环境的关键要素。

3.5.1　产品摆放的目的

创造视觉焦点和引导视线是产品摆放的首要目标。通过合理布局和摆放,将重点产品置于观众易于关注的位置,使其成为视觉焦点,引导观众的视线,增强产品的吸引力。精心的布局设计可以突出产品的特色和功能,增强产品的视觉效果,使产品更加生动、吸引人,激发观众的购买兴趣。另外,产品摆放也是为了传达品牌信息和加强品牌认知。通过合理的布局方式,可以传递品牌的核心价值、文化,提高观众对品牌的认知度和信任度,巩固品牌形象。

3.5.2　产品摆放的布局与展示技巧

新媒体直播的成功不仅取决于内容和主播,产品摆放的合理布局和展示技巧同样至关重要。本节将深入探讨如何通过布局设计和展示技巧提升产品的吸引力和观赏性,如图 3-37 所示。

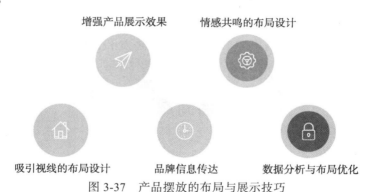

图 3-37　产品摆放的布局与展示技巧

1. 吸引视线的布局设计

产品摆放的关键在于引导观众的视线，将重点产品置于最引人注目的位置。这需要考虑场景布局和观众的视觉习惯。通过设置重点展示区域，例如在视觉中心、光线充足处摆放重点产品，或使用突出的陈列架，来突出主打产品，吸引观众视线的聚焦。

2. 增强产品展示效果

展示技巧是提升产品吸引力的关键。合适的灯光、色彩搭配和摆放角度，可以提高产品的展示效果。合理运用灯光，让产品在直播中更生动、立体，可以增强观众的视觉感受。此外，选择合适的背景与产品相辅相成，能够为产品营造出合适的氛围，进一步提升展示效果。

3. 品牌信息传达

产品摆放是品牌形象传达的一部分。除了产品本身，也需要考虑产品与品牌之间的联系。通过布局方式，可以传递品牌的文化、价值观和核心信息；通过场景、布景等元素的呼应，可以让观众更直观地感受到品牌的特质和形象。

4. 情感共鸣的布局设计

设计布局时，需要考虑如何与观众建立情感联系。合理的布局可以让观众更容易与产品产生共鸣和情感联系，进而增强他们的认同感。例如，通过摆放相关配件或展示产品在特定场景下的实际应用，可以激发观众情感共鸣。

5. 数据分析与布局优化

数据分析是布局优化的重要手段。通过观看数据、观众反馈等信息，评估不同布局方式的效果，并进行调整和优化。数据分析有助于了解观众偏好，以及不同布局对观众参与度和产品认知度的影响。

不同类型产品的摆放方式需要根据产品属性和直播主题灵活应用。在实践中，可以根据产品特点、观众喜好，以及直播内容的要求来调整产品的陈列方式，以提升产品的吸引力和观赏性。针对教育、电商和娱乐类产品，精准的摆放策略能够更好地服务于直播内容，提升观众体验，增强直播的效果和互动性。教育、电商和娱乐等不同类型的产品，摆放布局和展示策略有所不同，如表 3-1 所示。

表 3-1 直播产品类型及其摆放策略

直播产品类型	教 育 类	电 商 类	娱 乐 类
产品摆放策略	知识性导向：教育产品的摆放需要强调知识性，重要内容需置于观众易见的位置	促销焦点：重点产品应置于显眼位置，便于观众注意到，同时突出特价或推广产品	视觉效果：娱乐产品的摆放更注重视觉效果，将精美、具有观赏性的产品置于易于被观众注意的位置
	互动性设计：针对教学互动，可将重要教具或互动工具放置在主持人易操作的位置，方便与观众互动	搭配陈列：适合进行搭配陈列，将相关产品放在一起，让观众更容易理解产品之间的关联性和搭配效果	互动性设计：例如，在游戏直播中，重要游戏道具或玩法可置于主持人易操作位置，以促进互动和娱乐效果
	示范展示：针对实物展示或教学示范类产品，可以采用特殊的展示桌面或展架，以清晰展示产品细节	情境营造：通过布景和场景的设计，将产品置于符合产品风格和品牌特色的环境中，提升观众的购买欲望	场景搭配：娱乐产品需要与整体场景相协调，通过场景搭配来营造出更具娱乐性的氛围，增强观众的沉浸感

3.5.3 产品摆放的注意事项

在进行产品摆放时，需要特别关注一些注意事项，以确保直播过程中的流畅性和吸引力。

1. 考虑观众视角和体验

产品摆放的高度应符合观众的视线习惯，避免过高或过低，以保证观众能够清晰看到产品。同时，产品放置位置应便于主持人演示和解说，同时也应考虑观众的操作和互动，让他们更容易理解和参与。

2. 维护品牌形象和一致性

放置产品时要确保展示出品牌的标识和特点，保持品牌形象的统一。产品摆放也应与整体场景和布景相协调，使观众在直播中更容易联想到品牌特质和产品风格。

3. 保证直播内容的完整性

产品摆放不应干扰直播内容的展示或主持人的讲解，避免挡住重要画面或信息，避免过于拥挤或过度堆砌，保证画面整洁清晰，让观众更好地关注重点。

4. 安全和稳固

摆放的产品要确保固定稳固，避免在直播过程中出现意外情况，影响直播效果和观众安全感。针对易碎、易燃或存在其他安全隐患的产品，需考虑安全距离，并采取必要的防护措施。

5. 数据分析和优化

通过数据分析观察观众反馈和互动情况，及时调整产品摆放策略以优化直播效果。

在新媒体直播场景搭建中，合理的产品摆放不仅能提升观众的观赏性和体验感，还能够更好地传达品牌形象和产品信息。在实践中，需要综合考虑观众体验、品牌形象和直播内容完整性等多方面因素，不断优化产品摆放策略，以达到更好的直播效果和观众参与度。

课后分析思考

1. 结合实际案例，分析一场成功的直播是如何进行设备选择的，哪些因素是决定性的？

2. 设计一个针对特定主题（如美妆、教育、音乐演出）的直播间场景布置方案，说明各要素的选择理由。

3. 讨论在小型直播间与大型直播间中，灯光配置的异同点及其对直播效果的影响。

课后扩展阅读

即测即练

自学自测　　扫描此码

第 4 章

新媒体直播间选品

本章知识图谱

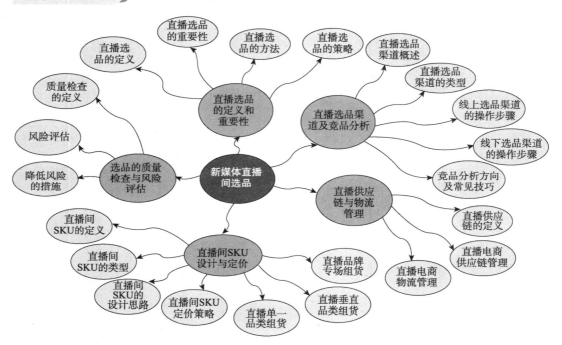

知识目标

通过本章学习，读者应该能够：

1. 了解选品工作的定义，对选品有个全面、清晰的认知；
2. 熟悉和掌握具体选品策略和过程，以及实操选品的具体方法；
3. 了解直播选品渠道来源，掌握线上及线下渠道的选品方法；
4. 熟悉和掌握实操直播竞品分析的技巧；
5. 了解直播供应链体系，进行供应链管理，熟悉和掌握仓储物流管理；
6. 了解直播间常见的几种 SKU，对 SKU 有全面、清晰的认知；
7. 熟悉和掌握单一品类与垂直品类，以及平台专场和品牌专场 SKU 的设计；
8. 了解选品质量的检查方法，熟悉和掌握直播选品的风险评估。

4.1 直播选品的定义和重要性

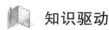 **知识驱动**

为福建翰智有限公司开通选品直播账号

在当今这个数字化浪潮汹涌、互联网技术日新月异的时代，直播电商以其直观性、互动性和高效转化的特性，迅速崛起为引领消费潮流的新风口。福建翰智有限公司作为行业内的佼佼者，始终站在时代前沿，敏锐捕捉市场动向，积极拥抱变革。公司不仅已在多个热门媒体平台上成功运营了多个高人气直播账号，积累了丰富的运营经验与庞大的粉丝基础，更在不断创新与突破中寻求新的增长点。

为了进一步深化市场布局，拓宽品牌影响力，同时精准对接消费者日益增长的个性化、品质化需求，福建翰智有限公司高瞻远瞩，决定新开辟一条"种草类型"的直播赛道，正式推出名为"天天无忧"的直播账号。这一举措旨在打造一个集产品试用分享、生活美学传递、消费者信任构建于一体的全方位购物体验平台，让每一位观众在观看直播的过程中，不仅能发现心仪好物，更能感受到生活的美好与无忧。

你作为公司选品部门的领航者，深知这一使命的重大与责任的深远。因此，你将充分运用本节所学的前沿知识，结合大数据分析、市场调研、消费者行为研究等多种手段，精心筛选出一系列符合"天天无忧"抖音账号定位、能够精准触达目标受众群体的直播产品。

在产品选择上，你将聚焦于以下几个关键点。首先，确保产品质量过硬，口碑良好，能够满足消费者对品质生活的追求；其次，注重产品的创新性与差异化，力求在激烈的市场竞争中脱颖而出；最后，紧跟潮流趋势，挖掘潜在热点，如环保可持续、科技智能、国潮文化等，以吸引更多年轻消费者的目光。

 知识要点

4.1.1 直播选品的定义

直播选品是直播电商生态中至关重要的一环，它指的是直播团队在深入分析目标受众需求、紧跟市场趋势、考量产品品质与价格等因素的基础上，精心挑选出最适合在直播间展示与推荐的产品或服务的过程。这一过程不仅要求直播团队具备敏锐的市场洞察力和深厚的行业知识，还需要与供应链紧密合作，确保选品既符合消费者期望，又能在激烈的市场竞争中脱颖而出。

在当下这个信息爆炸、消费升级的新媒体时代，直播电商以其独特的魅力迅速崛起，成为连接品牌与消费者的新桥梁。而在这场商业盛宴中，直播选品无疑扮演着举足轻重的角色。它不仅是直播内容的灵魂所在，更是决定直播成功与否的关键因素之一。一个精心策划的选品策略，能够瞬间点燃观众的热情，引发购买狂潮；而一次草率的选品决策，则可能让直播间陷入冷场，甚至损害主播的信誉与形象。因此，深入探讨直播选品的定义、原则、策略及其实战技巧，对于每一位直播从业者而言，都显得尤为迫切与重要。因此，在直播选品时，具体需要考虑以下几个方面。

1. 产品特点

产品特点是指一个产品相对于其他同类产品所独有的，能够吸引消费者注意并满足其特定需求或期望的特性和优势。这些特点可以是产品的物理属性、功能性能、设计元素、品质标准、服务保障等多个方面。产品特点可以包括以下几个方面。

（1）功能性特点，指产品能够满足消费者某种特定需求的能力。例如，一款智能手机的快速充电功能、高像素摄像头、强大的处理器等，都是其功能性特点。

（2）设计特点，指产品的外观、造型、色彩搭配等设计元素所展现出的独特性和吸引力。设计特点能够影响消费者的第一印象和购买决策。

（3）品质特点，指产品在制造过程中所遵循的质量标准和工艺要求，以及产品在使用过程中所表现出的稳定性和耐用性。高品质的产品往往能够赢得消费者的信任和忠诚。

（4）服务特点，指产品附带的售后服务、保修政策、技术支持等增值服务。良好的服务特点能够提升消费者的购买体验和满意度。

（5）创新性特点，指产品所采用的新技术、新材料、新工艺或新设计等创新元素。创新性特点能够使产品在市场上脱颖而出，吸引更多消费者的关注和购买。

2. 市场需求

市场需求是指在一定时期和一定价格水平下，消费者愿意并且能够购买的商品或服务的数量。这个定义包含了两个关键要素，一是消费者的购买意愿，即消费者对于某种商品或服务的需求程度；二是消费者的购买能力，即消费者在经济上能够承担得起购买该商品或服务的费用。

市场需求是市场经济的一个核心概念，它反映了消费者对于商品或服务的真实需求情况。市场需求的大小和变化受到多种因素的影响，包括人口数量、收入水平、消费者偏好、技术进步、替代品和互补品的价格、消费者预期等。

3. 消费者需求

消费者需求是指消费者在购买商品或服务时所表现出的各种欲望、愿望和需要。这些需求是消费者进行购买活动的直接动因，也是市场存在和发展的基础。消费者需求涵盖了多个方面，包括生理需求、心理需求、社会需求等。

（1）生理需求。这是最基本的需求，涉及维持人类生存所必需的物质条件，如食物、水、衣物、住所等。这些需求是消费者最基础、最直接的购买动机。

（2）心理需求。随着生活水平的提高，消费者在满足生理需求的基础上，开始追求更高层次的心理满足。这包括了对美的追求、对自我实现的渴望、对社交和归属感的需要等。心理需求往往通过购买具有特定象征意义或能够带来情感共鸣的商品或服务来满足。

（3）社会需求。人作为社会性动物，其需求也受到社会环境的影响。消费者在购买商品或服务时，会考虑其是否符合社会规范、能否得到他人的认可和尊重等。这种社会需求促使消费者在选择商品或服务时，更加注重品牌、口碑、社会地位等因素。

消费者需求具有多样性、层次性、发展性和可引导性等特点。不同消费者之间的需求存在差异，同一消费者在不同时间、不同情境下的需求也会发生变化。因此，企业和商家需要密切关注消费者需求的变化趋势，通过市场调研、产品创新、营销策略等手段来满足消费者不断变化的需求，以赢得市场竞争优势。

4. 竞争情况

竞争情况是指在某一市场或行业内，不同企业之间为了争夺市场份额、资源、客户等而展开的竞争状态和态势。它描述了市场上各参与者之间的相对位置、力量对比、策略运用以及市场反应等方面的综合情况，包括对竞争对手的产品、价格、促销、渠道、市场份额、财务状况、技术实力、品牌形象等方面的评估。这有助于企业了解自己在市场中的相对位置和优劣势，从而制定相应的竞争策略。了解竞争情况对于企业和商家来说至关重要，它有助于企业制定合理的市场定位、产品策略、价格策略和营销策略，以应对市场竞争的挑战和机遇。同时，企业还需要密切关注市场动态和竞争对手的动向，灵活调整竞争策略，以保持竞争优势并实现可持续发展。

4.1.2　直播选品的重要性

1. 提升直播效果

选品的好坏直接影响到直播的效果，优质的产品能够吸引消费者的关注，提升直播的观看体验，从而增加销售转化率，增加消费者满意度。选择高质量、高性价比的产品，能够提高消费者的购物满意度，增强消费者对直播的信任和忠诚。

2. 塑造品牌形象

选择与品牌形象相符的产品，能够提升品牌的形象和知名度，进一步吸引消费者的关注。

3. 促进销售转化

合适的选品能够满足消费者的需求，提高销售转化率，为直播电商带来实际的收益。在直播选品过程中，需要关注产品的品质、性价比、品牌背书等方面，以确保选出的产品符合直播带货的需求和目标，并能够提高消费者的满意度和忠诚度，同时还要有助于拓展销售渠道和提升市场份额。直播选品可以帮助商家拓展销售渠道和提升市场份额，提高商品的曝光度和销售量。通过直播展示商品，可以吸引更多的潜在客户，扩大品牌的影响力，从而增加销售机会和市场份额。

4. 降低库存积压和滞销风险

合理的选品策略可以帮助商家降低库存积压和滞销风险。通过深入了解市场需求和消费者喜好，选择具有市场潜力的商品进行直播销售，可以避免盲目进货导致的库存积压和滞销风险，提高资金利用率和运营效率。

5. 优化用户体验和购物体验

优质的选品能够优化用户体验和购物体验，提高消费者的满意度和忠诚度。通过精心挑选符合消费者需求的商品，可以提供更加便捷、愉悦的购物体验，让消费者在购物过程中感受到更多的价值和满足。

4.1.3 直播选品的方法

1. 数据分析法

通过数据分析法，可以了解受众的需求和喜好，以及热门商品的市场需求和销售情况。通过分析这些数据，可以更加精准地选择合适的商品进行直播带货。例如，可以通过电商平台的数据分析工具，了解某一类商品的搜索量、销量、评价等信息，从而选择合适的商品进行直播带货。

2. 社交媒体法

社交媒体是获取消费者需求和喜好的重要渠道之一。通过观察社交媒体上的话题、讨论和趋势，可以发现当前热门的话题和消费者关注的焦点。根据这些信息，可以选择符合消费者需求的商品进行直播带货。同时，也可以通过社交媒体平台直接与消费者进行互动交流，了解用户的需求和反馈。

3. 品牌合作法

品牌合作法是指与品牌方或品牌代理商合作，选择其授权的商品进行直播带货。这种合作方式通常需要一定的资源和关系网，但可以获得品牌方或代理商的支持和合作。通过品牌合作法，可以获得更多的商品信息和优惠条件，同时也能够提高品牌的知名度和信誉度。例如，可以与美妆品牌合作，选择其热门产品进行直播带货。

4.1.4 直播选品的策略

1. 了解受众需求

在选择直播带货的商品时，首先要了解受众的需求和喜好。通过分析受众的年龄、性别、职业、兴趣等因素，选择符合用户需求的商品，这样可以提高转化率和销售额。例如，对于年轻人群体，美妆、服装、饰品等商品较为受欢迎；对于家庭主妇群体，生活必需品、家居用品等商品更具有吸引力。

2. 选择热门商品

选择热门商品可以增加直播的曝光量和关注度。热门商品通常具有较高的市场需求和热度，能够吸引更多的观众和消费者。同时，热门商品也更容易打造出爆款，提高销售额。例如，在美妆领域，可以选择一些热门色号的口红、眼影等商品进行直播带货。

3. 突出商品特点

在直播带货中，突出商品特点是至关重要的。通过展示商品的特点和优势，可以让观众更好地了解和认识该商品，提高购买意愿。同时，突出商品特点也能够提高商品的辨识度和品牌形象。例如，在服装类直播中，可以通过展示服装的面料、板型、设计等方面的特点和优势来吸引观众购买。

4. 打造品质直播

品质是消费者购买商品的重要因素之一。在直播带货中，要注重选择品质可靠的商品，避免出现质量问题或售后服务问题。同时，在直播过程中也要注重展示商品的品质和细节，让消费者更放心地购买。例如，在数码类直播中，可以选择一些品牌信誉好、质量可靠的电子产品进行直播带货。

5. 选品要有性价比

直播带货的核心是性价比。产品的销量和产品的价格有直接关系，产品价格越低，销量越高，只有足够低的价格才能保证场场爆火。怎样找到性价比高的商品呢？可以用抖音电商免费选品平台进行选品，且要确保店铺 DSR 不低于行业均值，同时还可以选择爆款、清仓折扣款、上新款商品等。

6. 选品要有卖点

只要产品有卖点，就不怕卖不出去。有了卖点，再借助抖音平台进行扩散，转化就很有效率了。任何产品都有很多卖点，但如果一个销售把产品的每个卖点都讲了，把在客户面前的时间平均分配了，就会显得产品很平庸，反而没有了亮点，销售爆单的可能性比较小。

7. 选品要与粉丝属性相匹配

当不知道应该怎么引流时，可以通过粉丝画像来找到自己的产品定位，可以借助抖音创作服务平台或蝉妈妈数据分析来查看粉丝画像。选品的三个关键因素是价格、可展示性、适用性。

（1）价格。选择价格门槛较低的产品，结合容易感知的优惠来降低消费者的犹豫时间。在定价的时候，能定价为 99.9 元就不要写成 100 元，这样可以尽可能地降低消费者的心理门槛。

（2）可展示性。优先选择有外观优势、使用方法以及效果比较直观的产品。选择这样的产品，在直播的时候，展示产品就可以参考线下展示的方式，让观众更有代入感，可以更直观地了解到产品的性能。

（3）适用性。直播带货选品的时候，尽量根据消费者的生活场景选品，尤其初期选品要面向更广泛人群，避免直播间流量的浪费。

📖 任务操作

直播选品就是在直播过程中主播或直播团队根据一定的标准和策略，从众多商品中挑选出适合在直播间展示和销售的产品。这一过程不仅关乎直播间的销售效果，还直接影响到直播间的口碑和观众的信任度。以抖音直播为例，直播选品可以通过平台内的"精选联盟"实现。

第一步，登录抖音，在抖音 App 的首页，点击右下角的"我"按钮，进入个人主页。找到精选联盟入口，开通带货权限，查看达人带货的条件，如图 4-1 所示，通过抖音账号的"电商带货"按钮，可以登录电商界面，并进行账号带货权限的提交。

第二步，在个人主页中，寻找与"抖店"或"商品橱窗"相关的选项。这里需要注意的是，直接的"精选联盟"入口可能在不同的抖音版本或用户界面中有所不同。通常，可以通过"商品橱窗"进入选品广场，进而找到精选联盟，如图 4-2 所示。在某些版本中，可以通过点击"商品橱窗"→"选品广场"→"爆款榜单"的路径来查看精选联盟的内容。这里的"爆款榜单"实际上展示了精选联盟中的热门商品，虽然不直接标注为"精选联盟"，但内容上是相关联的。另外，有些用户可能需要通过"我"→"设置"→

"功能介绍"→"精选联盟"的路径来找到入口，但这主要取决于抖音 App 的具体版本和用户权限。

图 4-1　抖音电商带货入口

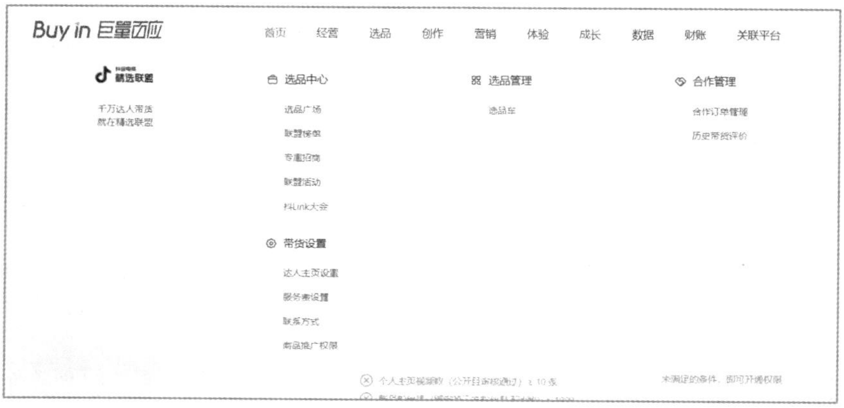

图 4-2　抖音选品入口

第三步，筛选和查看商品，在精选联盟页面中，可以根据需求筛选商品，比如按照一级或二级行业类目进行筛选。同时，可以查看商品的销量、评价等信息，以便做出更明智的选品决策，如图 4-3 所示。

图 4-3　抖音橱窗上架

第四步，开通带货权限后，如果并非达人，而是拥有个人店铺的商家，则需要加入"精选联盟"，根据加入"精选联盟"必要条件，完成相关步骤，申请开通购物小黄车之后，想要销售其他店铺的产品，则需要申请开通精选联盟，如图 4-4 所示。

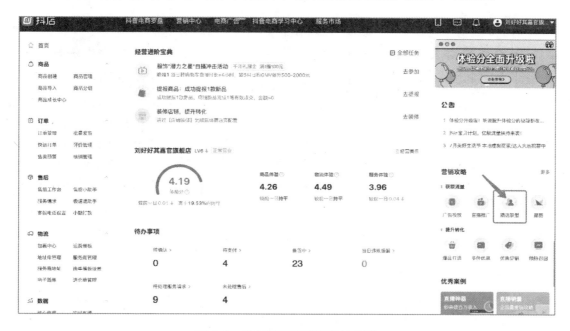

图 4-4 抖店打开精选联盟的步骤

课后分析思考

打开"抖音商城"完成以下实训，并完成表 4-1。

1. 分别搜索"男鞋""裙子""家具用品"等类目，观察前 5 的数据完成表格，并且结合以上分析，思考未来抖音平台上哪些类别的产品可能更具市场潜力。

2. 从品牌策略的维度，如何提升品牌知名度和影响力，以吸引更多消费者？

3. 从营销策略的维度，如何更有效地利用抖音平台的营销资源，提升产品销量？

4. 从消费者需求的维度，如何更准确地把握消费者的需求变化，调整产品设计和生产策略？

5. 从竞争应对的维度，面对激烈的市场竞争，企业应采取哪些措施来保持竞争优势？

表 4-1 数据分析表

商品类目	排在前列商品月销量	产品价格	好评数量	差评数量	产品特点

4.2　直播选品渠道及竞品分析

知识驱动

为福建翰智食品有限公司新建的食品账号进行渠道建立与竞品分析

福建翰智食品有限公司作为食品行业的先锋企业,始终以前瞻性的市场洞察力和敏锐的商业嗅觉引领行业发展趋势。近期,公司依托强大的数据分析能力,精准预测到明年"预制菜"市场将迎来爆发式增长,这一发现为公司战略调整与业务扩展提供了宝贵的契机。为此,公司决定新建一个专注于"预制菜"领域的食品账号,并全面启动线上与线下选品渠道的建立工作,同时深入进行竞品分析,以制定出一套高效、精准的市场进入策略。要求同学们根据"预制菜"这个类型的账号,建立线上和线下选品渠道,从渠道分析与竞品分析列出调研报告。

知识要点

4.2.1　直播选品渠道的概述

直播选品渠道,顾名思义,是指主播在准备直播销售商品时,所选择和利用的各类商品来源和获取途径。这些渠道为主播提供了丰富的商品资源,帮助他们筛选出适合直播销售、能够满足观众需求的产品。

具体来说,直播选品渠道涵盖了多个方面,包括但不限于电商平台、线下实体店、专业市场、供应链厂商、社交媒体和社群等。通过这些渠道,主播可以获取到各种类型、各种品质的商品信息,并根据自己的直播定位、观众需求以及个人喜好等因素进行筛选和比较,最终选择出适合在直播间推广和销售的商品。

在选品过程中,主播需要综合考虑多个因素,如商品的质量、价格、市场需求、竞争情况、自身品牌形象等。通过精心挑选和组合商品,主播可以打造出具有吸引力和竞争力的直播内容,吸引更多观众关注和购买,从而实现销售目标和商业利益。

因此,直播选品渠道对于主播来说至关重要,它直接关系到直播内容的丰富度、观众满意度以及销售业绩的好坏。主播需要不断关注市场动态和消费者需求变化,积极拓展和优化选品渠道,以提供更加优质、多样化的商品选择给观众。

4.2.2　直播选品渠道的类型

1. 电商平台及供应链平台

直播选品渠道多样,主播可以根据自身情况和需求选择合适的渠道。电商平台及供应链平台通常能提供完善的选品工具和数据支持,如淘宝、京东、拼多多等,这些平台拥有丰富的商品种类和供应链资源,主播可以直接在平台上挑选商品并与商家合作。

（1）1688（阿里巴巴）。作为老牌工厂直供货源网站,1688上厂家众多、商品种类丰富、价格相对较低。在1688上选品时,建议筛选一件包邮、48小时发货、工厂直发等条件的商品,并关注店铺商品数量和类目垂直度,以找到源头厂家,如图4-5所示。

图 4-5 1688 网站主页

（2）拼多多。拼多多的特点是商品价格较为亲民，且用户基数大，是直播带货的重要选品渠道之一。在拼多多上选品时，可以关注店铺的真实评价占比和好评率，一般真实评价占比在已售数量的 10% 左右，好评率低于 80% 或 85% 的店铺需谨慎考虑，如图 4-6 所示。

图 4-6 拼多多网站主页

（3）其他垂类供应链平台。如搜款网、货捕头（适合女装）、包牛牛（适合箱包）、义乌购（图 4-7）和义乌小商品城（适合百货）、童商网和织里童装网（适合童装）、91 家纺网和找家纺网（适合家纺）等，这些平台在各自领域内拥有丰富的货源和供应商资源。

图 4-7　垂类网站主页（以"义乌购"为例）

2. 直播带货平台内置选品广场

（1）抖音精选联盟。抖音精选联盟是抖音生态内的选品广场，拥有丰富的商品资源，适合抖音直播带货的主播和商家。在抖音精选联盟中选品时，可以根据自己的粉丝画像和需求来筛选合适的商品，并与商家沟通佣金比例等合作细节，如图 4-8 所示。

图 4-8　抖音精选联盟

（2）快手、淘宝直播、京东直播等平台。这些平台也提供了选品工具或市场，主播和商家可以在其中寻找热门商品和潜在爆款。

3. 线下选品及供应链

（1）批发市场。批发市场是线下选品最常用的渠道之一。每个城市或地区都有自己的特色批发市场，如服装、电子产品、建材等行业的专业市场。在这些市场中，商家可以直接与厂家或供应商交流，了解产品的质量和价格，并选择适合自己的产品。批发市场的优势在于产品种类丰富、价格透明，且可以批量采购以降低成本。例如，广州的十三行、杭州的四季青等都是知名的批发市场。

（2）展会和贸易活动。展会和贸易活动是商家了解市场趋势和产品信息的重要平台。参加相关行业的展会，如广交会、进博会等，可以与众多参展商直接交流，了解他们的最新产品和报价。展会上通常会有新品发布、技术展示、行业论坛等环节，有助于商家获取行业前沿信息和市场动态。同时，展会也是建立长期合作关系的好机会，如图 4-9 所示。

图 4-9　线下展会

（3）厂家直销。厂家直销是另一种重要的线下选品渠道。有些厂家会绕过中间环节，直接面向终端客户销售产品，以更优惠的价格和更直接的服务吸引客户。商家可以通过搜索互联网或黄页等方式寻找这些厂家，与他们直接联系并采购产品。厂家直销的优势在于价格优势明显，厂家直销通常能够绕过中间环节，降低采购成本，提高利润空间，且可以提供产品定制服务以满足特定需求。例如"烤鳗父子"直播间，就是选品团队直接联系厂家，采取直销的方式控制成本并优化利润。对于直播间来说，如果能够通过厂家直销的方式获取产品，那么在价格上可能会更有竞争力，从而吸引更多消费者。另外，与厂家直接合作，可以确保产品的质量和来源可靠。这对于维护直播间的口碑和品牌形象至关重要。"烤鳗父子"直播间如果注重产品质量和消费者体验，那么选择厂家直销的方式是有可能的。与厂家建立长期稳定的合作关系，还有助于保障供应链的稳定性。这对于直播间来说，意味着可以更加稳定地获取产品，减少因供应链中断而导致的缺货风险。

（4）代理商和经销商。代理商和经销商是连接厂家和终端客户的桥梁。他们通常会代理多个品牌和产品，提供一站式的采购服务。商家可以通过与代理商或经销商合作，快速获取多种品牌和规格的产品，并享受其提供的售后服务和物流配送等服务。选择可靠的代理商或经销商对于商家来说至关重要，可以确保产品的质量和服务的稳定性。

（5）其他渠道。除以上几种主要的线下选品渠道，还有一些其他渠道也值得商家关注。例如，拍卖行在某些城市有销售各种类型的物品，商家可以在这里购买到一些特殊或稀缺的商品。此外，一些社区团购平台或社群团购也会组织线下选品活动，邀请商家参与并提供优惠价格和服务，如图 4-10 所示。

图 4-10　线下的选品对接会

4.2.3　线上选品渠道的操作步骤

1. 注册与登录

以 1688 选品为例，首先在 1688 平台上注册一个账号，如果已经有淘宝或支付宝账号，可以直接使用这些账号登录。

2. 市场分析

（1）大方向分析。进行整体市场分析，包括但不限于类目、价格、经营模式、服务等，这有助于确定一个大致的选品方向。

（2）市场细化分析。根据确定的大方向，再进行市场细化分析，如具体的产品、供应商选择等。可以使用店雷达等工具进行市场分析。

3. 了解目标客户

（1）明确目标客户群体。了解目标客户的需求、喜好和购买力，这将有助于更精准地选择产品。

（2）分析订单数据。通过分析订单类型、采购商信息、采购规格、数量、金额等数据，判断目标客户消费能力和消费习惯，评估不同区域的商机和潜力。

4. 搜索与筛选产品

（1）输入关键词或类目。在搜索框中输入想要代发的产品关键词或使用商品分类目录进行浏览。

（2）筛选条件。根据搜索结果，使用筛选条件（如价格范围、起批量、发货地等）来缩小选择范围。

（3）查看产品详情。详细查看产品的描述、图片、价格、销量、评价等信息，确保产品符合自己的需求。

5. 选择供应商

（1）评估供应商信誉。查看供应商的信誉评级、交易记录、客户评价等信息，评估其可靠性和服务质量。

（2）优先选择条件。优先选择超级工厂、实力商家或诚信通年限较长的店铺，以降低采购风险。

（3）沟通确认。与供应商进行在线沟通，了解产品的详细信息、价格、发货方式、售后服务等，并确认合作方式和条件。

6. 下单与交易

（1）选择代发或购买。在确认选择的供应商后，点击"代发"或"立即购买"按钮进入下单页面。

（2）填写订单信息。填写购买数量、收货地址等订单信息，并选择合适的支付方式进行支付。

（3）核对支付信息。确保支付金额和订单信息无误后进行支付。

7. 物流与售后

（1）查看物流信息。在 1688 平台上查看物流信息，了解订单的发货状态和预计到达时间。

（2）处理售后问题。若在代发过程中遇到问题或需要售后服务，需及时联系供应商进行沟通和处理。

8. 持续优化

（1）监测销售数据。定期监测产品销售情况，包括销量、转化率、退货率等指标。

（2）调整选品策略。根据销售数据和市场反馈，不断优化选品策略，调整产品线和供应商选择。

4.2.4　线下选品渠道的操作步骤

线下渠道工厂和供应商的实地考察是确保供应链可靠性和产品质量的重要环节。以下是一些建议的实地考察方法。

1. 准备阶段

（1）明确考察目标。根据公司的需求，确定考察的具体目标，例如验证材料、设备或产品的质量，了解工厂或供应商的生产能力和管理水平等。

（2）收集资料。收集工厂和供应商的基本信息，如公司规模、经营范围、主要业绩等，以便对考察对象有初步了解。

（3）制订考察计划。考察计划包括考察时间、地点、人员、要点和内容等，确保考察过程有序进行。

2. 现场考察

（1）观察生产环境。关注车间的卫生环境、空气流通和采光情况，这些因素能够直观反映工厂的真实水平。

（2）检查生产设备。查看生产设备的数量、性能和配置，了解生产线的自动化程度和产能。

（3）了解生产流程。观察生产流程，包括原材料的采购、加工、生产、质检和包装等环节，了解产品的完整生产过程。

（4）沟通交流。与工厂和供应商的管理人员、技术人员和工人进行交流，了解其工作状态、技术水平和服务意识。

3. 评估阶段

对比资料与现场情况，将收集到的资料与现场勘察情况进行对比，判断工厂和供应商提供的信息是否真实可靠。

（1）评估生产能力。根据现场考察情况，评估工厂和供应商的生产能力是否满足公司的需求。

（2）评估管理水平。根据与工厂和供应商的沟通交流情况，评估其管理水平和服务水平。

4. 总结与反馈

（1）整理考察报告。将考察过程中的所见所闻整理成报告，包括工厂和供应商的基本情况、生产能力、管理水平等。

（2）提出建议与改进方案。根据考察结果，提出对工厂和供应商的建议和改进方案，以提高供应链的可靠性和产品质量，如表 4-2 与表 4-3 所示。

表 4-2　基本信息表 1

供应商名称	联系人及联系方式	公司地址	产品名称	产品描述	价格范围	供货周期

表 4-3　基本信息表 2

质量体系认证	样品检验	退货率/不良品率	最小订单量	交货准时率	售后服务	"推荐""考虑""不推荐"等评价

4.2.5　竞品分析方向及常见技巧

直播竞品分析是指对竞争对手的直播内容、产品、营销策略等进行详细的分析，以了解其优势和劣势，为自身直播带货提供参考和借鉴。通过竞品分析，可以更好地了解市场情况和用户需求，选择具有竞争力的商品并进行精准的营销推广。对于直播带货的竞品分析，可以从以下几个方面进行。

1. 直播竞品分析方向

（1）商品类型。分析竞品是哪种类型的商品，如美妆、服装、食品等，以及它们在市场上的销售情况。

（2）价格策略。了解竞品的定价策略，包括价格范围、促销活动等，以确定自己的价格策略。

（3）销售渠道。分析竞品的销售渠道，如线上电商平台、实体店等，以了解目标用户群体的购买习惯。

（4）口碑评价。查看用户对竞品的评价，包括产品质量、外观、口感等，以了解用户的关注点和需求。

（5）竞争优势。分析自己与竞品的差异化和优势，如品牌影响力、用户群体、服务质量等，以确定自己在市场上的竞争力。

2. 竞品分析常见技巧

（1）销售数据分析。销售数据分析是指通过对销售过程中产生的数据进行收集、整理、处理和分析，揭示销售活动的规律、发现潜在的问题、预测市场趋势，为企业制定销售策略和决策提供科学依据的过程。销售指标分析包括销售额、销售量、毛利率、利润率、订单量等关键指标的分析，这些指标能够直接反映销售活动的成果和效率。将实际销售数据与计划目标、历史数据或竞争对手数据进行对比分析，发现差异和原因，如图 4-11 所示。

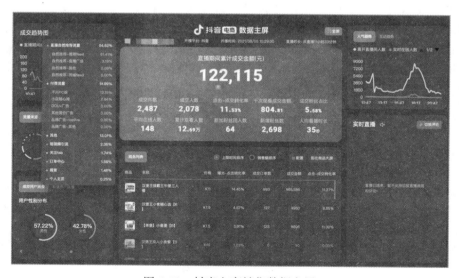

图 4-11　抖音电商销售数据主屏

（2）市场趋势分析。直播带货市场发展迅猛，把握市场趋势对于商家来说至关重要。商家需要密切关注市场动态，包括政策变化、消费者需求变化等，以便及时调整自己的策略。市场趋势分析内容包括以下几点。

①情绪指标观察。观察市场情绪指标，如投资者信心指数、恐慌指数等，判断市场的买卖压力。分析市场情绪是否过度乐观或悲观，预测市场反转点。

②舆论分析。关注市场参与者的舆论和意见，了解市场的热点和焦点。分析舆论对市场走势的影响，判断市场的短期波动。

③大众心理分析。研究市场中的羊群效应和逆势思维等心理现象，了解市场参与者的行为模式。利用心理学原理，预测市场走势和市场反应。直播市场趋势分析如图4-12所示。

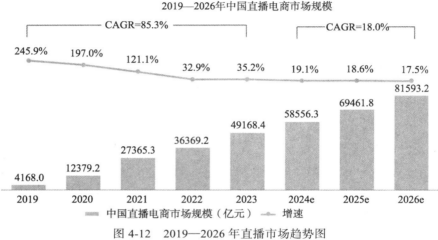

图4-12　2019—2026年直播市场趋势图

（3）5W2H分析法。该方法适用于深挖某个功能表现背后的根本原因，也适用于帮助商家在做竞品分析时养成透过现象看本质的思维习惯。通过多次提问探究到根本原因，有助于商家更好地了解竞品，并找出自己的改进方向。

5W2H分析法的关键在于鼓励深入探究，通过连续提问逐步深入到问题的核心，避免停留在表面现象。找出根本原因，通过追问"为什么"，揭示问题的真正原因，而非仅仅解决表面症状。避免主观臆断，通过客观、理性的分析，减少主观偏见对问题解决的影响。5W2H分析法如图4-13所示。

图4-13　5W2H分析法

任务操作

注册一个 1688 账号，完成下列步骤。

第一步，打开浏览器，输入"1688"或访问其官方网址。

第二步，寻找注册入口，在 1688 首页的左上角或右上角，找到"免费注册"或类似的按钮，点击进入注册页面。

第三步，选择注册方式。在注册页面，可以选择使用手机号注册或邮箱注册。

第四步，填写注册信息。根据所选的注册方式，填写相应的账号、密码、手机号码或邮箱等信息。注意密码的强弱度提示，选择一个足够安全的密码。

第五步，验证账户。如果是用手机号注册的，将收到一条验证码短信，输入短信中的验证码进行验证。如果是用邮箱注册的，可能需要进入您的邮箱，点击收到的验证链接进行验证。

第六步，提交注册并等待审核。完成上述步骤后，点击"提交"或"完成注册"按钮，提交注册申请，等待 1688 官方审核注册信息，审核通过后即可开始在 1688 上开展业务。

第七步，在 1688 上选十个产品，填入表 4-4 中。

表 4-4 选品供应商表

单品名称	规格	进价			售价			类型	时限	月销量		供应商	
		正常	促销	差异	正常	促销	差异			正常	预估	编号	名称

 课后分析思考

在本次直播选品渠道及竞品分析课程中，深入探讨了直播电商领域中的两个关键环节，选品渠道与竞品分析。本节内容涵盖了多样化的选品渠道，如线下实体店、供应商合作、展会、电商平台等，并详细分析了每种渠道的优缺点及适用场景。同时，本节还教授了如何进行竞品分析，包括竞品识别、竞品信息收集、竞品对比，以及如何根据竞品分析调整自身策略等步骤。请思考如何结合实际情况确定合适的选品渠道。

4.3　直播供应链与物流管理

 知识驱动

为野性魅力公司搭建合适的供应链体系

同学们满怀激情地投身于一家专注于猫粮线上售卖的新兴企业,这家公司凭借其对宠物健康与幸福的深刻理解,在市场上赢得了良好的口碑。随着电商行业的蓬勃发展,特别是抖音电商平台的崛起,公司高层高瞻远瞩,决定把握这一时代机遇,正式入驻抖音电商平台,开设一个名为"野性魅力"的猫粮直播销售账号,旨在通过直观、生动的直播形式,将高品质、自然健康的猫粮产品直接送达爱宠人士的手中。

为了实现这一目标,搭建一个高效、稳定的供应链体系成为了当务之急。首先,同学们需要深入调研市场,了解当前猫粮市场的热门趋势、消费者偏好以及竞争对手的供应链运作模式,从而明确"野性魅力"账号的定位与差异化优势。这包括但不限于筛选优质猫粮供应商,确保原材料来源可追溯、无污染,同时关注宠物营养学最新研究成果,引入科学配比的猫粮产品。

其次,同学们将着手构建供应链管理体系。这包括与供应商建立长期稳定的合作关系,确保产品供应的连续性和稳定性;优化库存管理,运用先进的库存管理系统预测销售趋势,减少库存积压和缺货风险;建立高效的物流配送网络,与第三方物流或自建物流体系合作,确保产品能够迅速、安全地送达消费者手中。

 知识要点

4.3.1　直播供应链的定义

直播商品供应链的定义可以概括为,在直播电商的生态环境中,从商品的原材料采购开始,经过生产、加工、质检、仓储、物流等一系列环节,最终将商品通过直播电商平台销售给消费者的全过程及其所涉及的所有参与者和相互关系的总和。

1. 直播供应链的关键要素

具体来说,直播商品供应链包括以下几个关键环节:一是原材料采购,这是供应链的起点,涉及与供应商的合作,确保原材料的质量和供应稳定性。二是生产制造,根据市场需求和产品设计,将原材料转化为成品。这一环节需要严格的质量控制,确保产品的品质和安全性。三是质检与包装,对成品进行严格的质量检测,确保符合相关标准和消费者期望。同时,进行合适的包装,以保护商品在运输过程中的安全。四是仓储与库存管理,建立高效的仓储系统,对商品进行分类、存储和管理。通过精准的库存管理,避免库存积压和缺货现象,提高供应链的响应速度。五是物流配送,与物流公司合作,将商品从仓库快速、准确地配送到消费者手中。物流效率直接影响到消费者的购物体验和满意度。六是直播销售,在直播电商平台上,主播通过展示和介绍商品,吸引消费者下单购买。直播销售环节需要主播具备专业的产品知识和销售技巧，以及与观众的良好互动能力。七是售后服务，为消费者提供完善的售后服务，包括退换货、咨询解答等。优质的售后服务能够提升消费者的购物体验和忠诚度。

　　与传统的电商供应链相比，直播商品供应链更加注重快速反应和精准营销。这是因为直播电商的销售模式具有即时性和互动性强的特点，需要供应链能够快速响应市场变化和消费者需求。同时，通过收集和分析用户数据，供应链可以更加精准地预测市场趋势和消费者需求，从而优化商品选品和营销策略。

2. 直播电商供应链的特点

　　直播电商省去了传统零售的中间环节，直接与供应商进行对接使得直播电商能够以更低的价格获取商品，并能够更好地控制库存和物流。

　　（1）快速反映市场需求。直播电商通过实时互动和消费者反馈，能够快速了解市场需求和消费者喜好，从而及时调整供应链策略，满足消费者的需求。

　　（2）个性化定制。直播电商通过与消费者的互动，能够了解消费者的个性化需求，从而提供个性化的定制服务。这使得供应链更加灵活，能够更好地满足消费者的需求。

　　（3）快速补货。直播电商的供应链需要具备快速补货的能力。由于直播带货的销量波动较大，供应链需要能够快速调整生产计划和物流安排，确保商品能够及时到达消费者手中。

　　（4）质量保证。直播电商的供应链需要保证商品的质量。供应商需要具备完善的质量管理体系和品质控制能力，确保商品的质量符合标准，同时还需要提供完善的售后服务，增强消费者的信任感。

　　（5）数据分析与优化。直播电商通过数据分析，能够了解消费者的购买行为和喜好，从而优化供应链策略，提高销售效率和客户满意度。同时，数据分析还能够及时发现供应链中的问题，及时进行调整和优化。

　　综上，直播电商的供应链需要具备快速反应市场需求、个性化定制、快速补货、质量保证、数据分析和优化等特点，以适应直播带货的特殊要求。

4.3.2　直播电商供应链管理

　　直播电商供应链管理是指，对直播电商业务中涉及的供应链各个环节进行计划、协调、控制和优化的过程。具体来说，它涵盖了从原材料采购、生产制造、仓储管理、物流配送，到最终产品交付给消费者的整个流程。

　　（1）供应商选择与评估。选择合适的供应商是直播电商供应链管理的首要任务。供应商的稳定性、产品质量、价格等因素都会直接影响到直播电商的业务运营。

　　（2）库存管理。优化库存管理对于直播电商来说至关重要。通过科学的库存控制方法，可以降低库存成本，提高资金周转率，同时确保直播过程中商品的及时供应。

　　（3）物流配送。物流配送是直播电商供应链管理的关键环节。快速、准确的物流配送能够提高客户满意度，增加购买意愿，从而推动直播电商业务的发展，如图 4-14 所示。

　　（4）信息共享与协同。建立信息共享平台，实现供应链各环节的信息实时共享与协同，可以提高供应链的透明度和反应速度，降低运营成本。

（5）风险管理。直播电商供应链管理过程中需要关注各种潜在风险，如产品质量控制、供应商合作风险、物流配送风险等，并制定相应的应对措施以降低风险发生概率和影响。在库存管理方面，需根据销售情况和库存水平，合理规划库存，避免缺货或积压现象。

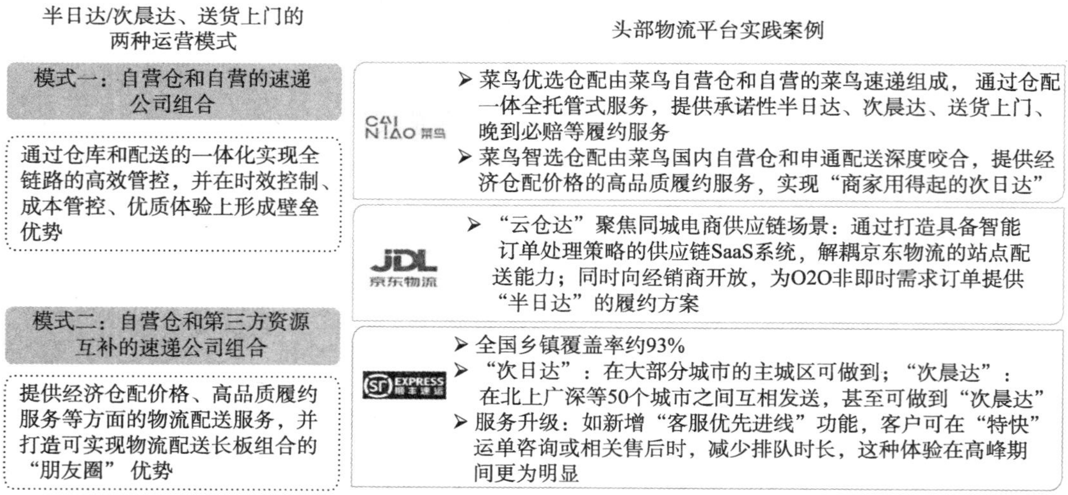

图 4-14　供应端物流分析

4.3.3　直播电商物流管理

直播电商物流管理是指针对直播电商业务特点，对商品从生产、存储、运输到最终交付给消费者的全过程进行规划、组织、协调和控制的管理活动。

1. 直播电商物流管理的特点

（1）实时性。直播电商销售模式具有即时性，物流管理需要快速响应直播间的销售情况，确保商品能够迅速、准确地送达消费者手中。

（2）灵活性。直播电商销售的产品种类繁多，且销量波动大，物流管理需要具有高度的灵活性，能够根据销售情况及时调整物流计划和资源分配。

（3）信息化。直播电商物流管理依赖于信息技术，通过物流信息系统实现订单处理、库存管理、运输跟踪等环节的信息化，提高物流效率。

2. 直播电商物流管理的关键环节

（1）订单处理。订单处理是直播电商物流管理的起点，包括订单接收、确认、分拣等环节。在直播过程中，消费者下单后，系统需要迅速处理订单，确保订单信息的准确性和及时性。

（2）库存管理。直播电商需要保持一定的库存量以满足销售需求，但过多的库存会增加成本和风险。因此，物流管理需要根据销售预测和库存情况，合理调整库存水平，避免库存积压或缺货。

（3）仓储管理。仓储管理是直播电商物流管理的重要环节，包括仓库选址、布局、货物存储、盘点等环节。通过引入先进的仓储管理系统，可以实现库存实时更新、提高库存周转率，降低仓储成本。

（4）运输配送。运输配送是直播电商物流管理的关键环节，包括运输方式选择、路线规划、货物跟踪等环节。物流管理需要根据商品特性、销售区域等因素，选择合适的运输方式和配送路线，确保商品能够安全、快速地送达消费者手中。

3. 直播电商物流管理的优化策略

（1）提高物流效率。通过引入先进的物流技术和设备，如自动化分拣系统、智能仓储系统等，提高物流作业效率，降低物流成本。

（2）加强信息透明度。建立完善的物流信息系统，实现订单处理、库存管理、运输跟踪等环节的信息化，提高信息透明度，增强消费者信任。

（3）优化配送网络。根据销售区域和消费者需求，合理规划配送网络，提高配送效率和覆盖范围。

（4）加强供应商管理。与供应商建立长期稳定的合作关系，确保商品质量和供应稳定性，降低供应链风险。

（5）提升客户服务水平。加强客户服务团队建设，提高客户服务质量，及时解决消费者投诉和问题，提升消费者满意度和忠诚度。

 任务操作

第一步，直播电商物流需求分析。①商品特性分析。根据直播电商销售的商品类型（如易碎品、大件商品、生鲜食品等），分析其对物流服务的特殊要求。②销售区域与配送范围。明确直播电商的目标销售区域及潜在消费者的地理分布，评估物流服务的配送能力和覆盖范围。③时效性与灵活性。分析直播电商对订单处理、仓储、运输和配送的时效性和灵活性要求。

第二步，物流服务提供商筛选标准制定。①服务质量。包括订单准确率、破损率、丢失率、准时送达率等关键指标。②成本效益。比较不同物流服务提供商的报价，考虑长期合作下的成本节约潜力。③技术支持与信息化水平。评估物流服务提供商的物流信息系统、货物追踪能力、数据分析能力等。④客户服务。考察物流服务提供商的客服响应速度、问题解决能力和客户满意度。⑤网络覆盖与配送能力。确认物流服务提供商的仓储布局、运输网络、配送站点等是否满足直播电商的需求。

第三步，物流服务提供商筛选步骤。①市场调研。收集市场上主要物流服务提供商的信息，包括服务范围、价格、口碑等。②初步筛选。根据制定的筛选标准，对收集到的物流服务提供商进行初步筛选，排除明显不符合要求的选项。③深入评估。对初步筛选后的物流服务提供商进行更深入的评估，包括实地考察、试用服务、参考其他客户评价等。

第四步，谈判与合同签订。与选定的物流服务提供商进行价格、服务内容等方面的谈判，并签订正式的合作合同。

第五步，持续监控与评估。合作开始后，定期对物流服务提供商的绩效进行监控和评估，确保服务质量符合直播电商的要求。

课后分析思考

　　抖音供应链服务平台基于大数据主动排查、质量抽检、行政管理部门的通报/通知、司法机关的法律文书、消费者投诉、权利人举报、新闻媒体曝光及其他合法合规渠道对供应商和分销商的经营行为进行违规判定。针对国内供应商违规行为，请将它们一一列出在表4-5中，并且思考如何防范供应链发生以上风险。

表 4-5　数据分析表

处罚措施	行为 1	行为 2	行为 3	行为 4	行为 5
下架违规商品					
扣除保证金					
限制相关权限					
清退店铺					
扣除违规积分					

4.4　直播间 SKU 设计与定价

 知识驱动

为福鼎白茶公司账号上架一定数量的 SKU

　　作为一名怀揣着对新媒体领域无限热情与憧憬的新媒体专业学生，在顺利完成学业后，同学们有幸踏入了福建福鼎白茶有限公司的大门，担任起产品专员这一充满挑战与机遇的职位。福鼎白茶作为中国茶文化的瑰宝，以其独特的制作工艺、卓越的品质以及深厚的文化底蕴享誉国内外。随着战略眼光的不断拓展，公司决定进一步深耕白茶市场，不仅要在传统销售渠道上稳固根基，更要积极拥抱互联网时代，通过多元化的营销手段，将福鼎白茶的魅力传递给更广泛的消费者群体。作为产品专员，同学们迎来了职业生涯中的一个重要项目——针对新开拓的白茶市场，进行详尽的 SKU（Stock Keeping Unit，库存量单位）设计与上架工作。在 SKU 设计过程中，需要注重以下几点：一是产品分类的清晰化。根据白茶的种类（如白毫银针、白牡丹、贡眉、寿眉等）、年份、等级以及包装形式进行细致划分，确保消费者能够轻松找到心仪的产品；二是价格策略的合理性。结合成本、市场需求及竞争对手定价，制定具有竞争力的价格体系，满足不同消费层次的需求；三是产品描述的精准性与吸引力。运用生动形象的语言和高清的产品图片，充分展现福鼎白茶的色、香、味、形，激发消费者的购买欲望。

 知识要点

4.4.1　直播间 SKU 的定义

　　SKU 是指一个产品的唯一标识符，用于区分不同的产品。在直播间中，SKU 特指直播过程中销售的每一种商品的唯一代码或编号。每个 SKU 都具有独特的标识符，确保在直播间或整个电商平台上，每个商品都能被准确区分。SKU 编码中包含了商品的详细信息，如颜色、尺寸等，这有助于消费者快速找到所需商品，并了解商品的具体规格。通过 SKU，商家可以方便地进行库存管理、订单处理、数据分析等工作，提高运营效率。在直播间中，主播可以通过展示不同 SKU 的商品，引导消费者进行购买，提高销售转化率。

4.4.2　直播间 SKU 的类型

直播间 SKU 的设计需要针对目标受众的需求和购买习惯，合理规划 SKU 数量和组合方式，突出核心产品的优势和特点，考虑搭配销售和价格设置等因素，并提供清晰的产品图片和文字描述。同时要根据市场反馈和销售情况灵活调整 SKU，以提高销售效果和提升消费者满意度。常见的直播里，将 SKU 分为以下几种常见类型。商家在制定商品策略时，需要根据市场需求和自身条件，合理搭配不同类型的商品，以实现吸引顾客、提高销售额和盈利能力的目标，同时也需要不断优化商品组合和价格策略，以适应市场变化和消费者需求的变化。

1. 引流款

这类商品的主要目的是吸引顾客点击和购买，通常价格较低，甚至可能是亏本销售。它们通常具有较高的曝光率和点击率，能够吸引大量顾客进入店铺或关注品牌，从而带动其他商品的销售。

2. 利润款

这类商品是商家的主要盈利来源，通常具有较高的利润空间。它们可能是品牌的核心产品，或者具有独特的设计、高品质的材料和工艺等，能够满足消费者对高品质、高价值商品的需求。

3. 粉丝福利款

这类商品通常是为了回馈和感谢忠实粉丝而设置的，价格可能较低，或者提供一些额外的优惠和赠品。它们能够增强粉丝对品牌的忠诚度和好感度，促进口碑传播和提高复购率。

4. 品牌款

这类商品主要体现品牌的形象和特色，通常具有较高的品牌知名度和美誉度。它们可能是品牌的代表性产品，或者具有独特的设计理念和风格，能够彰显品牌的个性和价值观。

4.4.3　直播间 SKU 的设计思路

直播间 SKU 的设计是直播电商业务中非常重要的环节，良好的 SKU 设计可以提升直播效果和销售转化。以下是直播间 SKU 设计的几个关键点。

1. 确定目标受众

在设计和选择 SKU 之前，需要明确目标受众，了解用户的需求和购买习惯，以便针对不同受众提供不同的产品选择。

2. 合理规划 SKU 数量

根据产品特性和市场需求，合理规划 SKU 数量，避免过多或过少。过多的 SKU 可能导致消费者选择困难，而过少的 SKU 则可能无法满足不同消费者的需求。

3. 突出核心产品

确定主推 SKU，在直播间中，应该明确主推的产品 SKU，这通常是直播间中最受欢迎、最具竞争力的产品。主推 SKU 应该得到更多的展示和推荐，以吸引消费者的注意力。

在 SKU 设计中，应突出核心产品的优势和特点，让消费者更容易关注和了解。可以将核心产品的优惠活动、限时特价等信息放在显眼位置，吸引消费者关注。为了提高销售转化率，可以将相关产品组合在一起进行销售。例如，服装和配饰、化妆品和护肤品等可以组合在一起，方便消费者一次性购买。价格是消费者选择购买的重要因素之一。在 SKU 设计中，应根据产品成本、市场需求和竞争情况等因素，合理设置价格，并可考虑优惠活动和促销政策等来吸引消费者购买。对于每个 SKU，应提供清晰的产品图片和文字描述，包括产品名称、规格、特点、使用方法等信息，以便消费者更直观地了解产品。根据销售情况和市场反馈，灵活调整 SKU 的数量和组合方式，以满足消费者的需求和提高销售效果。

4.4.4　直播间 SKU 定价策略

1. 成本加成定价法

成本加成定价法，即在商品成本的基础上加上一定的利润率来确定售价。这种方法简单易行，但可能无法完全反映市场需求和竞争状况。

2. 竞争导向定价法

该方法为参考竞争对手的定价策略，以确保自身价格具有竞争力。但是同时，也要考虑自身品牌的定位和价值主张，避免陷入价格战。

3. 价值定价法

价值定价法，即根据商品为消费者带来的价值来确定售价。这种方法更侧重于消费者对商品价值的认知，有助于建立品牌形象和提升顾客忠诚度。

4. 动态定价

动态定价策略，即根据市场需求、库存状况、促销活动等因素实时调整价格。动态定价有助于更好地适应市场变化，提高销售效率和利润水平。

4.4.5　直播单一品类组货

单一品类组货是指直播带货的商品全部属于同一品类，例如全部为美妆或食品。单一品类组货拥有 SKU 数量较多，一般为 30 款以上，且定期更新。这种组货类型适合达人型商家和品牌型商家。

1. 单一品类组货的优势

（1）单一品类组货可以集中资源，聚焦某一特定领域，提高货品的专业性和吸引力。

（2）单一品类的组货成本相对较低，操作简单，对于一些初入直播电商领域的商家来说，更容易上手。

2. 单一品类组货的劣势

（1）受众过于单一，转化成本较高，通常对广告流量依赖度高。如果选择的品类过于冷门或受众群体有限，可能会导致直播带货的效果不佳。

（2）单一品类的组货策略容易让人产生疲劳感，如果长时间只推广同一品类的商品，可能会让观众产生审美疲劳，影响直播效果。

3. 单一品类组货的类型

（1）品牌专场组货。全部同一品牌或衍生品牌产品。SKU 数量在 20～50 款之间。这种组货类型适合品牌型商家。

（2）引流款组货。引流款商品通常选择知名度高且价格认可度高的爆款商品，以较为优惠的价格进行上架销售。引流款的作用是为直播间聚集人气，让更多消费者进入直播间、延长消费者看播停留时长，并增加直播间的互动热度。

4. 单一品类组货实施策略

（1）深入研究品类。对所选品类进行深入研究，了解产品特性、市场需求、竞争对手情况等，为组货提供有力支持。

（2）精选 SKU。在单一品类内精选 SKU，确保每款产品都具有独特的卖点和吸引力。同时，注意 SKU 之间的差异化，以满足不同消费者的需求。

（3）创新组合。尝试将不同款式、颜色、功能等属性的产品进行创新组合，增加产品的多样性和趣味性，提高观众的购买欲望。

（4）互动体验。利用直播间的互动功能，邀请观众参与产品试用、评价等环节，增强观众的参与感和购买信心。

（5）持续更新。定期更新产品线，引入新品或改进现有产品，保持直播间的新鲜感和吸引力。

4.4.6　直播垂直品类组货

直播间垂直品类组货是指直播间内所有货品均为同一品类产品或相关产品，如全部为美妆、食品、服饰等某一特定领域的产品。垂直品类直播间 SKU 数量一般较多，通常超过 30 款，且定期更新，以满足不同消费者的需求。由于品类集中，更容易吸引对某一特定品类感兴趣的消费者，提高转化率。

1. 垂直品类组货的优势

（1）提高转化率。货品品类集中有利于吸引同一类人群，从而提高转化率。消费者对某一品类产品的需求明确，购买意愿强。

（2）增强粉丝黏性。通过持续提供同一品类的优质产品，可以增强粉丝对直播间的信任和依赖，提高粉丝黏性。

（3）提升直播爆发潜力。垂直品类组货有助于直播间在某一特定领域内形成竞争优势，提升直播爆发潜力。

2. 垂直品类组货的劣势

（1）受众单一。由于货品品类集中，受众也趋于单一，不利于拓展直播品类和吸引更广泛的消费者群体。

（2）拓展难度大。当直播间想要拓展新的品类时，可能会面临一定的挑战和困难，需要重新建立消费者对新品类的认知和信任，如果过度依赖某一品类的商品，可能会导致观众的兴趣受限，不利于拓展新的受众群体。

（3）运营难度大。垂直品类的组货需要更多的 SKU 来满足不同消费者的需求，同时也需要更多的库存和物流配送等方面的支持，因此运营难度相对较大。

3. 垂直品类组货实施策略

（1）明确品类定位。在选择垂直品类时，要明确直播间的品类定位和目标受众，确保所选品类与直播间形象和定位相符。

（2）精选 SKU。在组货过程中，要精选 SKU，确保每款产品都符合直播间的定位和受众需求。同时，要注意 SKU 数量的控制，避免过多或过少导致的问题。

（3）定期更新。为了保持直播间的新鲜感和吸引力，要定期更新 SKU，引入新的产品和款式。同时，要注意与供应商的沟通和合作，确保货源的稳定和可靠。

（4）优化排品策略。在直播过程中，要合理安排货品的展示和讲解顺序，通过引入福利款、畅销款等不同类型的货品来吸引和留住观众。同时，要注意货品之间的搭配和组合销售，提高整体销售额。

4.4.7　直播品牌专场组货

直播品牌专场组货是一种针对某一品牌的直播带货策略。这种策略通常由品牌方或品牌授权的代理商来实施，以推广该品牌的商品并提高销售额。在品牌专场直播中，通常会选择与品牌形象相符的主播来进行直播带货。这些主播通常具有较高的知名度和影响力，能够吸引更多的观众和粉丝。在直播过程中，主播会介绍该品牌的商品特点、使用方法和购买方式等信息，并与观众进行互动交流，以提高观众对商品的信任度和购买意愿。

品牌专场组货的优势在于可以集中展现品牌形象和商品特点，提高品牌知名度和美誉度。同时，通过与主播的互动和优惠促销等方式，可以刺激观众的购买欲望，提高销售额。此外，品牌专场组货还可以为品牌打造定制化的直播内容，满足不同受众群体的需求。然而，品牌专场组货也存在一些不足。首先，品牌专场组货的受众群体相对较窄，主要针对该品牌的粉丝和潜在消费者。如果品牌知名度较低或受众群体不广泛，可能会导致直播效果不佳。其次，品牌专场组货需要投入较高的成本，包括主播费用、直播制作费用、促销让利等方面的支出。如果成本过高而销售额不足，可能会对品牌的盈利造成压力。直播品牌专场组货是一种针对某一品牌的直播带货策略，可以集中展现品牌形象和商品特点，提高品牌知名度和美誉度，但同时也需要考虑受众群体和成本等因素的综合影响。

 任务操作

步骤	内　　容	备　　注
①	尝试进行抖音以直播单一品类与垂直品类组货类型的模拟直播，掌握和熟悉直播单一品类与垂直品类组货类型模式	实训目标
②	5 人一组，以小组为单位，分配好各自的职责，做好货品类别、SKU 数量等，做好账号定位，然后进行直播	实训内容
③	根据组员的实际情况，选择大家可以配合完成的直播单一品类或垂直品类组货领域，然后分析目标用户群体，确认直播货品类别及具体的 SKU 数量	实训步骤
④	小组在课外寻找合适的场地拍摄短视频，并进行后期剪辑，然后发布到抖音平台，凭借精彩内容预告吸引用户进入直播间，并用数据评估效果	拍摄和发布短视频
⑤	小组在课外寻找合适的场地进行直播间搭建和运营直播，合理运用直播单一品类与垂直品类组货类型，然后实践于抖音平台，并用数据评估效果	直播搭建运营
⑥	进行小组自评和互评，写出个人心得和总结性评价，最后由教师进行评价和指导	实训评价

 课后分析思考

　　请思考 SKU 设计的合理性、多样化与精细化，分析直播间 SKU 的设计是否充分考虑了目标受众的需求多样性。一个合理的 SKU 设计应该能够覆盖不同消费者的偏好，如颜色、尺寸、款式等。同时，精细化的 SKU 划分也有助于提升商品的吸引力，因为消费者往往更倾向于选择那些能满足自己个性化需求的商品。

　　思考直播间是否通过合理的 SKU 组合策略来推动销售。例如，通过搭配销售（套装销售）、限量版或特别版 SKU 等方式，刺激消费者的购买欲望。

　　评估 SKU 设计对库存管理的影响。过多的 SKU 可能导致库存积压和管理成本上升，而过少的 SKU 则可能无法满足市场需求。因此，需要找到一个平衡点，确保库存的周转率和资金的使用效率。

4.5　选品的质量检查与风险评估

 知识驱动

为"阳光杯·东南好直播"抖音全网直播大赛
审查供应链资质，并做风险评估

　　近期，同学们即将迎来一场盛大的直播大赛，这场赛事不仅汇聚了众多才华横溢的主播，更是商品展示与销售的璀璨舞台。在筹备这场视觉与商业并重的盛宴时，作为主办方选品负责人的同学们，深知责任重大，特别是在决赛阶段，产品的选择与呈现直接

关系到大赛的品质与观众的满意度。

为了确保决赛期间所有上架的产品都能达到高标准、严要求，同学们的首要任务就是严格筛选供应商提供的商品，确保其资质合规合法，品质卓越。这一环节不仅是对消费者权益的尊重，也是维护大赛品牌形象的关键所在。

为此，需要同学们制定一套详尽而严谨的选品流程。首先，要求所有参与供货的商家必须提供包括但不限于营业执照、产品合格证、质量检测报告、生产许可证等一系列必要的法律文件，以验证其经营资质和产品的合法性。同时，还将利用大数据和第三方权威机构的信息，对供应商的历史记录、市场口碑进行深度调查，排除任何存在不良记录或潜在风险的合作伙伴。

在资质审核的基础上，同学们还将对产品的品质进行严格的把控，这包括但不限于产品的外观设计、材质选择、生产工艺、保质期管理等多个方面。只有那些真正符合市场需求、品质上乘、性价比高的产品，才能在决赛的舞台上脱颖而出，赢得观众的青睐。

 知识要点

4.5.1　质量检查的定义

质量检查是指商家或直播电商平台在选定商品后，通过一系列标准化的测试、评估和验证手段，对商品的质量、性能、安全性、合规性等方面进行全面审查的过程。这一流程有助于筛选出优质商品，避免将存在质量问题的产品推向市场，保护消费者权益，维护市场公平竞争。其关键要点是遵循法规与标准，检查商品是否符合国家及地方的法律法规要求，如产品安全标准、质量认证体系等，确保商品在生产、运输、销售等各个环节均符合相关标准。

1. 质量性能测试

对商品进行物理、化学、生物等多方面的性能测试，以评估其耐用性、功能性、安全性等关键指标。这包括但不限于材料的成分分析、结构强度测试、使用寿命模拟等。

2. 安全性评估

特别关注商品可能存在的安全隐患，如易燃易爆、有毒有害、辐射超标等问题。通过专业机构进行安全检测，确保商品不会对消费者造成伤害。

3. 合规性审查

检查商品的标签、说明书、包装等是否符合相关法规要求，如是否标注了正确的生产日期、保质期、成分表、使用说明等信息。同时，还需确认商品是否获得了必要的认证和许可。

4. 用户评价与反馈

虽然不直接属于质量检查范畴，但商家通常会关注用户对已销售商品的评价和反馈，以便及时发现并改进可能存在的问题。这些反馈信息也是未来选品质量检查的重要参考。

5. 供应商审核

对提供商品的供应商进行资质审核和信誉评估，确保供应商具备稳定的生产能力和良好的质量控制体系。这有助于从源头上把控商品质量。

6. 持续改进与优化

根据质量检查结果和市场反馈，不断调整和优化选品策略和质量检查流程。通过引入更先进的检测技术和方法，提高质量检查的准确性和效率。

4.5.2 风险评估

1. 品质风险

有些产品可能存在质量问题，如假冒伪劣、以次充好等，这些产品可能会对消费者的健康和安全产生负面影响。评估方法包括查看产品的质量认证、用户评价、售后服务等。

2. 法律风险

一些产品可能存在法律问题，如侵犯知识产权、违反相关法律法规等，这些产品可能会为商家和主播带来法律风险。评估方法包括了解产品的知识产权以及相关法律法规等。

3. 舆情风险

某些产品可能会引起社会舆论的关注和争议，如涉及政治、宗教、种族等问题，这些产品可能会对商家和主播的形象和声誉造成负面影响。评估方法包括了解产品的社会舆论情况、预判可能引发的风险等。

4. 竞争风险

某些产品可能存在激烈的竞争，如市场上存在大量同质化产品，这些产品可能会对商家的销售和利润产生负面影响。评估方法包括了解产品的市场竞争情况、价格策略等。

5. 供应链风险

某些产品可能存在供应链问题，如供应商违约、物流延迟等，这些产品可能会对商家的销售和客户满意度产生负面影响。评估方法包括了解供应商的信誉和物流情况等。

4.5.3 降低风险的措施

1. 降低品质风险的措施

（1）深入了解产品。在选品时，要深入了解产品的质量、性能、用途、安全性等方面的情况，确保所选产品符合要求。

（2）选择有良好口碑的品牌和供应商。选择有良好口碑的品牌和供应商，可以降低品质风险。可以通过查看用户评价、了解品牌和供应商的信誉等方式来评估品质。

（3）进行实际试用和演示。如果有条件，可以进行实际试用和演示，以更直观地了解产品的品质和性能，以便做出更准确的选择。

（4）了解相关法规和标准。了解相关法规和标准，确保所选产品符合国家或地区的质量标准和安全要求。

（5）建立品质控制体系。建立品质控制体系，对所选产品进行严格的质量检测和控制，确保产品的品质符合要求。

此外，在直播过程中，未经第三方平台而进行交易难以得到行政监管部门的监督规范。因此，通过微信等社交媒体进行交易可能导致无法追索责任和维权困难。如果通过第三方平台进行交易，平台应建立严格的版权保护机制并采取相应措施以保护消费者的权益。

直播选品的舆情风险主要来自所选产品的质量、销售方式、售后服务等方面的问题。如果所选产品存在质量问题、销售方式不当或售后服务不佳等问题，可能会引发消费者和公众的不满和投诉，进而形成负面舆情。

2. 降低舆情风险的措施

（1）做好产品质量把关。在选品时，要对所选产品的质量进行严格的把关，确保所选产品符合质量标准，避免出现假冒伪劣、以次充好等问题。

（2）了解消费者需求和反馈。在选品时，要了解消费者的需求和反馈，选择符合消费者需求的产品，同时要注意避免销售方式不当或售后服务不佳等问题。

（3）建立危机应对机制。在出现负面舆情时，要建立危机应对机制，及时回应消费者和公众的关切和诉求，采取相应的措施解决问题，避免事态扩大。

（4）与消费者保持良好的沟通和互动。与消费者保持良好的沟通和互动，及时了解消费者的反馈和需求，同时也可以通过与消费者的互动来增强品牌的口碑和形象。

（5）加大监管和执法力度。加强对直播电商的监管和执法力度，严厉打击假冒伪劣、虚假宣传等违法行为，保护消费者权益和市场竞争秩序。

直播选品的竞争风险主要来自市场上同质化产品的竞争。如果所选产品与市场上大量其他产品同质化，可能会导致价格战和利润空间的压缩，甚至可能会因为竞争激烈而无法获得更多的市场份额。

3. 降低竞争风险的措施

（1）开发新奇特产品。开发新奇特的产品可以吸引消费者的注意力和兴趣，同时也可以避免与大量同质化产品的竞争。

（2）选择具有差异化的产品。选择具有差异化的产品可以避免与市场上大量同质化产品的竞争，例如可以选择具有独特功能、材料、设计等方面的产品。

（3）了解市场趋势和竞争对手。在选品时，要了解市场趋势和竞争对手的情况，选择符合市场趋势和能够与竞争对手区分开来的产品。

（4）建立品牌形象和口碑。建立品牌形象和口碑可以帮助消费者区分不同的产品和服务，同时也可以增加消费者对品牌的信任和忠诚度，降低竞争风险。

（5）与供应商建立长期合作关系。与供应商建立长期合作关系可以帮助获得更好的价格和货源保障，同时也可以与供应商共同开发新产品和服务，降低竞争风险。

直播选品的供应链风险主要来自供应链的稳定性、可靠性和透明度等方面的问题。如果供应链存在不稳定、不可靠或不透明等问题，可能导致产品供应不足、质量不稳定或成本上升等问题，进而影响直播电商的销售和利润。

4. 降低供应链风险的措施

（1）建立稳定的供应商合作关系。建立稳定的供应商合作关系可以帮助获得更好的价格和货源保障，同时也可以保证产品的质量和供应稳定性。

（2）了解供应链情况。在选品时，要了解供应链的情况，包括供应商的信誉、产品质量、供货能力等方面的情况，以避免供应链方面的不确定性。

（3）建立供应链透明度。建立供应链透明度可以帮助掌握供应链的实时情况，及时发现和解决问题，同时也可以增强消费者对产品的信任和忠诚度。

（4）制订应急计划。制订应急计划可以帮助应对供应链中出现的突发事件或问题，保证产品的供应稳定性和及时性。

（5）加强与供应商的沟通和协作。加强与供应商的沟通和协作可以帮助建立更加紧密的合作关系，同时也可以及时发现和解决供应链中的问题，降低风险。

 任务操作

选品的质量检查是电商、零售及供应链管理中至关重要的一环，其任务操作涉及多个方面，以确保所选商品的质量、安全性、合规性以及满足消费者需求。以下是对选品质量检查任务操作的详细归纳。

第一步，明确检查标准与要求。

（1）熟悉相关法律法规。了解并遵守国家及地方关于产品质量、安全、环保等方面的法律法规。

（2）掌握行业标准。根据产品类别，了解并掌握相关的行业标准、技术规范及质量认证体系要求。

（3）明确客户需求。深入了解目标消费群体的需求、偏好及期望，确保所选商品能够满足市场需求。

第二步，确定检查计划与流程。

（1）确定检查项目。根据产品特性和检查标准，确定需要检查的项目，如外观、尺寸、性能、安全性、环保性等。

（2）选择检查方法。根据检查项目，选择合适的检查方法，如物理检验、化学检验、性能测试、安全评估等。

（3）制定检查流程。明确检查步骤、责任人、时间节点及检查记录要求，确保检查过程有序进行。

第三步，执行检查任务。

（1）样品选择。采用科学合理的抽样方法，从待选商品中抽取具有代表性的样品进行检查。

（2）实施检查。按照检查计划和流程，对样品进行逐一检查，并记录检查结果。

（3）问题处理。对于检查中发现的问题，及时与供应商沟通，要求整改或退货，并记录处理结果。

第四步，评估与反馈。

（1）质量评估。根据检查结果，对所选商品的整体质量进行评估，确定是否符合预期标准。

（2）客户反馈。收集并分析客户对商品的反馈意见，了解商品在市场上的表现及存在的问题。

（3）持续优化。根据质量评估和客户反馈，不断优化选品策略和质量检查流程，提升商品质量和服务水平。

课后分析思考

了解什么情况下会出现如图 4-15 所示的风险价格预警，并且给出具体解决方案。

图 4-15 风险价格预警

 ### 课后扩展阅读

 ### 即测即练

第 5 章

直播脚本与话术

本章知识图谱

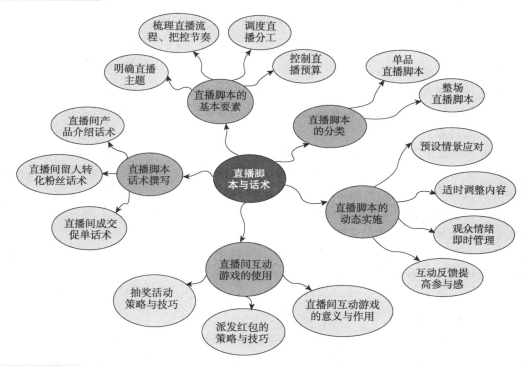

知识目标

通过本章学习，读者应该能够达到如下要求。

1. 知识要求

（1）了解直播脚本的定义，对直播脚本策略有全面清晰的理解；

（2）了解直播脚本内容创作的基本要素；

（3）熟悉和掌握各类型直播话术的创作方法；

（4）熟悉和掌握各类型直播脚本的运用策略。

2. 技能塑造

（1）培养构思直播全流程的能力；

（2）培养各类直播话术的撰写、编辑能力；

（3）培养不同类型脚本在对应直播场景下的运用能力。

3．思政强化

（1）使直播者意识到自身在信息传播中的主体责任，包括但不限于传递积极向上的社会价值观、促进文化自信和文化输出、避免传播错误及不良信息等；

（2）正确表达国家政策、社会主义核心价值观等内容，力争传递正能量，推广良好的社会公共意识形态；

（3）重视法律法规教育，增强法律意识，不容许试探法律底线，个体与行业以及消费者之间共同构建和谐法治社会。

5.1　直播脚本的基本要素

 知识驱动

某进口宠物粮品牌希望通过直播平台推广其新系列产品——高动物性蛋白、零谷物、高营养的宠物粮。该品牌的目标是提升产品知名度，增强消费者对该品牌的信任感，并刺激线上销售。

为此，我校组织了一个由营销和传播专业学生组成的团队，负责策划和执行这场直播。这个项目的挑战在于如何通过有效的直播脚本和话术，准确传达产品的独特卖点和品牌价值，同时确保直播内容既专业又吸引人。

然而，在准备和初次模拟直播的过程中，团队发现观众的参与度不如预期，反馈显示内容缺乏足够的吸引力和说服力。观众对产品的特性和优势理解不够深入，购买意愿增强效果有限。团队需要重新评估和调整直播脚本和话术，以更有效地与目标观众沟通，提高观众的参与度和购买转化率。

 知识要点

"直播脚本"通常指直播前精心准备的文案与计划，包括直播的内容流程安排、互动话术、特定环节的介绍，以及任何可能的应急措施方案。在实时直播中，脚本帮助主播对整个直播过程进行控制，从引入话题到展示产品，再到促成销售，每一个步骤都有计划、有条理地推进。

脚本对于保持直播的流畅性至关重要，尤其是在直播过程中遇到技术问题或突发情况时，良好的脚本能够确保主播快速应对，减少不必要的中断、暂停。此外，脚本中设计的互动环节能够提升观众的参与感，促进观众之间、观众与主播之间的互动，从而提高直播的整体质量和观众满意度。

在了解如何写直播脚本之前，首先要掌握直播脚本的 4 个核心要素。

5.1.1　明确直播主题

直播主题需要被明确传达，确保观众一开始就能了解直播的内容和目的，这是吸引并维持观众兴趣的关键。

首先确定本场直播的目的是什么，是回馈粉丝、新品上市还是大型促销活动？如图 5-1、图 5-2 所示，"会员回馈日""8 周年庆"等字样明确直播主题的目的就是让粉丝明白，自己在这场直播里面能看到什么、获得什么，提前激发粉丝兴趣。

图 5-1　直播主题为"会员回馈日"　　　　图 5-2　直播主题为"8 周年庆"

直播主题的重要性不容小觑，它是直播成功与否的关键因素之一。一个明确、具有吸引力的主题能够确保观众在直播开始时就对内容有所期待，从而大大增加他们的参与度和观看时间。

首先，明确直播主题意味着要深入了解当前直播间的观众群体，了解他们的兴趣和需求。不同的主题对应不同的观众需求，例如图 5-1"会员回馈日"可能旨在增强现有会员的忠诚度，通过提供专属优惠或内容来回馈他们的持续支持；而图 5-2"8 周年庆"则可能更加注重庆祝品牌的里程碑，同时吸引新老客户参与庆祝活动，推广品牌的历史和成就。明确直播主题的目的就是让粉丝明白，自己在这场直播里面能看到什么、获得什么，提前激发粉丝兴趣。因此，在制定直播主题时，应考虑以下几个方面。

1. 目标明确

每一场直播都应有明确的目标，这些目标可以是提升品牌知名度、增加产品销量，或者增强与观众的互动。例如，如果目标是新品上市，直播内容应围绕新产品的特性、使用方法及市场定位展开。

2. 观众研究

了解该直播间的目标观众是什么人，他们的需求和期望是什么。这将帮助团队更好地定制直播内容，使其能够触及观众的兴趣点、痛点。

3. 内容设计

基于每一场直播的主题和目标，设计迎合观众的内容。这包括选择合适的直播形式

（如访谈、产品演示等）、准备互动环节，以及可能的后续跟进活动（如社群、抽奖、售后等）。

4. 预热宣传

在每场直播开始前，需要通过各种渠道（如社交媒体、电子邮件、网站等）宣传直播主题，提前吸引观众的兴趣。例如，可以通过预告片、幕后花絮或主播介绍来吸引观众的注意力。

通过考虑以上几个方面来明确直播主题，可以确保每一场直播都具有明确的目的和吸引力，有效提高观众的参与度，从而提高直播的整体效果并达成更好的商业效果。

5.1.2　梳理直播流程、把控直播节奏

管理直播节奏和流程是直播成功的关键。一个经过精心设计的有效直播脚本不仅要详细到每分钟的安排，还要确保直播内容的连贯和观众的高参与度。通过精确控制直播的每个环节，主播能够最大化提升直播间信息传递的效率和观众的互动体验。

一份合格的直播脚本需要具体到分钟。在直播过程中，每一分钟的安排都应明确而具体，这不仅有助于主持人把握节奏，也使观众能够清楚地了解接下来会发生什么。例如，在直播的开始阶段进行预热可以奠定整个直播的基调，并让观众了解自己加入和调整状态的时间。

表 5-1 是直播流程的一个具体示例，展示了如何细化每个环节的时间安排，包括产品的介绍，一个产品介绍多久，尽可能把时间规划好，并按照计划来执行。

表 5-1　某直播间流程安排

时 间 段	直 播 内 容	主 播 安 排
16:00—16:10	热场互动	张小小
16:10—16:40	主打 3 款	张小小（主）+王丽丽（助）
16:40—16:50	宠粉 1 款	张小小（主）+王丽丽（助）

16:00 开播，进行直播间的预热，与观众打招呼，介绍直播的主题和即将介绍的产品。

16:10—16:40 进行主打产品介绍，详细介绍主打产品的功能、优点及使用方法，回答观众的问题，增加互动。

16:40—16:50 进行福利款产品介绍，介绍优惠的产品，强调其性价比高，提高观众的购买兴趣。

以此类推，尽可能把时间规划好，并按照计划来执行。直播间的每一个活动，比如每个整点截图有福利，点赞到十万、二十万提醒粉丝截图抢红包，等等，所有在直播现场的环节内容，都需要在直播脚本中全部细化并呈现出来。

较为主流的直播规划策略有两种，分别是大循环与小循环，这两种循环模式是直播脚本的不同策划方式，用于控制直播的节奏和内容，旨在提升观众的参与度和直播的整体吸引力。

1．大循环

大循环通常指的是以较长时间为单位进行的策划，比如早场、中场、晚场，每个时间段可以按照 15 分钟或 30 分钟一轮的节奏进行策划。这种方式可以使放单的频次更均匀，主播也能更清楚地知道每个时间段应该进行什么内容的直播，从而使直播流程更加顺畅。某直播间大循环策略安排如表 5-2 所示。

表 5-2　某直播间大循环策略安排

时 间 段	主 要 内 容	持 续 时 间	重 点 活 动
晚场 21:00—22:00	第一环节：产品亮点介绍 第二环节：观众互动	1 小时	新品展示，互动问答
夜场 22:00—23:00	第一环节：客户见证分享 第二环节：限时抢购	1 小时	用户评价，抢购促销
深夜场 23:00—24:00	第一环节：总结回顾 第二环节：幸运抽奖	1 小时	日销售总结，奖励发放

2．小循环

小循环则是指较短时间内的策划，比如开场 5 分钟的话术安排就是一个小的循环。这种策划方式可以使某一段话术在直播中反复使用，通常会出现 5～6 次，这样既能保持直播的节奏感，也能减少主播的备稿压力。某直播间小循环策略安排如表 5-3 所示。

表 5-3　某直播间小循环策略安排

时 间 段	活 动 内 容	重 复 策 略	重 复 次 数
00:00—00:05	开场介绍，强调今日主题和特别优惠	开场模式重复	6
00:30—00:35	重申主题，引入即将介绍的产品	内容提示重复	6
01:00—01:05	回顾前半小时的亮点，预告即将到来的内容	回顾与预告重复	6
01:30—01:35	提醒观众即将结束的抢购优惠，加强紧迫感	抢购提醒重复	6
02:00—02:05	总结已介绍内容，强调未来的活动预告	总结重复	6
02:30—02:35	最后的互动提问，提高观众最后的参与度	结束互动重复	6

大循环和小循环的主播脚本在策划和执行上存在的差异如下：

大循环脚本通常更加注重整体流程的规划和时间安排，目的是确保直播内容的丰富多样，让观众在整个直播过程中保持关注。这种脚本可能需要预先设定多个主题或环节，每个环节都有明确的开始和结束时间，主播需要按照时间线进行讲解和展示。

相比之下，小循环脚本更加注重细节和语言表达，通常是在一段固定时间内反复使用某一段话术。这种脚本可能更加注重语言的美感和节奏感，要求主播在短时间内用有趣、生动的方式表达出特定的内容。小循环脚本的目的是保持直播的节奏感，减少主播的备稿压力，并通过重复使用某些话术来加深观众的印象。

总体来说，大循环脚本更注重整体流程的规划，是整体流程下的灵活发挥；而小循环脚本更注重语言表达和细节处理。这两种脚本各有优劣，具体使用哪种方式取决于主播和直播内容的需要。

5.1.3 调度直播分工

引导案例

某知名带货主播直播间直播团队分工

首先是主播。主播 A 负责介绍产品特点，互动吸引观众，通过直观的产品演示和风趣的表达方式激发观众的购买兴趣。

其次是助播。助播 B 负责管理直播间的聊天互动，快速回复观众提问，及时推送优惠信息，确保信息在主播及观众之间的有效双向传递。

最后是运营客服。在直播过程中，A 主播直播间的后台运营客服团队负责实时更新产品价格和库存信息，处理观众下单过程中的问题，确保交易的顺利完成。

调度直播分工是直播管理的一个关键环节，涉及直播团队中每个成员的具体职责，也对主播、助播、运营客服的动作、行为、话术做出规范指导。有效的分工不仅可以提高直播的专业性和效率，还能增强观众的参与感和满意度。在直播团队中，每个角色都有着不同的重要职责。

1. 主播

主播是直播的面孔，负责引导整个直播的节奏、介绍产品、解释活动规则，以及维持直播的互动性。主播需要具备出色的口才和应变能力，能够在直播过程中根据情况调整话题和风格。

主播在直播中应保持正面和专业的形象，使用清晰易懂的语言，确保信息能被准确传达给观众。图 5-3 所示的是某直播间主播正在介绍产品。

图 5-3　某直播间主播
正在介绍产品

2. 助播

助播负责现场的技术支持，回答观众问题，发送优惠信息，和观众进行实时互动，展示产品。他们是主播与观众之间的桥梁，确保信息的双向流通。

助播需密切注意观众的反馈和问题，快速响应，同时保持礼貌和专业性。图 5-4 所示的是某直播间中右侧主播正在讲品，左侧助播展示产品以及与观众互动。

图 5-4　某直播间右侧主播讲品，左侧助播展示产品以及与观众互动

3. 运营客服

运营客服处理更多的是直播的商务和技术层面问题，如修改产品价格、处理订单、与观众进行深入的产品咨询和售后服务。

运营客服应具备高效的问题解决能力和良好的沟通技巧，确保能够迅速、准确地解决观众的任何疑问。图 5-5 所示的是直播运营客服正在后台进行操作。

图 5-5　直播运营客服正在后台进行操作

5.1.4　控制直播预算

控制直播预算是直播成功的关键因素之一，尤其对于预算有限的中小卖家来说，精确的预算管理可以最大限度地提升直播的投资回报率（Return on Investment，ROI）。适当的预算控制策略不仅可以减少不必要的开支，还可以确保资金投入到最能产生效益的地方。其中涉及预算规划、优惠券和促销活动、直播监控和动态调整等方面，具体内容有以下几点。

1. 预算规划

预算规划包括直播平台的使用费、技术设备的租赁或购买费、主播和员工的人工成本、营销和广告费用等。

2. 优惠券和促销活动

设计优惠券面额和秒杀活动，这些促销活动应当根据预算进行调整，并预计其对销售额的潜在影响。赠品和其他激励措施也应计入预算中，确保它们不会超出预定的成本范围。图 5-6 所示为两个直播间正在发放限时优惠券。

图 5-6　两个直播间正在发放限时优惠券

3. 直播监控和动态调整

直播过程中应实时监控预算使用情况，根据直播的反馈和效果适时做出调整。例如，如果某种促销活动反响不佳，则应减少该方向的投入，将资源转移到更有效的促销活动上。

案例拓展

淘宝直播优惠策略

部分小型服装零售商通过淘宝直播进行产品销售时，将会精心设计优惠策略来吸引顾客。首先，零售商设置合理的优惠券面额和限时秒杀活动，而这些都是根据他们的预算和目标销售额来制定的。其次，为了进一步控制成本，他们选择在晚上进行直播，这时观众数量较多，直播的转化率也较高。最后，他们还利用了现有的店铺装备和简单的背景布置，减少了额外的设备投资。

案例解读

这个案例展示了如何通过精心规划和执行预算控制策略，实现直播活动的经济效益最大化。这种策略不仅帮助小型服装零售商控制了成本，而且还成功地提升了销售额和品牌知名度。所以只要通过合理的预算控制和有效的促销活动，即使是预算有限的中小卖家也能在竞争激烈的直播市场中获得成功。值得注意的是，对于所有直播商家来说，合理的预算管理都是确保直播成功的重要步骤。

5.2　直播脚本的分类

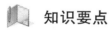 知识要点

直播脚本的设计对于直播的成功至关重要，正确的脚本不仅可以提升观众的观看体验，还能显著提高产品的销售量。理解直播脚本的分类是设计有效直播策略的第一步。本节将介绍基本的直播脚本类型——单品直播脚本和整场直播脚本，这两种脚本在结构和内容上有所不同，针对的目标和策略也各有侧重。

5.2.1　单品直播脚本

单品直播脚本是针对单个产品的脚本，以单个商品为单位，专注于一个具体的产品，规范产品的解说，通过详细介绍该产品的特点、用途和优势，突出产品卖点，来吸引和维持观众的兴趣。

由于一场直播一般会持续 2～6 个小时，大多数直播间都会推荐多款产品。所以每一款产品都需要定制一份简单的单品直播脚本，以表格的形式将产品的卖点和优惠活动标注清楚，这样可以避免主播在介绍产品时手忙脚乱、混淆不清，也能帮助主播精准、有效地向直播间粉丝传递产品的特色和价格优势。

在单品直播脚本中，通常单个产品直播占直播总时长比例较小，内容高度集中，主要目的是短时间内深化消费者对单一产品的了解，并推动即时购买决策。单品直播的成功很大程度上依赖于主播能否有效地展示产品的独特性，并解答观众的疑问。

　　所以在制定单品直播脚本时，有效的产品介绍是至关重要的。这种类型的脚本通常包括以下几个关键部分。

1. 产品品牌介绍

　　直播开始时，应详细介绍产品的品牌背景，包括品牌的历史、市场地位和用户口碑。这有助于建立品牌的权威性和观众的信任感，为后续的产品介绍奠定基础。

2. 产品卖点介绍

　　明确展示产品的核心特点和技术优势。这部分需要针对产品的创新点进行详细说明，解释这些特点如何满足消费者的需求。

3. 利益点强调

　　强调产品带给消费者的具体利益，如节能、提高效率、健康益处等。这部分应具体到可以量化或直观感受到的好处，使消费者能够直观地理解购买产品的直接利益。

4. 促销活动

　　介绍促销活动或优惠政策，如折扣、赠品或限时优惠。这有助于创造紧迫感，激励观众在直播期间或直播结束前进行购买。

5. 催单话术

　　使用催单话术鼓励观众下单。例如，提醒库存有限、优惠即将结束，或分享其他观众的购买经验和满意度，以增加观众购买的冲动。

案例拓展

某著名美妆产品直播脚本

　　以某著名美妆主播为例，他的直播脚本经常围绕以下几个核心部分来构建。在一次特定的直播中，该主播推广了一款清爽补水修护的护肤面霜。他首先介绍了品牌的历史和护肤领域的专业知识（产品品牌介绍），其次详细解释了该产品的主要成分和它们的皮肤护理益处（产品卖点介绍）。最后他强调了使用该产品后消费者可以期待的改善效果，如即刻补水、减少皮肤红润和敏感现象、强化肌肤屏障（利益点强调）。在直播的高潮部分，他宣布了一个限时折扣：前 100 名购买将送出一盒价值 200 元的补水面膜，促使观众在直播结束前抓住机会购买（促销活动）。通过整个直播，他不断使用催单话术，提醒观众这是一个特别机会，库存有限（催单话术）。

　　通过以上策略，该主播不仅成功促进了产品销售，而且提升了品牌的市场影响力。这个案例显示了单品直播脚本在实际应用中如何有效地吸引和转化潜在客户。

　　表 5-4 所示为某面霜产品直播间的单品直播脚本范例。

5.2.2　整场直播脚本

　　整场直播脚本是涵盖了多个产品，或围绕一个主题展开的一系列产品的内容。与单品直播脚本相比，这种脚本设计更为复杂，需要精心安排每个环节，以保持观众的持续关注。

表 5-4　某面霜产品直播间的单品直播脚本范例

直播产品	清爽补水抗敏系列	主播	小亮	注意说明： 平台玩法及违规注意事项			
产品类目	化妆品	助理	小凤				
直播目标	交易额 18 万元	场控	小飞				
直播时间	6 月 18 日	运营	小飞				
开播 准备	12:30—18:30	直播预告	预告文案及说明抽奖规则	规则说明：仅限本场直播开播过程中前 100 名下单用户，赠送 10 片装面膜 1 盒			
	18:30—19:00	抽奖 开场互动	重复说明规则并抽奖				
序号	时间	流程	口播关键词	产品名称及规格	产品图片	日常价	直播价
1	19:00—19:10	品牌介绍	来自××品牌的抗过敏产品，该品牌创立于 2000 年，致力于为敏感肌肤的消费者提供温和而有效的护肤解决方案。产品对敏感肌改善效果显著	面霜		399 元	169 元
2	19:10—19:40	产品卖点介绍	清爽补水修护面霜，低敏配方，不含刺激性化学成分，适合敏感肌，核心成分包括天然深海海藻提取物和维生素 E，有效舒缓肌肤，增强肌肤的天然屏障，提供长效的保湿效果	50 mL/瓶			
3	19:40—19:50	利益点强调	帮助皮肤达到三重效果：①即刻补水；②显著减少皮肤敏感泛红；③强化肌肤屏障	赠品：面膜		200 元	前 100 名下单赠送
4	19:50—20:00	促销活动	针对敏感肌需要补水的用户，推荐××款链接。如果你的手速够快，在前 100 名就送 10 片面膜	10 片/盒			
5	20:00—20:20	催单话术	提醒大家库存有限、当前已经有×××位顾客抢购成功、互动	面霜		399 元	169 元
6	20:20—22:00	引导成交	引导话术				

　　整场直播脚本通常包括多个互动环节，如观众问答、抽奖活动以及嘉宾访谈，旨在提升观众的参与感和购买动机。而整场直播的目标是建立或加强品牌形象，同时提高整体销售额。这种脚本通常包括所有相关的细节，以确保直播活动顺利进行，包括时间管理、内容安排、角色分配和技术要求。确保整场直播内容的连贯性和专业性，同时增强观众的参与感。

　　通常，整场直播脚本基础框架如表 5-5 所示。

1. 开场白

　　这是直播的第一印象，需要精心设计，既要传达直播的主题，也要引起观众的兴趣。一个有效的开场白可以是一个引人入胜的故事、一个相关的笑话或一个吸引人的问题，目的是立即吸引观众并给他们留下深刻印象。

2. 内容输出

　　直播成功的核心涉及直播中传递的具体信息和内容的展示方式。不仅要确保信息的准确无误，还要以观众易于接受的方式呈现，以增强直播间的吸引力，而电商直播间的内容输出多为产品介绍，此处应详细而具体，强调产品的独特卖点和用户可能获得的好处。它应该包含产品的功能、使用方法、与竞争对手的对比以及客户的评价。

表 5-5　整场直播脚本基础框架

直播主体 （内容输出+ 互动环节）	产品测评	举证	1. 口碑/热点/销量/证书/大牌同款品质对比等，不用过于细节，只讲重点，吸引点，品质测试 2. 第一步放大需求，第二步打消顾虑	5 分钟
	观众互动 结合活动	说服	直播过程中多用提问方式互动，让买家自己说出平时采购的痛点（可以适当用助播烘托氛围）	10 分钟
		催单	1. 正式宣布价格 2. 再次强调促销活动政策，利用单品抽奖/满××送来打造爆款，或者提升连带率	
		逼单	1. 提醒买家实时销量，还有多少库存（自己刚开始上少量库存，视情况加单） 2. 反复利用倒计时活动比如前 5 分钟下单有什么优惠，重复强调价格/活动 3. 利用价格机制吸引，用平时价格与直播价格对比，下播改原价	
结尾	结束语	预告	1. 用通用拉新活动，引导关注，引导打卡 2. 预告下一场内容	5~10 分钟

3. 互动环节

直播的一个主要优势是能即时与观众互动，所以脚本中应规划互动环节，如提问时间、投票或观众参与的游戏。互动环节是维持观众兴趣和参与度的关键。这可以通过问答环节、观众调查、抽奖或其他参与方式来实现。有效的互动可以提高观众的忠诚度和购买欲望。

结束语应总结直播的关键点，并包含一个强有力的行动号召，鼓励观众采取行动，如购买产品、关注频道或分享直播。

表 5-6 为整场直播脚本的范例。

表 5-6　整场直播脚本的范例

××整场直播脚本				
直播主题			例：××夏季新品首发（从买家需求角度出发定标题）	
主播			小亮	
商家介绍			品牌市场定位、历史、专利技术	
节奏	动作	目的	动作拆解，话术关键词	时间
暖场	前期准备	聚人气	设备检查、产品排序梳理、明确直播目标	10 分钟
	开场预热		1. 拉家常，拉近用户距离，尤其是对进直播间的老客户打招呼 2. 渲染产品的产地、工厂历史、口碑、销量数据等 3. 可以先不讲产品，前面 5~10 分钟用于激发观众的好奇心	5~10 分钟
过场	商家特点介绍	留客	1. 商家特性介绍，关注店铺，预约直播 2. 直播福利做诱惑性引导：比如发优惠券，大让利或者折扣，免单产品 3. 上两个福利品，挂在直播间 4. 号召买家留言聊天，拖住用户不离开直播间	5~10 分钟
	直播活动介绍			
收尾	产品讲解	锁客	1. 提前规划好话术、数据和辅助素材介绍产品的特性 2. 讲解产品的属性、作用、益处，注意一定要讲解到竞品差异点 3. 对比渠道价格/服务/品质优势，再次突出商家自身优势	10~15 分钟

这样的脚本确保直播每个环节都被仔细考虑和整体计划。其中，为了确保整场直播脚本的观众留存率、转化率等，可以使用一些维持直播间新鲜感、吸引观众留在直播间观看的脚本技巧，如故事叙述、情感投入、语言风格化等。

1）故事叙述

故事能够为产品或服务赋予情感和背景，使观众更容易记住和产生共鸣。在直播开始时，可以用一个与产品相关的故事吸引观众。这个故事可以是一个客户的真实体验、一个产品如何解决特定问题的例子，或者产品开发背后的灵感。故事的关键是要真实、具体，能够触动人心。故事的结构要有起始、冲突、高潮和解决方案。如果直播产品是一款儿童教育应用程序，直播间可以围绕一对忙碌的父母如何利用这个应用程序，逐步帮助孩子爱上学习来讲述故事。而通过分享这个教育应用程序如何帮助儿童教育的真实故事，该主播可以激发其他父母的兴趣和共鸣，从而使其留在直播间。

2）情感投入

直播的真实感和即时性提供了与观众建立情感联系的机会。在脚本中表达出对产品的热爱和信念，可以让观众感受到热情并建立信任。情感投入也意味着对观众的感受和需求保持同理心，真正从他们的角度出发考虑问题。可以讲述个人的使用经历，分享个人与产品之间的联系。并且使用有画面感的形容词和生动的语言来传达情感，比如"惊人的变化""舒缓的感觉"。假设直播产品是一款护肤品，主播可以分享自己的护肤问题和使用该产品后的改善过程，强调产品的亲身体验和感受，让观众感受到产品带来的积极变化，激发观众购买产品的欲望。

3）语言风格化

直播脚本的语言应当贴近日常口语、易于理解，应使用观众熟悉的言语，避免过多的专业术语，确保所有观众都能理解，如可以使用直接而有力的行动号召，例如"立即抢购""不要错过"。同时，也可以加入一些幽默元素，使直播更加轻松和愉快。比如在直播销售厨房用品时，避免使用如"多功能食物加工器"的专业技术名词，而是说"这个神奇的厨房小帮手可以在几分钟内搞定你的切片、切丁和搅拌工作"，避免太多技术性描述，简单轻松地传达核心卖点。

案例拓展

案例一：

以某护肤品为例

某护肤品牌在抖音电商的直播带货中有效地使用了直播脚本。他们通过与抖音达人合作，利用精心编写的脚本，快速切入市场，强调品牌为"敏感肌痘痘肌护肤专家"的形象。在直播中，他们详细介绍产品的特点、如何使用，并展示了使用前后的对比效果。此外，他们设计了互动环节，比如直播中的问答和优惠活动，以提高观众的参与度和转化率。

案例二：

以某知名主播与某文艺类电影的联合直播为例

某知名主播与某文艺类电影开展联合直播，在这次直播中，该主播的开场白和产品介绍即是对电影的介绍和演员的对话，这种内容上的结合吸引了大量观众。直播中的互动环节，如观众提问和现场购票，使得观众在参与的同时完成购买，最终在短短 6 秒内售出 25 万张电影票，这一创纪录的成绩展示了直播脚本对于激发购买行为的巨大影响。

案例解读

以上这些案例说明了直播脚本在直播带货过程中的关键作用，以及如何通过结合故事叙述、情感投入和精准的语言风格来提升直播效果。通过学习和应用这些基本要素，主播可以更有效地吸引和保持观众的注意力，从而实现销售目标。

5.3　直播脚本的动态实施

 知识要点

在直播过程中，主播应根据观众反馈灵活度，如互动频率、评论内容、观看数等实时数据来调整脚本内容，需要密切关注观众的弹幕反馈、点赞和购买行为，选择运用哪一套脚本方案以及如何实施。例如，如果某个产品特别受欢迎，可以增加对这个产品的介绍时间，增加互动话术；如果观众对某个话题反响热烈，可以即时增加相关内容的互动；如果某个环节观众反应冷淡、参与度不高，主播应减少该环节的时间，或者可以缩短或改变话题。这些都是直播脚本在直播的动态运用方法。

案例拓展

以某直播带货活动为例

主播在介绍一款热门护肤品时，注意到观众在评论中频繁提及对敏感肌肤的适用性。因此，主播及时调整了脚本，延长了对产品成分和适用肌肤类型的讨论，增加了关于敏感肌肤的专题互动问答环节，使得产品介绍更加贴合观众的需求，并引发了更多的购买行为。

案例解读

所以需要特别关注在直播中可能遇到的各种情况以及应对策略。完成本节的学习有助于主播和团队更好地应对直播过程中的不可预见事件，从而保持直播的流畅性和专业性。主要需注意的动态技巧如下。

5.3.1　预设情景应对

在脚本中预设可能发生的情景，如技术故障、突发新闻或特殊观众互动等，并准备相应的应对措施。例如，如果直播中断，预先准备好可以快速播放的备用视频内容，或者由场外运营指导主播如何用话术稳定现场情绪。又如在某直播间私人健身课程的直播销售中，正在示范健身动作的主播遇到了网络延迟问题。运营人员提前准备了应对脚本，迅速切换到了事先录制的本地视频播放健身示范动作，同时在聊天室中解释情况，等待网络稳定，有效避免观众流失。

5.3.2　适时调整内容

直播脚本应具有一定的灵活性，允许主播根据实际情况适时调整讲解内容或互动环节。比如，如果某个产品特别受欢迎，主播可以即兴延长该产品的介绍时间，或增加更多关于该产品的互动问答。又如在一场服装直播销售中，一款外套收获了观众的强烈反响。主播注意到这一点后，即刻调整脚本，延长了这款外套的展示时间，并增加了更多的搭配建议和优惠信息，成功提高了销量。

5.3.3　观众情绪即时管理

主播需实时注意直播间观众的情绪，动态地应对和处理负面评论或挑战性问题。例如，谈及敏感话题时主播需使用巧妙的语言技巧转换话题，或者在遇到技术问题时保持镇定，用幽默和聪明的话术缓解紧张气氛。

案例拓展

在公益直播中，一位观众提出对公益善款资金的使用存疑。主播利用事先准备的话术技巧，耐心解释公益项目的透明度和资金流向，有效安抚了观众的情绪，维持了直播间的正向氛围。

5.3.4　互动反馈提高参与感

互动是直播的核心之一，想要深度地与观众互动，可以试着在脚本中添加以下几种增强观众参与感的基本方法。

（1）提问互动。提出问题并邀请观众在评论中回答，可以是关于产品的问题，也可以是与直播主题相关的趣味问题，激发观众兴趣。

（2）投票。使用直播平台的投票功能，让观众选择喜欢的产品或直播内容的下一步，将主动控制权给到观众。

（3）抽奖。通过抽奖活动来奖励参与互动的观众，提高观众参与的积极性。

在某次直播时，主播根据脚本设置了一个即时的投票环节，询问观众他们最希望在接下来的时间里了解的产品特点。结果显示，大多数观众对产品的耐用性感兴趣，主播随即进行了针对性的产品耐用性测试展示，这种即时的反馈调整增强了观众的参与感，使产品卖点凸显，提高了产品的转化率。

当下，现代直播软件提供了多种功能来增强直播的表现力和互动性，直播脚本中可以预设使用直播软件的投票、抽奖、弹幕等功能，以及现场画面的切换或场景切换，增强直播的互动性，使观众更有参与感。具体如下：

1. 通过屏幕分享

展示产品详情或演示网站功能，提供更丰富的信息。就像在线教育课程直播中，主播老师可通过屏幕分享功能展示课件、PPT 等内容，使学生能够看到更丰富的教学资料。图 5-7 所示为某品牌直播间主播身后有一块巨大 LED 屏幕可实时切换画面。

图 5-7　某品牌直播间主播身后有一块巨大 LED 屏幕可实时切换画面

2. 多摄像头切换

可以使用专业直播设备，如内置导播软件的直播一体机，可支持多摄像头输入，实现多角度展示产品或直播间的不同区域，提升直播动态感。图 5-8 所示为同一直播间内可以实时切换直播间与试衣间的两个场景。

图 5-8　同一直播间内可以实时切换直播间与试衣间的两个场景

3. 实时数据分析监控观众反应

直播中，需通过实时数据分析，监控观众反应，以及时调整直播策略。比如抖音直播中，主播可以监控直播时长、粉丝量、人气数据等，以实时调整直播内容，优化观众参与和销售转化效果。图 5-9 所示为某品牌直播间后台直播数据。

图 5-9　某品牌直播间后台直播数据

这些功能的运用不仅提高了直播的质量，还增强了互动性，使得直播更加吸引观众，并且有助于主播根据观众的反馈调整直播策略，同时也是直播脚本在直播间的动态运用。

通过这些功能说明、方法介绍与案例讲解，可以看到直播脚本不仅是一种前期准备工作，还是直播过程中的一个动态工具，它需要根据观众反馈和直播平台的技术功能进行实时调整和优化。有效的脚本运用可以显著提高直播的互动性和销售成果。所以，直播脚本对于直播电商至关重要，它有助于提高销售效果和观众满意度。一个好的脚本可以保证直播内容的流畅，增加互动环节的趣味性，以及通过技术工具的辅助实现更高的观众参与度。此外，脚本可以帮助主播在直播过程中实时调整内容，确保直播与观众需求和反馈相吻合。

直播脚本在直播间的成功运用不仅能够增加销售，还能提升观众的整体体验，从而促进品牌忠诚度和提升观众留存率。通过细致的规划和对互动元素的巧妙融入，直播脚本已成为直播电商时代不可或缺的工具。

5.4　直播间互动游戏的使用

 知识要点

随着直播行业的快速发展，观众对互动性和娱乐性的期待也日益增加。因此，在直播中融入互动游戏成为提升观众参与度、增强直播吸引力的重要策略。本节将深入探讨直播间互动游戏的有效使用方法，包括互动游戏的设计、选择、执行以及如何通过游戏增强观众与主播之间的互动。通过实用的技巧和创意的策略，直播主播和内容创作者可以显著提高直播的互动性和观众满意度，同时也为品牌或个人形象建设增添亮点。

互动游戏不仅是简单的娱乐，它们在直播中的应用反映了新媒体环境下观众参与模式的转变。观众不再满足于被动观看，他们渴望成为直播内容的一部分，通过实时互动感受更多的参与感和归属感。因此，设计具有高度互动性和参与性的游戏，成为成功的直播不可或缺的一部分。接下来将详细探讨互动游戏在直播中的意义与作用，以及如何高效地运用这些游戏技巧，确保直播活动的高效和有趣。

5.4.1 直播间互动游戏的意义与作用

直播间互动游戏如派发红包、抽奖及小游戏具有多重意义和作用。首先，它可以吸引观众的注意力，提高直播的热度和观看时长。其次，派发红包可以促进互动，使观众积极参与答题、评论等互动活动。最重要的是，这种策略可以提高观众的黏性和忠诚度，让他们更频繁地访问直播间，从而增加销售机会。运用如随机红包、条件红包和互动红包等策略，可以激发观众的好奇心和参与欲望，达到提升互动度、吸引新粉丝和提高销售转化率的效果。直播间派发红包、抽奖及小游戏是一些常见的互动营销手段，它们的意义与作用主要体现在以下几个方面。

1. 增强观众参与度

通过红包或抽奖吸引观众的注意力和兴趣，让他们积极参与到直播互动中来，观众也可以通过参与抽奖感受到即时的兴奋和快乐，这种正面的参与感可以提高观众的满意度和忠诚度，极大地提升直播的互动性。

2. 刺激消费欲望

红包中可能含有优惠券或折扣，能激励观众在直播间进行消费，提升转化率。

3. 提高留存率

抽奖环节往往会设置在直播的不同阶段，观众为了等待抽奖环节的开始，会选择继续留在直播间内，从而有效地提高了观众的留存率。

4. 扩大直播影响力

观众在获取奖品后可能会通过社交媒体分享自己的幸运，还可能会邀请朋友和家人一同观看直播并参与抽奖，这样可以间接扩大直播间的知名度和影响力，并且快速地拓宽观众基础。

5. 促进品牌宣传

抽奖奖品的选择可以与品牌产品或服务相结合，不仅可以作为对观众参与的奖励，同时也可以起到一定的广告宣传作用。

6. 收集用户数据

在领取奖品的过程中，可以引导用户进行注册、关注或留下联系方式，便于后续的用户数据分析和精准营销。

总的来说，直播间派发红包、抽奖及小游戏是有效的互动工具，可以在增加用户参与度、促进销售、扩大影响力和积累用户数据等方面发挥重要作用。这些互动环节的小游戏策略与技巧运用得当，可以产生许多积极效果。

（1）能提高活跃度。让观众时刻保持高度的关注，增加直播间的活跃度。

（2）能促进口碑传播。让观众因为红包等收获而产生的正面体验可能会转化为口碑传播，他们可能会邀请朋友也来观看直播，从而帮助获取新观众。

（3）能建立品牌形象。通过红包、抽奖及小游戏展现品牌的慷慨和对观众的重视，有助于在观众心中建立积极的品牌形象。

5.4.2　派发红包的策略与技巧

在直播间派发红包是一种普遍而有效的策略，旨在提高观众的参与度和忠诚度。图 5-10 是一些派发红包的策略和技巧。

图 5-10　派发红包的策略和技巧

1. 明确目标

确定派发红包的主要目的是增加新粉丝、奖励老粉丝还是促进产品销售。

2. 制定规则

设计简单明了的规则，比如"观看直播满 30 分钟可参与抽红包"，使观众容易理解和参与。

3. 时机选择

选择直播中观众活跃度最高的时段派发红包，通常是在直播开始的前 10 分钟或互动高潮时。

4. 预算控制

合理安排红包的总额和单个红包的金额，确保活动在预算范围内进行。

5. 频次安排

根据直播内容和时长来设定红包派发的频次，避免发红包次数过多影响直播的主体内容。

6. 红包设计技巧

（1）随机红包。设置随机金额的红包，增加游戏性和未知感，激发观众的好奇心。图 5-11 所示为某平台随机红包。

（2）条件红包。绑定特定条件的红包，如设定"分享直播间链接到社交平台可参与抽红包""触发某口令后可领取红包"等，以此来扩大直播的观众群。甚至为了增加直播的观看时长，还可以使用"观看直播满一定时间可抽取红包"的技巧。这种红包不仅增加了直播的曝光率，也可能会带来新观众。图 5-12 所示为某直播间的口令触发红包。

图 5-11　某平台随机红包

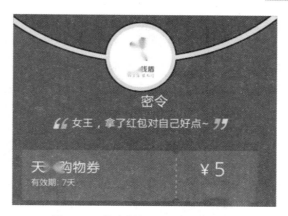

图 5-12 某直播间的口令触发红包

（3）互动红包。结合问答、投票、邀请等互动环节来派发红包，比如可设置"答对主播提问的观众可获得红包""邀请一定人数进入直播间可获得红包"等，有效提高观众参与直播的积极性。图 5-13 所示为某平台的邀请互动红包。

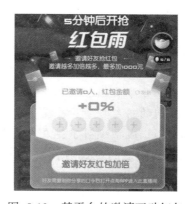

图 5-13 某平台的邀请互动红包

（4）定时红包。在直播的固定时段，如每到整点派发红包，帮助观众养成观看习惯。例如，在一个小时的直播中，每过 15 分钟，系统就会随机选取一批符合条件的观众发放红包。图 5-14 所示为某直播间的整点现金红包。

图 5-14 某直播间的整点现金红包

（5）专属红包。比如为了奖励长期支持的粉丝，主播可能会设置一个"老粉丝专享红包"，只有关注主播超过一定时间的粉丝才有资格参与抽取。这样为老粉丝设置专属红包，可以提高粉丝忠诚度。图 5-15 所示为某直播间的粉丝专属红包。

图 5-15　某直播间的粉丝专属红包

案例拓展

以某直播间为例

主播在直播间内设定"关注并分享直播间到社交网络，可参与 100 元红包抽取"的活动。这一策略有效增加了直播间的粉丝数量，并提高了直播间的互动率。主播通过在直播中不定时宣布随机红包的发放，成功吸引了观众在整个直播过程中的持续关注，并在直播结束时通过数据分析观察到明显的观众增长。

5.4.3　抽奖活动策略与技巧

直播间的抽奖活动是一种在线直播营销策略，旨在通过设置奖励机制来提高观众的参与度和互动性。此策略通常涉及一系列奖品，以激励观众在直播过程中进行特定的互动行为，如观看、评论、分享或购买商品。直播抽奖可以采用多种形式，包括但不限于随机抽选、答题赢奖、任务式互动等。具体内容如图 5-16 和表 5-7 所示。

图 5-16　直播间抽奖步骤

表 5-7 抽奖活动实施步骤说明表

步 骤	流 程 举 例
规则设计	明确抽奖的参与条件（如观众需要在直播中发表评论才能参与）、流程（如通过抽奖机器人随机选择获奖者）和奖励体系（如第一名获得产品折扣券，第二名获得免费试用资格）
奖品选择	根据目标观众的偏好选择奖品，例如针对游戏爱好者的直播间可以设置游戏内货币或道具作为奖品，以提高参与吸引力
互动融合	将抽奖环节与直播内容融合，例如在直播教学中，提问环节回答正确者可以参与抽奖；或者在直播的某个时刻，观看时长达到一定时间的观众自动参与抽奖
技术支持	使用直播平台的抽奖工具或第三方应用程序来实现抽奖功能，如集成在直播软件中的随机抽奖插件，确保抽奖过程顺畅并且数据准确
结果公示	在直播结束后公开抽奖结果，通过直播平台的公告或者社交媒体更新，保持透明度并提高信任度，例如在直播结束后在聊天区公布中奖名单，并通过短信或邮件通知获奖观众

1. 抽奖活动设计方法

（1）无门槛抽奖。所有观众均可参与，适合快消、零售、美妆等行业。

（2）有门槛互动抽奖。观众需满足一定条件，如关注、分享后才能参与，适用于教育、培训等领域。

（3）时间限制抽奖。在特定时间内参与直播的观众才有资格参与抽奖，增加直播的紧迫感。

（4）积分抽奖。观众通过参与直播互动累积积分，并可以用积分参与抽奖。

（5）福袋抽奖。观众通过输入口令参与抽奖，可以结合购物车点击率和流量拉新。

2. 实施方法

（1）开启抽奖开关。在直播平台上设置抽奖功能，明确各项参与规则，达标即可自动触发抽奖机制，如点赞关注后可获抽奖机会。

（2）奖品设置。根据目标群体的喜好设置奖品，可以是虚拟商品也可以是实体商品。

（3）抽奖频次。根据直播节奏安排抽奖的时间点，如开场或中场等。

案例拓展

以某平台粉丝节直播活动为例

某平台效仿"双十一"举办"88 粉丝节"直播活动，他们采用全屏直播间抽奖模式，吸引了大量新粉丝，还采用了"有门槛模式"互动抽奖，如要求观众关注直播间、邀请好友或参与讨论才能抽奖，奖品为国内外知名品牌产品。一场直播下来，平台收获了大量关注与热度，而这种模式可适用于多种产品类别的直播间中。

类似的案例还有某音直播间。某音直播间的抽奖方式也十分多样，如福袋抽奖等，都是旨在通过抽奖活动提高直播间观众的互动和停留时长。

当前直播市场上，派发红包及互动游戏存在的根本原因是直播行业的竞争日益激烈，单纯的内容传播已经无法满足观众的需求。观众追求更加互动和娱乐化的观看体验，而互动环节正好满足了这一点。它们通过引入红包、抽奖、小游戏等元素，不仅丰富了直播内容，增强了直播的趣味性和互动性，提升了观众的参与度，延长了观众的留存时间。同时，这类互动游戏还能作为一种有效的营销工具，通过互动激励观众的消费行为，提高直播的转化率，从而对主播和平台的商业收益产生正面推动作用。在社交层面，互动游戏还能促进观众之间的交流，提升了用户体验，增加社群的黏性，为直播平台创造了更为坚实的用户基础。同时也为直播平台和主播提供了新的商业机会和市场竞争力。

 实操训练

训练项目 1：派发红包

要求如下，运用红包派发策略设计一个简单的直播红包派发活动。

考虑以下要素：红包的类型是什么，领取门槛是什么，红包的总额和单个红包的金额是多少，你希望通过这个活动达到什么目的。

训练项目 2：抽奖活动

要求如下，运用抽奖活动策略设计一个包含观众互动元素的抽奖活动。这个活动要求观众在直播中完成特定的互动任务（如分享直播链接、回答问题等）才能参加抽奖。

考虑以下要素：互动任务是什么，规则设计是什么，奖品是什么，你将如何追踪确认参与者的互动，结果如何公示。

5.5 直播脚本话术撰写

 知识要点

在直播的舞台上，话术不仅是一种沟通工具，还是激发互动、建立连接、转化观众并最终促成交易的关键。本节内容将深入探讨直播中最核心的话术技巧：产品介绍话术、留人转化话术、成交促单话术等，帮助主播和内容创作者掌握吸引和维持观众注意力的方法，优化直播的商业成果。通过本节的学习，读者将能够设计出符合直播目标的话术策略，有效提升直播互动性，增强观众的购买意愿，从而在竞争激烈的直播市场中脱颖而出。笔者将一步步分析如何构建这些话术框架，使用何种语言技巧，并实际应用到直播场景中去，以达到最佳的互动和销售效果。

5.5.1 直播间产品介绍话术

1. 产品介绍话术撰写技巧

产品介绍话术是一种突出产品卖点的表达技巧，包括利用具体数据来证明产品优势（如回购率和好评率），使用形象的语言和比喻来描述产品特性，以及与消费者的情感需求相联结。而不同的产品则对应不同的直播产品介绍话术的调整方法，这就涉及根据产品类型和目标受众的不同，来调整产品介绍话术的内容和风格。例如，鞋靴服饰类产品的话术应注重展示实际穿着效果，彩妆护肤类产品的话术应注重展示产品的安全性和实际效果，而食品类产品的话术应注重食品的口感和保质期，等等。

案例拓展

一则产品介绍话术的基本构成

开头引入产品。亲爱的观众朋友们，今天我要向大家介绍的是我们的明星产品——××保湿霜，这款保湿霜将为你的肌肤带来全新的水润体验！

中间介绍产品。我们的××保湿霜采用了独特的深海渗透技术，能够深入肌肤底层，锁住水分，持久保湿 24 小时。它含有天然植物精华，不仅能滋润肌肤，还能改善细纹，让你的肌肤恢复弹性，焕发光彩。

结尾推荐下单。现在下单购买，我们还将赠送一份精美的化妆包，数量有限，先到先得哦！让××保湿霜帮您打造水润、细腻、光滑的完美肌肤，赶快行动吧！

针对不同产品的直播产品介绍话术撰写方法有很多种，其中最常见的方法如下。

①根据目标受众调整语言风格。如果产品针对年轻人，话术可更加活泼；针对专业人士，则更加专业和精确。例如对于高端产品，使用更精炼和专业的语言，强调独家技术，如："我们的智能手表采用了业内领先的心率监测技术，可以实时监测您的心跳并分析心率变化。"

②依照产品特性调整介绍顺序。一般介绍功能多样的产品时，先介绍最吸引人的功能；如果是解决特定问题的产品，则先介绍其解决问题的能力。比如对于化妆品直播，主播会强调产品的使用效果和感受，其次是产品成分和适用人群介绍。而科技产品直播则会着重介绍创新技术和性能指标，其次是外观和配件部分。

③通过故事化和场景化提升产品吸引力。这样的产品介绍能够使产品更加生动，增加记忆点。可以围绕产品的创始故事、用户使用体验故事或产品背后的设计理念或者与产品相关的使用场景来构建故事。例如："想象一下，在冬日的早晨，一杯由××咖啡机制作而成的经典意式咖啡唤醒您的一天美好。"

④通过案例分析来提高产品介绍可信度。分析案例时，可以考虑话术的完整性、是否有效传达了产品卖点、语言是否吸引人以及是否适合目标受众。如某知名运动鞋品牌在直播时，通过讲述一位马拉松选手的故事来展示运动鞋的舒适性和耐久性，让观众在情感层面与产品建立连接信任，进而增加购买欲望。或者在某健身器材的直播介绍中，主播详细描述了使用前后的身体变化，利用用户的健康和美体需求来推动销售。

2. 直播间产品介绍话术结构

想要掌握不同产品的直播产品介绍话术的调整方法，其中最关键的一点就是调整产品介绍话术的结构，比较常见的产品介绍话术结构包含：问题—解决结构、特性—好处结构、故事结构和比较结构。比如，开始时提出潜在问题，接着展示产品如何解决这些问题，然后通过故事来展现产品在实际生活中的应用，最后与竞品进行比较，强调优势。直播间产品介绍话术结构如图 5-17 所示。

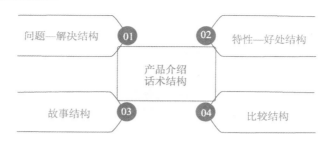

图 5-17   直播间产品介绍话术结构

（1）问题—解决结构。这种结构首先指出目标受众可能遇到的问题、面临的困难，然后介绍产品如何提供解决方案。例如，在推广一款新的智能家居设备时，可以首先讨论家庭安全的普遍担忧，然后介绍这款设备如何通过先进的监控系统来增强家庭安全。

（2）特性—好处结构。这种结构关注产品的特定特性，一般先描述产品的特性，再链接到它为用户带来的好处，将其特性与用户可以获得的好处联系起来。比如，一款洗发水可能含有天然成分，这是特性；好处则是它对头皮更温和、减少化学物质引起的刺激。

（3）故事结构。这种结构通过讲述关于该产品如何影响某人或解决特定问题的故事来吸引受众用户，或者还可以通过一个相关故事来展示产品的使用场景和效果。例如，一个顾客使用某个健康产品成功减重的故事可以激发其他人对该产品的兴趣。

（4）比较结构。在这种结构中，产品与市场上的竞争对手相比较，突出自己的独特之处和优势。例如，在介绍一个新的运动鞋品牌时，可以强调其与其他品牌相比如何提供更好的支持和舒适度。

以上几种产品介绍话术的结构，除了独立使用以外，还可以做组合使用，比如结合故事结构和特性—好处结构，进行一款智能手机的介绍，可以强调其摄像头的高清晰度、电池寿命的持久，以及操作系统的流畅性等特性好处，再同时结合用户故事，如旅行者使用该手机捕捉风景的故事，来增强描述的生动性。

5.5.2   直播间留人转化粉丝话术

1. 留人转化话术撰写技巧

在当前新媒体环境下，直播已成为一种主要的营销和传播手段。尤其在互联网流量高速增长和用户行为多元化发展中，直播平台及其内容创造者面临着需要持续吸引和留住观众的极高挑战。在此背景下，直播间留人转化的话术便显得尤为重要。

该话术是指在直播过程中，主播运用语言技巧和互动策略，提高观众参与度、增强观众黏性，并将观众最终转化为忠实粉丝的一系列口头表达。这些话术不仅要能够触及观众的情感，还要能够激发他们的参与欲望，增加他们在直播间的停留时间，并鼓励他们进行对应平台上的关注和下单。

其中心理学在直播间留人转化的话术里就扮演了一个关键角色。根据社会交换理论，观众在直播间感受到了主播的关注和奖励，从而愿意投入更多时间。再如，根据归属感理论，观众会因为感到被社群所接纳而延长在直播间的停留时间。

所以主播通常采用心理学原理来留住观众并将他们转化为粉丝，促使他们下单。直播话术中包含的心理学原理如图 5-18 所示。

图 5-18 直播话术中包含的心理学原理

（1）从众心理。从众心理是指个体在群体影响下，其思想或行为趋于一致的心理现象。由于人们天生希望成为群体的一部分，从众心理正是利用了这一点。在直播间中，主播可能会强调"大家都在抢购此商品"或"看，我们的观众人数急剧上升"，以这样的话术来吸引新观众，因为他们不想错过其他人都在参与的事情。而直播间的观众在看到其他人购买或参与活动时，会受到群体行为的影响而采取相同的行动。

（2）回报心理。回报心理是指个体在接受别人的好处后，通常会感到一种内在的心理压力，驱使其回报给予者。也就是说人们更愿意回报那些曾给予他们东西的人。因此，在直播环境中，主播赠送小礼物或提供福利措施，如抽奖或优惠券，可以激发观众的回报欲望，从而提高他们的忠诚度，提高他们留在直播间的可能性并最终成为粉丝。

（3）锚定效应。锚定效应是认知心理学中的一个概念，指个体在做决策时过于依赖于首先接收到的信息。换言之，在直播中，主播可能会首先提出一个高价格作为锚点，随后再提供一个相对较低的折扣价，使得观众感觉后者更具吸引力。这种方法就利用了锚定效应，因为人们会对首次提出的信息给予过多重视的倾向，从而使得后面的价格显得更加吸引人。

（4）稀缺性原则。稀缺性原则基于这样一种观念：当某物被认为是稀缺的或数量有限时，人们会认为它更有价值。也就是说当某样东西被认为是稀缺的，人们就会更想拥有它。所以在直播中主播可以通过强调产品的稀缺性来刺激观众的购买欲望。因此，在直播中可以经常使用"限量供应"或"仅剩几件"等话术来吸引观众，并促使他们立即采取行动。

（5）社会认同。社会认同是指个体在不确定的情况下，会观察并模仿他人的行为，以期做出正确的选择。解读其含义，就是人们倾向于模仿他们认为与自己相似或有影响力的人的行为。所以在直播间中，主播或其他观众对产品的正面评价与积极反馈可以作为社会认证，引导并影响新观众的行为和态度，进一步实施相同的购买行为。

案例拓展

以下是直播间留人转化粉丝话术的应用案例，每个案例都展示了如何在直播间运用心理学原理。

①点名话术。"欢迎张三进入我的直播间，你的名字这么有创意，是不是背后有什么故事？"这种话术直接点名观众，让观众感到被特别关注，从而激发他们停留在直播间的兴趣。

②诱导型话术。"今天来给大家分享几个美妆的小技巧，学会了你也可以是美妆达人"，这种话术通过预示直播将提供的价值，诱导观众期待接下来的内容，从而增加他们的停留时间。

③节奏型话术。"觉得主播跳得好看/唱得好听的刷波666"这种话术通过互动式的呼唤行动，鼓励观众积极参与直播互动，使得观众因为好奇心而留在直播间。

④福利引导。"大家不要着急走，今天只要在我直播间能留半小时的人，免费送一份直播间留人话术。"这种话术通过提供即将到来的福利来明确用户的停留时间，利用奖励机制留住观众。

⑤铺垫背书。"我们还有×××万老茶友还没进来，马上就进来了，今天就把平时不舍得拿出来的好茶，请大家喝一杯，交个朋友。"这里，主播通过展示自身价值和粉丝群体的背书来培养新观众的信任度，并铺垫后续互动和成交。

这些案例都运用了心理学原理，如社会认同、期待和奖励，来提升观众的直播间体验，促使他们从普通观众转变为忠实粉丝。

2. 直播间留人转化粉丝话术策略

通过话术转化粉丝的策略，通常需要考虑以下几个方面。

（1）独特的问候和称呼。在开始直播时，用热情和独特的问候吸引观众，使用观众的昵称或者在直播中提到观众的评论，这种个性化的互动可以提高观众的归属感，让他们感觉到被关注和重视。比如"嘿，夜猫子们，看到大家这么晚还精神满满的，真好！依然宝宝看到了，欢迎你！Leo在哪儿？Leo今天也来了吗？"

（2）使用故事讲述的技巧。利用故事来介绍产品，讲述产品背后的故事、用户成功案例或者主播自己的使用经历，使观众在情感上与产品建立联系。或者展示真实反馈，展示产品认证、专业测试或比较演示，提供硬性证据支撑产品的优势。分享其他用户的评价和反馈，利用社会认同理论，展示产品受欢迎的社会证据。比如"刚才有位朋友留言说，我们上次推荐的抗蓝光眼镜真的很舒服，连续工作几小时也不会觉得眼睛疲劳了。大家可以去看看他的评论哦！"

（3）通过互动游戏和奖励。设计互动游戏或问答环节，并提供小礼物或优惠券作为奖励，这可以增加观众的参与感，同时鼓励观众分享直播间链接，吸引新观众，这不仅增加了观众的留存率，也为转化粉丝打下了基础。比如"接下来的10分钟，每位在直播间送出超过100个爱心的朋友都将有机会获得我们准备的神秘小礼物，快来参与吧！"

（4）是否有创建紧迫感。如使用限时优惠、限量产品等信息，创建购买的紧迫感，促使观众立即作出决定。强调直播间的专属优惠和特权，让观众感受到直播间购物的独特优势，可以提高观众的参与度和粉丝转化率。比如"关注我们直播间的小伙伴们将享有专属的折扣码，只在今晚的直播中有效，赶紧抓住机会吧！"或者，"直播结束后，宝宝可以加入我们的售后群，还有更多幕后福利等你哦。"

在撰写直播留人转化话术时，主播需要将这些技巧融入直播的内容中，确保信息的流畅性，并且针对不同产品和观众群体进行调整。通过结合这些策略，主播可以更有效地与观众互动，增强直播间的吸引力，留住观众，最终将他们转化为忠实粉丝。

3. 直播间留人转化粉丝话术的效果分析

在直播行业，留人转化粉丝话术的效果分析和优化是提升直播转化率的关键环节，可以通过以下几种方式进行具体的分析与优化。

（1）数据监测和分析。分析直播数据是了解留人转化话术效果的第一步，这包括观众的参与度、互动次数、观看时间、点赞数、评论、分享以及购买行为等关键指标。

优化点：利用数据分析工具，定期监测这些指标，尤其是在使用不同留人转化话术策略使用后的变化，以判断哪些策略话术最有效。

（2）观众反馈收集。观众的直接反馈是评估话术效果的重要方式。可以通过评论、直播间的问卷调查或社交平台收集反馈。

优化点：创建一个简单的反馈通道，鼓励观众留下他们的意见，然后根据这些反馈调整留人转化话术的内容。

（3）观察观众行为。观察观众在关键话术使用时如何反应，比如在提供优惠或展示产品时的互动情况，或者个性化问候的反馈留言。

优化点：若观众在某些话术策略后变得更活跃，那么应该在未来的直播中重复使用或发展这些留人话术策略。

（4）对比 A/B 测试。通过对比测试不同的话术策略，看看哪种更能吸引观众并导致转化。不断尝试新的话术策略，并且对比其效果，保留效果最好的话术，淘汰效果不佳的话术。

通过以上分析和优化点，直播主播和内容创作者可以不断改进他们的话术，从而提升观众的留存率和转化率。不断的测试、优化和个性化是提升话术转化效果的关键，其中要注意几个关键技巧。

首先是话术内容的新颖性。避免使用观众已经听过太多次的老套话术，这可能导致反效果。例如，直播新人或者经验丰富的主播面临人气下滑时，常用的套话效果有限。继续使用"新来的宝宝关注主播不迷路"这类过于常见的话术可能会让观众感到厌烦、乏味，甚至造成观众流失。此时要根据观众的反馈和数据分析，定制个性化的话术，避免"一刀切"。也要定期更新话术内容，保持新鲜感，避免重复使用同样的语言表达。

其次是利用社交证明和明星效应。利用知名人物的推荐或使用经历来为产品造势，建立信任和吸引力。某知名主播就是一个成功的案例，他常通过利用明星的推荐给产品造势，提到明星的使用经验，从而借助明星的社交影响力增加产品的吸引力，吸引了大量的观众和粉丝下单。所以需要在直播话术中穿插明星或知名社交媒体人物的推荐，以及用户的正面评价，合理运用具有社交影响力的个人或案例来增加话术的可信度。

最后是整合产品特点与直播内容。把产品的特点、优势融入直播内容中，让观众在互动中自然了解产品。

案例拓展

探究某网红主播的直播案例，其成功在于话术策略，聚人—留客—锁客。

首先是聚人，使用产品背景和品牌故事来引起观众好奇，吸引他们观看直播。

其次是留客，通过提供神秘的大礼和现场抽奖活动来留住观众。

最后是锁客，模拟产品使用场景，让观众感受到产品的实际价值和效果。通过渲染产品背景、讲述产品故事、提供神秘大礼、模拟产品试用场景等方式，有效地留住了观众并激发了他们的购买需求。

所以可以在确保直播内容与产品特性紧密相关的同时，增添直播内容环节，比如试用展示、用户反馈分享，提高观众的参与度，使观众更容易产生共鸣。

要知道，直播间的大部分销售通常来自粉丝购买，因此转化粉丝对直播运营至关重要。即使用户在这场直播中没有进行任何购买，主播也应利用话术努力让观看的用户成为粉丝，为后续的转化做准备。

5.5.3　直播间成交促单话术

1. 成交促单话术逻辑分析

在直播销售中，对直播平台的深入了解尤为关键，特别是对于直播间的促单成交话术。这种话术是指主播在直播过程中使用的一系列口头表达和沟通技巧，目的是促进观众在直播过程中做出购买决策。成功的成交话术需要结合产品知识、市场趋势以及心理学原理，以增加观众的购买意愿。

然而在成交促单话术中运用不同心理学策略对观众心理的影响以及购买行为可以起到极大的促进作用。在直播间促单话术中使用的心理学策略具体如下：

（1）潜意识诱导。根据罗伯特·希思的理论，广告的目的是通过影响消费者的潜意识来建立品牌与消费者之间的情感联系。在直播带货中，这可以通过算法推荐相关内容来实现，让消费者在不知不觉中对品牌产生好感，进而在直播中下单。

（2）情感转移效应。直播中，主播利用自身的形象和魅力，让消费者对他们产生好感，这种情感会转移到推荐的商品上。同时，通过赋予消费者某种社会标签，增强他们的归属感和认同感，让他们产生购买压力。

（3）增值效应与互惠原则。主播通过提供赠品来增加产品的价值感，同时激发消费者的回报心理，使他们感觉到主播的"诚意满满"，从而倾向于回报，即购买更多商品。

在直播带货的过程中，一套精心设计的成交话术是至关重要的。表5-8展示了直播间促单成交话术的不同步骤、各自的描述，以及在真实直播场景中的应用案例。

表 5-8　直播间促单成交话术说明表

话术步骤	步骤描述	实际应用案例
产品展示	详细介绍产品的使用效果，通过直播视频展示产品使用方法，突出产品的实用性和方便性	直播中，主播使用了一个美容仪，现场演示了在脸部的滑动操作，并展示了使用前后的皮肤状态
建立需求感	描述目标客户可能遇到的问题，如肌肤干燥，并解释产品如何有效解决这一问题	主播分享了个人在冬季如何因为干燥的天气而苦恼，并展示了产品对皮肤的即时滋润效果
创建紧迫感	通知观众产品的特价促销将在直播结束后立即结束，强调现在购买的重要性	在直播快结束时，主播提醒观众这个只限今晚的半价优惠，并且提醒库存有限，必须立即抢购
利用社交证明	展示真实购买者的评价和反馈，甚至邀请他们在直播中分享使用体验	直播间显示了滚动的顾客好评，主播读出了几条五星评价，并展示了用户使用前后的对比照片
强调独家优势	指出直播间提供的价格低于市场价格或者包含额外赠品，只有在直播期间才能获得	主播强调了只有在直播间才能以这样的价格得到产品，并且前100名购买者将获得额外的赠品
引导购买行动	提供清晰的购买指南，强调点击购买按钮的简易步骤，以及如何快速完成订单	主播详细说明了购买步骤，指向屏幕上的购买按钮，并鼓励观众"只需一键，立刻拥有"
感恩回馈	对已经购买的观众表示感谢，并承诺后续的优质服务和客户支持	每当有观众购买时，主播会读出他们的昵称，并表示感谢，承诺提供优质的售后服务

2. 如何制造成交促单的紧迫感

在直播带货过程中，创建购买紧迫感是一种常用的心理策略，可以有效促使他们在直播间内快速做出购买决定。重要的是，这些策略必须诚实使用，避免误导观众，以建立长期的信任关系。那么如何创造这种紧迫感呢？

（1）限时优惠。

意义：限时优惠能够触发消费者的"损失规避"心理，即人们倾向于避免失去优惠的机会。

使用方法与影响效果：明确告知优惠的截止时间，并强调错过后将不再有机会。这种方法能迫使观众快速做出决定，以免错过优惠。

模拟案例：某电子产品直播中，主播说："今晚直播期间下单，可以享受 9 折优惠，时间截止到今晚 12 点，过时不候哦！"

（2）即刻奖励。

意义：即刻奖励可以立即满足消费者的获得欲望，加深其购买体验。

使用方法与影响效果：对于即时做出购买决定的观众提供额外奖励，比如折扣或赠品。即刻奖励可以有效提高购买的转化率，并提高观众的满意度。

模拟案例："接下来的十分钟内，每位下单的朋友还会额外获得我们的 VIP 客户服务一年，快行动吧！"

（3）设置计数器。

意义：实时显示购买数量可以增强说服力，观众会因为其他人的购买行为而受到影响。

使用方法与影响效果：在直播界面上设置一个实时更新的购买计数器。这种透明的购买信息可以激发跟风购买，提升产品的吸引力。

模拟案例："我们的购买计数器显示，已经有 200 位观众成功下单了，大家看，数字还在不断上升！"

（4）互动式问答。

意义：通过互动式问答，可以使观众感到被重视，并加深对产品特性的理解。

使用方法与影响效果：主播提出问题，鼓励观众就产品特点进行提问，然后及时回应。可以提升观众的参与度，同时也能针对观众关心的点进行销售推广。

模拟案例："今天我们的直播话题是'如何选择适合自己的跑鞋'，大家可以在评论区留下自己的疑问，我会一一为大家解答，并推荐我们的新款跑鞋。"

📖 课后分析思考

1. 选择你喜欢的一位主播，分析其直播间脚本话术是如何与其个人或直播品牌定位相结合的。请注意包含以下几点：

（1）主播脚本话术中使用的语言风格、互动技巧及脚本类型。

（2）直播中主播如何通过话术传达品牌的核心价值或推广的主题。

（3）该直播间脚本话术对观众的核心吸引力在何处。

2. 假设你是一位主播，需要为一个美妆产品制作直播脚本。请选择产品介绍话术、留人转化话术、成交促单话术的其中一种，设计一套话术和直播策略，确保突出品牌文化特色、产品核心优势，包括以下结构内容。

（1）设置开场白，如何吸引观众的注意力，并简洁地介绍品牌的独特企业文化。

（2）设置主要内容，详细介绍品牌的产品特色及重要注意事项。

（3）设置互动环节，设想一些与观众的互动方式，如问答或小游戏，以增加观众的参与感。

（4）设置结束语，有效地总结并鼓励观众进行后续的复购或反馈。

 课后扩展阅读

 即测即练

自　　　　　　扫
学　　描
自　　　　　　此
测　　　　　　码

第6章

直播镜前呈现训练

本章知识图谱

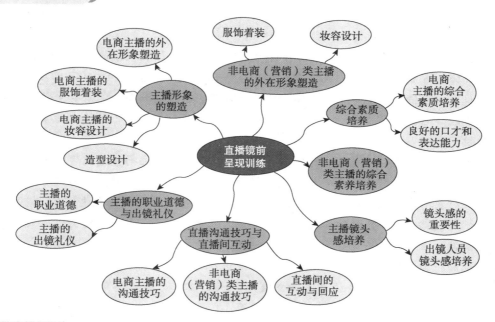

知识目标

通过本章学习，读者应该能够：

1. 掌握不同类型主播的形象塑造原则、沟通技巧；
2. 掌握强化镜头感的方法；
3. 掌握直播间的互动技巧与原则。

6.1 主播形象的塑造

知识驱动

福州马尾船政是中国近代工业的重要发祥地，拥有丰富的历史文化底蕴。为了推广和传承马尾船政的历史文化，提高公众对文化遗产的认知和保护意识，我校组织志愿者团队展开专题公益直播。

大部分学生主播在参与活动时选择着文化衫、穿运动鞋、戴鸭舌帽出镜，整体形象比较符合大学生的群体特征，但未能较好地展示船政"代言人"的形象。不少用户在浏览直播时将关注点聚焦于主播的个人形象，甚至发出"主播看起来很'学生气'"的质疑，未能充分达到宣传的作用。请结合本项目需要，为大学生主播设计一套合适的镜前呈现方案。

随着平台经济的深入发展，作为个体，主播的社会互动与自我展示的舞台从日常现实生活转移到互联网。从欧文·戈夫曼的拟剧理论出发，可以发现，主播在直播平台中的自我展示实践呈现出前台表演职业化、后台逐渐"公开化"，以及个体呈现"多角色化"的特点。该理论认为，人们的行为可以分为在前台的行为和在后台的行为。在前台，人们呈现的是一种经过表演和修饰的自我形象，而在后台，人们则展现出更为真实和自然的状态。

在主播的镜前呈现中，主播的前台行为是经过精心设计和表演的，包括语言、表情、姿态、服饰等方面。主播需要在这个过程中展现出专业素养、亲和力、可信度等特质，以吸引观众。在镜前呈现环节，主播需要保持真实、自然的状态，这需要主播具备较高的自我管理和自我调节能力，能够有效地控制自己的情绪和行为，保持专业素养和形象的一致性。

主播形象的塑造对直播而言是至关重要的一个环节，是主播镜前呈现的重要组成部分，良好的形象能够增加观众的信任度和接受度，提高直播的在线人数和口碑。主播在面对镜头时良好的表现力和掌控力，能够让主播更加自信和流畅地表达信息，提高节目的观赏性和传播效果。良好的沟通技巧和直播间互动能力，可以让主播更加有效地与观众进行交流和互动，提高观众的参与度和黏性。出镜礼仪与职业道德是主播必须遵守的基本规范和行为准则，良好的出镜礼仪和职业道德可以让主播更加专业、负责、公正地履行职责，提高节目的社会认可度和公信力。

本章将从主播形象塑造、主播镜头感培养、直播沟通技巧与互动以及主播的出镜礼仪与职业道德等方面介绍主播的镜前呈现。

知识要点

不同类型的主播需要根据直播内容来塑造自身的形象特点。通过注重自身的专业素养和综合能力，以及关注观众的需求和反馈，主播可以塑造出更加符合工作要求的形象特点，提高直播效果和质量，为观众提供更好的服务和体验。

整体而言，主播的形象塑造包括广义的形象和狭义的形象，前者指的是文化素养、知识储备、语言形象等，为更好达成直播目的、为直播宣传服务的个人综合素质；后者包括职业着装、发型造型、饰品佩戴等具体的外在形象的塑造。

在当今的数字化时代，直播主播的形象塑造已经成为一种重要的职业能力。无论是在电商领域、政务领域还是知识领域，主播的形象都直接影响到观众的接受度和信息的传播效果。

6.1.1　电商主播的外在形象塑造

在电商领域，主播需要展示产品的特点和功能以及使用方法等，因此需要具备专业的产品知识和良好的表达能力。同时，主播还需要与消费者进行互动，回答消费者的问题，因此需要具备良好的互动能力和服务意识。为了增强消费者的信任度和购买意愿，主播还需要注重自身的形象和气质，尽量与所推广的产品相符合，同时也要考虑到消费者的心理和需求。

6.1.2　电商主播的服饰着装

服饰着装是电商主播外在形象的重要体现，能够反映电商主播的个性特点和审美品位。合理的服饰着装能够体现电商主播的职业感和专业性，提高消费者的信任度和购买意愿。

1. 符合行业特点

作为观众与品牌的沟通媒介，电商主播在出镜时应当首先考虑如何通过自身的服饰着装更好地为广告主服务、为提升直播效果服务，而不应让个人的衣着喜好过多影响着装的选择。

因此，电商主播的服饰着装应该符合电子商务行业的特点和品牌商家企业文化，能够体现时尚、简约、大方的风格。同时，服饰的颜色和图案也应该与所推广的产品和品牌相符合，能够体现产品的特点和品牌形象。

如果主播所推广的是运动健身类产品，那么可以选择舒适、实用、时尚的运动服装；如果所推广的是高端奢侈品牌，那么可以选择优雅、得体、大方的服装，如图 6-1 所示。

图 6-1　电商主播的服装设计 1

2. 考虑受众群体

电商主播的服饰着装还应该考虑受众群体的特点和需求。不同年龄段、性别、职业和地域的消费者对于服饰的偏好和需求有所不同。电商主播应该根据受众群体的特点和需求选择适合自己的服饰着装，以提高消费者的购买意愿和忠诚度。在此过程中还应根据受众群体的需求和反馈调整自己的服饰着装。

例如，某品牌电商主播在推广时尚品牌的服装时，充分考虑到了受众群体的特点和需求，该品牌的目标受众主要是年轻女性，她们追求时尚、潮流，希望穿出自己的风格和品味。因此，在推广过程中，出镜主播选择该品牌最新款的服装，并搭配一些潮流配饰，以展现出时尚、潮流的形象，并在直播过程中积极与观众互动，听取他们的意见和建议，并根据他们的需求进行服装搭配和推荐，如图 6-2 所示。

图 6-2　电商主播的服装设计 2

3. 适当露出品牌

电商主播在穿着服饰上适当露出品牌标签可以更好地展示和营销产品。通过选择合适的位置、大小、颜色搭配、材质和适度露出方式，可以加深观众对品牌的印象，提升观众对品牌的认知度，以此提高产品的销售量。但是，也要注意不要过度暴露品牌标签，以免影响整体穿着效果和造成视觉疲劳。因此，主播在露出服装品牌标签时应当注意以下几点。

（1）位置选择。将品牌标签放置在容易看到的位置，如上衣的胸口、袖口、领口或裤子的口袋等。这样可以方便观众看到品牌标签，加深对品牌的印象。

（2）大小适宜。品牌标签的大小应该适宜，不要过大或过小。过大可能会影响整体穿着效果，过小则可能难以辨认。要根据服饰的整体风格和个人的身材特点来选择合适的大小。

（3）颜色搭配。品牌标签的颜色应该与服饰的颜色搭配协调，不要过于突兀，以增强整体形象的吸引力。

（4）材质选择。品牌标签的材质应该与服饰的材质相匹配，不要过于粗糙或光滑，以保持整体形象的统一性。

（5）适度露出。品牌标签的露出应该适度，不要过于明显、张扬或过于隐蔽。要根据具体的服饰款式和场合来选择合适的露出方式，以吸引观众的注意力并增强品牌的认知度。

6.1.3　电商主播的妆容设计

化妆对电商主播来说非常重要，化妆可以提升主播个人形象、突出产品特点、增强品牌形象、提高个人竞争力和增强自信心，从而更好地吸引观众并提升品牌价值。因此，对于电商主播来说，掌握化妆技巧是一个加分项。化妆对电商主播的重要性主要体现在以下几个方面。

1. 提升个人形象

电商主播的妆容可以提升其个人形象，使其在直播中更加自信、有魅力。通过化妆，主播可以突出自己的特点和气质，吸引观众的注意力，提高观众的购买兴趣，提升观众的体验。

2. 突出产品特点

电商主播的妆容可以突出产品的特点，让观众更好地理解和认可产品。例如，在推广化妆品时，主播可以通过化妆技巧来展示产品的质地、颜色和效果，从而吸引更多消费者购买。

3. 增强品牌形象

电商主播的妆容可以增强品牌形象，提高品牌的认知度和价值。通过化妆，主播可以传递品牌的价值观和文化特点，让观众对品牌有更深刻的认识和了解，提高观众对品牌的忠诚度和购买意愿。

4. 提高个人竞争力

电商主播的妆容可以提升个人竞争力，使其在直播市场中更具吸引力。化妆是一种技能和艺术，通过掌握化妆技巧，主播可以打造出独特的个人风格和形象，提升自己在直播市场的竞争力。

5. 增强自信心

主播是沟通品牌方与受众的重要桥梁，合适的妆容设计能够帮助电商主播增强信心，使其在直播中更加自信、自如。通过化妆，主播可以更好地展现自己的个性和特点，增强自信心，从而更好地与观众互动和沟通。主播的妆容设计应该呈现自然、清新、时尚的特点，以突出其个性和气质，同时也要注意与所推广的产品和品牌相符。

主播在个人形象的塑造上要注意色彩搭配、修容技巧、眼妆、唇妆等要素，以营造出较好的妆容效果。在化妆造型时应当注意以下要素。

（1）色彩搭配。妆容的色彩搭配应该协调，不要过于浓重或夸张。要根据个人的肤色、发色、眼睛颜色等因素来选择合适的色彩搭配，以突出自然美感。

（2）修容技巧。修容是电商主播妆容的关键之一。通过修容，可以突出脸部的立体感。修容时要注意不要过度，以免显得过于浓重或不自然。

（3）眼妆。眼妆是电商主播妆容的重点之一。通过眼妆的点缀，可以让眼睛更加有神、明亮。眼妆的颜色和款式应该与个人的气质和服饰风格匹配，以营造出时尚、清新的效果。

（4）唇妆。唇妆也是电商主播妆容的重点之一。通过唇妆的点缀，可以突出嘴唇的形状和颜色，让整个妆容更加精致。唇部妆容的塑造能够很好地展示主播的个人风格与自身特色。因此，唇妆的颜色应该与个人的肤色、服饰风格相匹配，以营造出自然、时尚的效果。唇部妆容不宜过于突兀、与主播主体不符。

（5）整体协调。妆容的整体协调非常重要。妆容要与个人的气质、服饰风格相匹配，不要过于浓重或夸张。同时，妆容的色彩搭配也要协调，以营造出自然、清新的效果。

6.1.4　造型设计

电商主播的服装、化妆和造型的整体风格化非常重要，它直接影响到观众对主播的第一印象，从而影响他们是否愿意购买产品或者继续关注主播。整体风格化是一个综合性的概念，它涉及服装、化妆、造型等多个方面，需要相互协调、相互映衬，共同营造出一种独特的风格和氛围。风格化的主播形象设计有利于强化品牌形象、传递品牌价值观和增强消费者黏性。

通过将主播的服装造型与品牌形象相融合，可以进一步强化品牌在消费者心中的形象。服装造型风格化可以帮助消费者更好地记忆和识别品牌，提高品牌的辨识度。

主播作为品牌的代表，其服装造型风格可以传递出品牌的价值观和文化内涵。通过独特的服装造型设计，可以向消费者传达品牌的理念、风格和特点，吸引更多目标受众的关注和认同，增强消费者对产品的购买欲望。

因此在打造主播的整体造型时应该充分考虑其服装、造型、妆容等与品牌形象和文化的契合度，以实现最佳的营销效果。

6.2　非电商（营销）类主播的外在形象塑造

 知识要点

除电商主播，还有诸如政务类主播、知识类主播、旅游类主播等其他不以销售盈利作为主要目的的主播类型，上述非电商（营销）类的主播往往更加侧重于知识分享、信息的传递、学习交流等方面，他们通过回答观众的问题、组织讨论、分享经验等方式，与观众建立深度互动，提升传播的效果。因此非电商（营销）类主播不仅需要具备相关的专业知识和能力，他们的形象塑造还应当与服务单位的形象保持一致，同时还要考虑公众的心理和需求。

6.2.1　服饰着装

作为特定机构的"代言人"、专业知识的分享者，非电商（营销）类主播不仅需要具备一定的政治素质和文化修养，其化妆造型和个性魅力也非常重要。非电商（营销）类主播应该树立真实、权威和正面的专业形象，避免使用过于夸张的面部修饰和服饰，以及对比过于强烈的色彩，以免影响其可信度。其着装造型的原则应该是扬长避短、因人而异、自然真实，并且要根据不同场合设计不同的化妆、发型和服饰。

具体而言，这类主播在服饰着装上应当注意遵循贴近直播主题定位的原则。

主播的服装贴合直播定位是提高节目质量、增强受众体验、传达节目信息以及塑造品牌形象的重要途径。不同类型的非电商（营销）类主播有着不同的定位和风格，在服装上贴近直播主题有利于增强主播的形象识别度。

同时，主播的服装与直播主题定位相符合，能够让受众更好地沉浸在直播所营造的氛围中，提高受众的观看体验。作为节目的一种视觉元素，可以通过主播服装的色彩、款式、面料等传达直播的信息。例如新闻节目的主播通常会选择较为端庄、大方的服装，而娱乐节目的主播则可能会选择更为时尚、活泼的服装。非电商（营销）类主播服装造型原则如图 6-3 所示，具体而言应当注意以下要点。

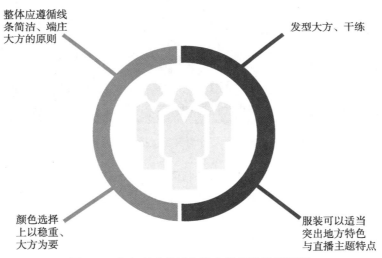

图 6-3　非电商（营销）类主播服装造型原则

（1）主播的服装应该遵循线条简洁、端庄大方的原则。女主播以西装套装、职业套装为主，根据特定直播情况可以选择一些轻便的运动服饰。男主播则应突出男性的成熟稳重、自然有力度和阳刚之气，可以选择西装、衬衫等男性职业装。

（2）主播的发型应该简单大方，整洁自然。女主播可以选择盘发或短发等较为干练、清爽的发型。男主播则可以选择简单利落的短发或平头等发型。

（3）服装颜色上宜稳重大方。可以选择深色系，如黑色、深灰色、灰咖色等。衬衫建议以白色为主，领带颜色和图案要与服装的颜色纹路相协调。在色彩搭配上，应该避免使用纯度和明度很高的颜色，如大红、大绿、刺眼的蓝黄等，荧光色也不宜选择。可以选择纯度和明度不高的颜色，如暗红、酒红、中国红（节日可穿）、灰蓝、暗紫、深蓝、墨绿、麻灰、米色等，这些颜色能够给人以冷静沉着、典雅大方的感觉。

（4）服装可以适当突出地方特色与直播主题特点。例如，在对重要体育赛事进行直播时可以选择与赛事服装接近的服饰，但不宜选择过于夸大、艳丽花哨的服饰。非电商（营销）类主播的造型设计如图 6-4 所示。

图 6-4　非电商（营销）类主播的造型设计

此外，非电商（营销）类主播在出镜时还应当注意避免以下问题。

（1）有些非电商（营销）类主播在着装时会过于追求时尚和个性化，忽略了节目的性质和观众的接受度。例如，一些主播在播报新闻时穿着过于潮流或另类的服装，佩戴过多的饰品，或选择过于花哨的妆容，这都会让观众的注意力被服饰本身吸引而忽略了直播内容。

（2）有些主播在着装时忽略了自身的特点和气质，选择了不适合自己的服装或造型。例如，一些主播身材较为丰满，却选择了紧身或贴身的服装，或者一些主播气质较为严肃，却选择了过于花哨或幼稚的服装或造型。

（3）一些主播在着装时忽略了场合和观众的感受。例如，在较为正式和严肃的新闻节目中，主播应该选择更为端庄和大方的服装和造型，而不是过于随意的着装或过于个性化的造型。此外，一些主播穿着过于暴露的服装，也会让观众感到难以接受。

总之，非电商（营销）类主播的着装应该符合直播主题的性质和定位，符合自身的特点和气质，同时也要考虑到场合和受众的感受。在选择着装时，应该注重色彩搭配、款式搭配、面料搭配等细节方面，以展现出最佳的形象和气质。

6.2.2　妆容设计

非电商（营销）类主播的妆容设计应该符合大部分受众的审美特点，在妆容设计上应当符合中国人肤色和面部特点，突出个人气质和特点，以及保持自然真实，以便更好地展现主播的形象和魅力，提升直播的质量和观众的观看体验。

在妆面以及服饰色彩整体的搭配上，还要注意冷暖色的对比与协调，当色彩的总和相当于一种中性灰色时，眼睛的感色机制则处于一种平衡状态，就会感到和谐。例如，冷色调的粉红腮红和暖色调的橘红口红搭配，不会产生违和感。非电商（营销）类主播的妆容设计原则如图 6-5 所示，具体如下。

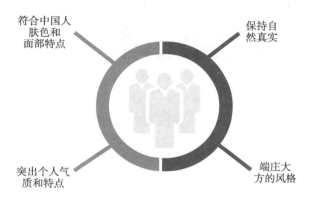

图 6-5　非电商（营销）类主播的妆容设计原则

（1）符合中国人肤色和面部特点。中国人的肤色偏黄，面部轮廓较为柔和。主持人的妆容设计应该符合中国人的肤色和面部特点。例如，可以选择一些适合亚洲人肤色的底妆产品，避免使用过于厚重或过于浓烈的彩妆，以保持自然清新的形象。

（2）突出个人气质和特点。主播作为直播的代表和形象，其妆容设计也应该突出个人气质和特点。例如，如果主播的气质较为端庄大方，可以选择一些较为简约大方的妆容；如果主播的气质较为活泼可爱，可以选择一些较为甜美可爱的妆容。

（3）保持自然真实。主播的妆容设计应该保持自然真实，避免过于浓重或过于夸张的妆容。同时，应该根据不同的节目类型和场合选择合适的妆容，以保持主持人的专业形象和气质。

（4）端庄大方的风格。不同于电商主播，非电商（营销）类主播的妆容设计不应当过分追求当下的潮流时尚，而应当注重整体风格的端庄大方，并在此基础上适当突出一些个人的风格特征。

非电商（营销）类主播的妆容设计与整体造型设计如图 6-6 所示。

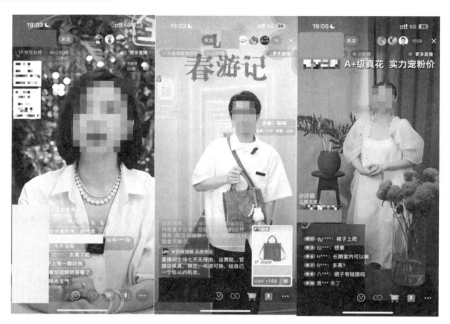

图 6-6 非电商(营销)类主播的妆容设计与整体造型设计

6.3 综合素质培养

📖 **知识要点**

随着直播行业的不断发展,市场对主播的要求也在不断变化。主播不仅需要有趣、有才华,还需要具备一定的文化素养、审美水平、社会责任感等综合素质。具备更佳综合素质的主播可以更好地适应行业变化,拓展自己的发展空间,同时也可以为观众提供更多元化的内容和服务,满足观众不断变化的需求。通过不断学习和积累专业知识和技能,主播可以提升自己的语言表达、沟通技巧、镜头表现等专业素养,从而更好地为观众提供优质的内容和服务。

6.3.1 电商主播的综合素质培养

1. 电商专业知识储备

电商主播需要具备丰富的产品知识,包括产品的特点、功能、使用方法等。这不仅可以提高消费者的购买信心,也可以通过回答消费者的问题,建立起与消费者的信任关系。优秀的电商主播还应当具备一定的商务知识储备,要了解商务的基本概念和知识,如电子商务、市场营销、产品定位、价格策略、促销策略等。此外,如果电商主播能够对相关的法律法规和商业惯例有所涉猎,就能够确保在直播中遵守规定并维护各方利益。

2. 销售心理学知识储备

电商主播需要了解消费者的购买心理和行为,以便更好地推荐产品并促进销售,因此电商主播需要掌握销售心理学的基本知识,包括消费者需求分析、心理定价策略、促销策略等。通过运用销售心理学知识，电商主播可以更好地与观众建立信任和联系，激发消费者的购买欲。

3. 了解平台规则

在当下的平台经济环境中，不论是淘宝、京东等传统电商，还是抖音、快手、小红书等社交电商、内容电商都为电商主播提供了广阔的舞台。这也意味着电商主播必须更熟悉、遵守平台规则，以确保其直播内容的合规性，避免为品牌带来不必要的损失。深入了解所在平台的规则，也能够帮助电商主播与平台、观众建立良好关系，提高直播的质量和效果。平台规则可能包括直播内容的规定、广告限制、版权保护等。

抖音平台基本规则的查看方法如图 6-7 所示，具体如下。

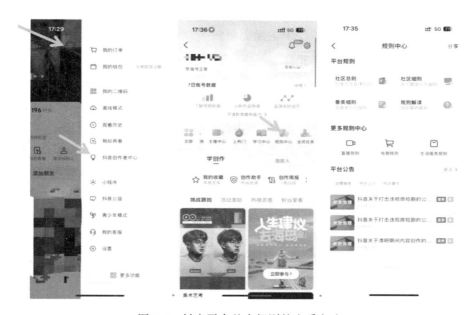

图 6-7　抖音平台基本规则的查看方法

打开账号主页，点击"≡"图标；点击"抖音创作者中心"；点击"规则中心"；了解关于平台的基本规则与社区公约。

6.3.2　良好的口才和表达能力

电商主播需要具备优秀的口才和表达能力，要能够流畅地向消费者介绍产品，同时也要能够应对消费者的问题和反馈。

优秀的电商主播应当具备一定的公关能力，主播要了解危机公关的基本知识和应对策略，以应对直播中可能出现的突发事件和危机。例如，如果产品出现质量问题或安全问题，电商主播需要快速响应并积极与观众进行沟通，以减轻负面影响并维护品牌形象，在面对危机公关时主播应当结合具体情况采取合适的公关措施。

1. 快速响应

该主播需要尽快回应观众的质疑，表明自己的态度和立场，这不仅要求主播具备较强的临场表达能力，也需要主播在实际工作中充分积累经验，方能做到快速响应。

2. 获取证据

该主播需要收集有关该产品的质量和安全性的证据，例如产品成分表、生产许可证等，以证明产品的合法性和安全性。在面对紧急公关场合，只有充分掌握有关该产品的质量和安全性的证据，才能够做到自信地表达、说服受众。

3. 与观众沟通

该主播需要与观众进行积极沟通，解释自己的推荐理由和产品的特点、优势。但需要注意，在此过程中不应当以推荐产品、促进销售为根本目的。

4. 道歉和补偿

如果产品质量确实存在问题，该主播需要向受众道歉并积极协商解决方案，例如，可以提供退换货政策、赔偿方案等补偿措施。需注意，在此过程中应当要放缓语速，表达出诚恳的态度与真挚的情感，切忌以"例行公事"的态度面对受众。

5. 持续改进

主播在每次直播后应及时总结复盘，不断改进自己的推荐策略和服务质量。主播及其团队可以加强产品质量审核、加强观众反馈和意见的收集等措施，以更好地满足观众的需求并维护品牌形象。只有通过不断的复盘，才能够将"教训"总结为"经验"，以更从容的状态面对镜头进行即兴表达。

案例拓展

案例一： 有同行质疑某知名主播"一盒 8 穗的玉米卖 50 块钱'丧良心'"，地里出来的玉米就七毛钱一穗，最后加价到六块钱一穗。

面对质疑，该主播在直播中详细解释了其中缘由，"玉米从五毛钱一根到十几块钱一根的都有，不同产地不同品种的玉米，它的成本本来就不一样。市场上大面积流通的基本上都是东北产地的玉米，东北因为黑土层比较厚，玉米本身品质好，如果有特殊品种，它的成本就高。如果这个玉米你（消费者）想吃了健康，比如说不让喷农药，那一亩地的产量本身就是有限的"。

对于同行提出的成本质疑，该主播还强调了人力资源的成本直接影响了商品的价格，"（除农民外）还有中间供应链上的人（难道）不是人吗？工厂的人（难道）不是人吗？快递小哥（难道）不是人吗？所以你不能说出地的玉米一根一块钱，最后就只能卖一块钱，不现实啊！"

案例二： 在某头部主播的直播间，有网友质疑"某品牌眉笔越来越贵了"，遭该主播反驳称："哪里贵了？这么多年都是这个价格，不要睁着眼睛乱说，国货品牌很难的。这么多年都是 79 块钱，哪里贵了，有时候找找自己原因，这么多年工资涨没涨，有没有认真工作。"

此番回怼网友的争议言论直接将该主播推上了舆论的风口浪尖，引起了广泛的社会关注和热议。

案例解读

危机公关能力对于主播来说至关重要，企业面临的危机事件可能会短时间内在网络上迅速扩散，对企业的形象造成严重影响。在直播过程中，主播难免会遇到各种突发情况，如产品质量问题、价格争议等。主播需要迅速作出回应，采取合适的措施来化解危机，维护自身形象和信誉。

在"眉笔事件"中，该主播面对网友的质疑和吐槽，虽然初衷是维护合作品牌，但表达方式过于直接和尖锐，缺乏必要的沟通和解释，导致舆论进一步发酵。相比之下，在"玉米事件"中，该主播面对网友的质疑，能够耐心解释，阐述玉米价格背后的原因，虽然其解释的逻辑和事实依据存在争议，但至少展现出了其积极应对危机的态度。

语言表达能力也是主播综合素养的重要组成部分。在直播过程中，主播需要通过清晰、准确、生动的语言来介绍产品，吸引消费者的注意力，激发他们的购买欲望。更重要的是，主播还需要具备良好的沟通技巧，能够与消费者建立良好的互动关系，增强消费者的信任感和归属感。

上述案例中的两名主播都是知名的主播，他们的语言表达能力都比较强，能够清晰地表达自己的观点和想法。但在危机公关中，仅依靠语言表达能力是不够的，还需要注意语言的得体性和分寸感。"眉笔事件"主播在回应网友质疑时，语言过于尖锐，缺乏必要的委婉和礼貌，导致网友的反感情绪加剧。而"玉米事件"主播虽然解释得较为详细，但也可能因为语言表述不够精准或易引起误解，而使得部分网友对其解释产生怀疑。

6.4　非电商（营销）类主播的综合素养培养

 知识要点

非电商（营销）类主播和电商主播在直播目的上存在明显差异。非电商（营销）类主播主要以传播知识、分享经验、提供教育服务等非营销目的为主要目标，此类主播通过直播的形式，为受众提供有价值的信息和学习资源，帮助他们增长知识、提升技能。这些主播往往对特定领域有深入的了解和研究，并愿意通过直播与观众分享自己的专业知识和见解。而电商主播则主要以销售商品、推广产品为主要目的，他们通过直播向观众展示商品的特点、使用方法等，以吸引观众购买，从而获得经济利益。

上述直播目的的差异也反映了非电商（营销）类主播和电商主播在职责、工作内容和目的等方面的不同。因此，作为公共关系领域中的重要角色，非电商（营销）类主播与电商主播在综合能力培养上存在一定区别，非电商（营销）类主播应当具备以下综合素养。

（1）媒介素养。主播需要了解媒体运作规律、媒介素养和新闻发布技巧等方面的知识，以便更好地与媒体合作，增进与媒体的关系。

（2）社交媒体管理能力。主播需要掌握社交媒体平台的运用和管理技巧，包括内容策划、发布技巧、互动策略等，以便更好地与公众进行沟通和互动。

（3）本专业（领域）内的知识。主播需要掌握丰富的专业知识，以在直播中满足受众对特定知识、信息的需求。

综上，非电商（营销）类主播需要具备公共关系理论、政府事务、媒体关系、社交媒体管理等方面的专业知识，并具备沟通能力、组织协调能力、危机处理能力、创新能力和团队合作能力等。通过不断学习和实践积累经验，非电商（营销）类主播可以更好地为政府部门、专业机构和公众提供专业的公共关系服务。

6.5　主播镜头感培养

 知识要点

6.5.1　镜头感的重要性

对于被拍摄者而言，镜头感是出镜人员（即主播）在面对电视摄影镜头时，所具备的能够预判受众群体的观看心理、审美取向与需求的能力，以及基于这些预判，适时调整自身心理状态，并展现出恰当姿势仪态与非语言动作的能力。

良好的镜头感对出镜人员的专业素养提出了较高的要求，不仅要具备对观众的深入了解和敏锐观察，还要能够灵活应对，以最佳状态呈现在镜头前。镜头前出镜人员对肢体、神态、情绪进行有效控制，与光影、服装、环境、道具、剧情甚至色彩之间的状态关联，并且能够与拍摄者进行有效的良好沟通与对等的信息互通，给拍摄者有足够充分发挥的拍摄想象与空间。可以说，主播的镜头感培养是提升其出镜表现力的重要一环。

主播需要充分理解镜头感的重要性，并在日常训练中将其纳入自我要求。要明白，镜头不仅仅是传播的媒介，更是与观众交流的桥梁。优秀的镜头感能够更好地传递信息和情感，增强直播效果。

对出镜人员（主播）而言，镜头感的意义在于以下几点。

（1）表达情感和意图。镜头感能够帮助主播更好地表达自己的情感和意图。在镜头前，主播需要对自己进行有效的控制，包括肢体语言、神态、情绪等，以便呈现最佳的拍摄效果，更好地展现自己的情感。

（2）塑造形象和风格。镜头感能够帮助主播塑造自己的形象和风格。在拍摄过程中，摄影师会根据自己的创作意图和风格要求，对主播进行造型设计和拍摄指导。而具有良好镜头感的主播能够更好地理解摄影师的要求，从而更好地展现出自己的形象和风格。

（3）提升出镜效果。良好的镜头感能够提升出镜效果。具有良好镜头感的主播能够更好地理解摄影师的要求，从而在拍摄过程中更加默契、自然地与摄影师配合，使拍摄效果更加出色。同时，良好的镜头感也能够让被拍摄主播在拍摄过程中更加放松，从而呈现出更加真实、自然的效果。

6.5.2　出镜人员镜头感培养

镜头感对主播非常重要，它能够让主播在镜头前更好地表达自己的情感，塑造自己的形象和风格，增强自信和表现力，提升拍摄效果。因此，对于主播而言，培养良好的镜头感是非常必要的。出镜人员可以通过以下训练增强镜头感。

1. 做好播前准备工作，增强自信

自信是镜头感的关键。在镜头前，主播需要保持自信，展现出自己的专业素养和个人魅力。要相信自己的表达能力，能够通过镜头与观众建立良好的沟通和互动。

要做到在镜头前足够自信，就离不开做好充足的播前准备工作，具体而言，应当充分了解本场直播的目的、直播流程，深度理解本场直播的策划思路以及出镜话术，这样才能做到从容自信。

2. 注意调整态势语和表情

主播的姿态和表情是影响镜头感的重要因素。在镜头前，主播应保持自然、舒适的姿态，不僵硬、不刻意。同时，要注意表情的运用，根据不同情境调整情感，使观众能够更好地感受到主播的情感和意图。

一般来说态势语包括了手势、肢体动作和表情，其中手势由臂、指、掌、拳等不同造型及伸、抓、摇、摆、挥、摊等动作节拍构成。其描摹的状貌、传递的意义、抒发的情感有许多是约定俗成、为大家共同接受的，如：手心向上，胳膊伸向上方，或伸向斜前方，表示大声疾呼、发出号召、憧憬未来等较为积极意义，如图 6-8 所示。

图 6-8　积极意义的肢体动作

手心向上，胳膊位于身体中区，表示叙述、说明、欢迎等较为客观的意义，如图 6-9 所示。

手心向下，位于身体的下区，胳膊微弯曲，或斜劈下去，表示神秘、反对、制止等较为消极的意义，如图 6-10 所示。

3. 掌握语言表达技巧

语言表达技巧是镜头感的重要一环。主播需要具备

图 6-9　客观意义的肢体动作

清晰、简洁、有感染力的语言表达能力，使观众更容易理解和接受信息。同时，要注意语调和语速的变化，增强语言表达的层次感和节奏感，在叙述的过程中可以适当使用重音、停连等外部技巧。还可以使用长短句交替的方式，使语言表达更有节奏感和韵律美。

4. 学会与观众互动

镜头感不仅仅是主播的个人表现，更是与观众互动的过程。主播需要时刻关注观众的反应和需求，积极与观众进行互动和交流，与观众建立良好的关系。

5. 充分实践，注重播后复盘与反思

培养镜头感需要不断地实践和反思。在每次直播或录制节目后，主播需要总结自己的表现，找出不足之处并制订改进计划。通过不断的实践和反思，逐渐提升自

图 6-10　消极意义的肢体动作

己的镜头表现力。同时，作为从业者，主播应当多观察其他优秀主播的直播表现，学习他们的镜头感和互动技巧，并多在自己的直播中进行练习，不断调整和改善自己的表现。

总之，主播的镜头感培养需要充分理解镜头感的重要性，增强自信并调整姿态和表情，掌握语言表达技巧，学会与观众互动以及不断地实践和反思。通过这些努力和实践，主播可以逐渐提升自己的镜头感与表现力，更好地与观众进行沟通和交流。

 实操训练

训练项目 1：定眼训练

要求：在镜头前保持稳定的目光，注视一个固定点，每次练习 5 分钟，逐渐延长至10 分钟。确保眼神不漂移，展现出自信和专注。

训练项目 2：手势练习

要求：学习并练习常用的态势语并展开对镜练习，如展示、强调、引导等。每次态势语练习 3 种手势，配合眼前的物品展开介绍，注意手势与语言的配合，增强表达效果。在练习中每种手势重复 5～10 秒。

6.6　直播沟通技巧与直播间互动

知识要点

6.6.1　电商主播的沟通技巧

电商主播的沟通技巧是影响直播效果和观众参与度的关键因素之一，对于电商主播来说，沟通技巧在提升直播效果、提升观众体验、增加销售额、塑造个人品牌形象和提升竞争力等方面都发挥着不可或缺的作用。

因此，电商主播应该不断学习和提高自己的沟通技巧，以更好地与观众互动、推销产品并取得成功，通过以下方式可以提升主播面对受众的沟通技巧。

（1）建立互动。电商主播应该积极与观众互动，回答观众的问题，并对观众的需求和反馈给予关注。通过互动，可以增强观众的参与感，提高观众的忠诚度。

（2）清晰简洁的语言。电商主播应该使用清晰简洁的语言，避免使用过于专业或复杂的术语，以确保观众能够理解并跟上节奏。同时，使用生动的语言和形象的描述可以增强观众的兴趣和记忆。

（3）积极的情绪和态度。电商主播应该保持积极的情绪和态度，传递出热情和专业的形象。这样可以感染观众，提高他们的兴趣和购买欲望。

（4）多样化的表达方式。电商主播可以通过不同的表达方式来吸引观众的注意力，例如使用幽默的语言、举例说明、演示等。多样化的表达方式可以使直播更加生动有趣。

（5）倾听观众。电商主播应该积极倾听观众的需求和反馈，并对观众的问题进行回答，这可以增强观众的信任感，提高其忠诚度。

（6）专注于产品。电商主播应该专注于产品的特点和优势，向观众熟练地介绍产品的性能、品质、价格等方面的信息，以满足观众的需求。

总之，电商主播需要具备良好的沟通技巧，通过互动、清晰简洁的语言、积极的情绪和态度、多样化的表达方式、倾听观众、专注于产品以及掌握营销技巧等方法来吸引观众的注意力并提高销售额，如图 6-11 所示。

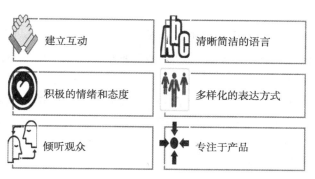

图 6-11　电商主播的沟通技巧

6.6.2　非电商（营销）类主播的沟通技巧

作为机构、政府或某组织的代言人，非电商（营销）类主播进行直播的目的在于广泛宣传一定的知识或传递一定的信息。因此，非电商（营销）类主播所播的内容具备一定的专业性，主播在沟通中应当注意下列技巧，它们直接影响到信息的传达效果和观众的接受程度，如图 6-12 所示。

图 6-12　非电商（营销）类主播的沟通技巧

（1）用词清晰与准确。使用明确、不含糊的语言来传达观点和信息，确保每一个词汇和句子都准确无误。避免使用过于复杂或生僻的词汇，以免观众难以理解。

（2）语速适中，口齿清晰。语速过快会使观众难以跟上，而语速过慢则可能让观众失去兴趣。因此，主播需要找到一个适中的语速，并根据直播内容和观众反应进行灵活调整，当然这应当建立在口齿清晰、普通话相对标准的基础上。

（3）使用比喻或适当举例。将复杂的概念或知识点用生动的比喻和例子来解释，可以使观众更容易理解。这不仅可以增加直播的趣味性，还能提高观众的参与度。

（4）适应不同的观众群体。针对不同年龄、职业和兴趣爱好的观众群体，主播需要调整自己的口语交流方式。例如，对于年轻观众，可以使用更轻松、幽默的语言；对于专业观众，则需要使用更严谨、专业的词汇和表达方式。

（5）注重情感的传达。知识类直播并非只是冷冰冰地陈述事实，主播需要通过声音、语调等方式传达出自己的情感和态度。这可以使直播内容更加生动，也更容易与观众建立情感连接。

（6）积极展开互动。在直播过程中，主播应积极与观众互动，回答他们的问题，对他们的反馈给予积极的回应。这不仅可以增强观众的参与感，还能帮助主播更好地了解观众的需求和兴趣。

通过不断练习和实践这些口语交流技巧，非电商（营销）类主播可以逐渐提高自己的表达能力，为观众带来更加优质、有价值的直播内容。

6.6.3 直播间的互动与回应

直播中主播与观众的互动对于提高直播质量、增强社交性、提升观众体验、实现有效沟通以及满足观众需求都具有重要的意义。通过互动，主播可以更好地了解观众需求，调整直播内容，提升直播质量，与此同时，观众的参与度和忠诚度也会得以提高，从而增强观众的参与感和满意度。直播互动性为观众和主播搭建了一种"准社交关系"。主播与观众的"准社交关系"是指在直播过程中，主播与观众之间建立的一种类似于社交关系的新型互动关系，这种关系通常基于主播与观众之间的互动、交流和反馈，而不是基于传统的社交关系。在直播中，这种"准社交关系"具有以下特点，如图 6-13 所示。

图 6-13　主播与观众的准社交关系的塑造

（1）提升互动性。主播与观众之间的互动是准社交关系的基础。这种互动可以包括主播与观众之间的问答、讨论、分享经历等。通过互动，主播能够更好地了解观众的需求和反馈，从而调整直播内容和方式。

（2）注意情感联结。在直播过程中，主播通过与观众建立情感联系来增强准社交关系。主播可以通过关心观众的问题、分享个人经历、表达情感等方式来与观众建立情感联系，这种情感联系可以拉近观众和主播的心理距离。

（3）营造社区感。直播中的准社交关系通常建立在一个虚拟社区中。这个社区由主播和观众共同构成，通过互动和交流，形成一个共同的价值观和行为准则。社区感可以增强主播和观众之间的归属感和认同感，在实操中不少主播会将粉丝聚集在社群内，继而针对粉丝组织开展一些活动，以提升粉丝的黏性，在此过程中正是对虚拟"社区感"的营造和对粉丝身份的不断强化。

（4）准社交关系的动态发展。主播与观众的准社交关系是动态发展的。随着时间的推移和直播内容的不断更新，这种关系也会不断发展和深化。同时，如果主播或观众的行为或态度发生变化，这种关系也可能发生改变。比如，随着社交的深入发展，不少主播与粉丝成为朋友，其关系从虚拟世界走向现实生活。

主播与观众的准社交关系对于直播内容的质量和效果具有重要影响。通过建立良好的准社交关系，主播可以吸引更多的观众、提高观众的参与度和忠诚度，从而提升直播内容的质量和效果。同时，这种关系也可以为主播提供更多的反馈和建议，帮助其改进和优化直播内容。

所以，主播在直播时与观众建立起良好的沟通是非常重要的，但在实操过程中应当注意以下要点，如图 6-14 所示。

图 6-14　主播与观众沟通的实操要点

（1）实现有效沟通。互动性使观众能够参与直播，与主播和其他观众进行实时交流，从而增强观众的参与感。这种沟通方式让信息传递更加准确、及时，提高了沟通效率。要选择有价值的话题进行互动，避免无意义的争论或负面情绪的扩散。

（2）满足观众需求。通过互动，主播可以更好地了解观众的需求和反馈，获取更多有价值的信息和建议。这不仅满足了观众的需求，还为主播提供了改进和发展的机会。

（3）回应要适时。在观众提问或发表评论时，主播需要及时回应。如果主播不能立即回应，至少应该告知观众会尽快回复他们。回应时要尽量保持耐心和礼貌，尊重观众的观点和感受。

（4）避免敏感话题。在互动中，主播应该避免涉及敏感话题，如政治、宗教等容易引发争议的内容。如果观众提出了这类问题，主播应该以谨慎和尊重的态度回应，避免过度讨论或引发不必要的争端。

（5）关注观众反馈。主播应该关注观众的反馈，包括评论、弹幕等。通过分析观众的反馈，主播可以了解观众的需求和兴趣，从而更好地调整自己的言行和表现方式。

在直播中，存在一些主播不便一一回复的情况，例如在服装销售的直播中，主播无法对评论区观众关于尺码的疑问一一答复，此时主播应当与直播团队形成沟通合作，可以参照以下工作流程与要点。

（1）分配任务。主播可以将收到的信息按照主题或重要性进行分类，然后分配给不同的团队成员进行处理。这样可以提高处理效率，确保信息得到及时回复。

（2）制定统一回复模板。针对一些常见的问题，主播可以与团队成员共同制定统一的回复模板。这样既可以节省时间，又可以确保信息回复的准确性和一致性。

（3）建立协作机制。主播和团队成员之间可以建立协作机制，明确各自的职责和任务。例如，某些团队成员专门负责回复观众的私信或评论，而其他成员则负责处理其他事务。这样可以提高工作效率，确保观众的信息得到妥善处理。

（4）定期汇总复盘。主播可以定期与团队成员汇总反馈，了解观众的意见和建议。通过集体讨论和分析，可以更好地了解观众需求，为主播提供更有价值的建议和支持。

（5）注重团队沟通。主播和团队成员之间要保持沟通畅通，及时分享信息和解决问题。通过有效的沟通，可以确保信息的传递和处理顺利进行，提高工作效率和质量。

主播与团队成员要密切配合，建立协作机制，合理分配任务，统一回复模板，并及时汇总反馈。通过这些措施，可以更好地处理不便一一回复的信息，提高工作效率和质量，为主播和观众提供更好的服务。

6.7　主播职业道德与出镜礼仪

 知识要点

6.7.1　主播的职业道德

2022 年，国家广播电视总局、文化和旅游部、网信办等部门印发了《网络主播行为规范》（以下简称《规范》），这对网络主播行业的规范意义重大，它不仅明确了网络主播的职责和道德标准，而且对专业领域的内容做出了具体规定，有助于提高网络主播行业的整体素质和规范程度。

《规范》强调了网络主播的道德责任。要求主播提供健康、积极向上的内容，避免传播低俗、色情等不良信息，这有助于维护网络空间的健康和安全。《规范》也对专业领域的内容做出了明确规定。对于需要较高专业水平的直播内容，如医疗卫生、财经金融、法律、教育等，主播需要取得相应的执业资质，并向直播平台进行执业资质报备。这有助于提高网络主播的专业素质，保证观众接收到的信息准确可靠。《规范》还强调对未成年人的保护。要求网络主播在直播过程中不得传播未成年人的信息，避免对未成年人造成不良影响。

《规范》对网络主播行业的监管也具有重要意义。它明确了网络主播的行为准则和职责范围，为相关部门提供了监管依据。同时，对于违反规定的主播，《规范》也规定了相应的处罚措施，有助于维护网络空间的秩序和安全。

除了《规范》，还有许多其他法规对网络主播行业进行了约束。这些法规包括但不限于以下几个方面：

《中华人民共和国民法典》《中华人民共和国广告法》《中华人民共和国电子商务法》

《中华人民共和国消费者权益保护法》《中华人民共和国产品质量法》等法律确定了直播带货行业发展、运营的基本规则。以行政规章作为规制体系，诸如《网络直播营销管理办法（试行）》《网络信息内容生态治理规定》等法规，它们更加具体地明确了网络主播应当遵守法律法规、遵循公序良俗等。

除相关法规外，行业规范也对网络主播的行为进行了约束。例如，中国演出行业协会发布的《网络表演经纪机构行业自律公约》规定了网络主播经纪机构应当遵守的规则，中国广告协会发布的《网络直播营销行为规范》规定了网络主播在直播带货中的行为准则。

这些相关法规和规范的实施，有助于促进网络主播行业的健康发展，提高网络主播的整体素质和规范程度，为观众提供更好的内容和服务。

从法律法规、伦理规范等角度，网络主播的职业道德应包括以下几个方面。

（1）遵守法律法规。网络主播应当严格遵守国家的法律法规，不得传播违法违规的内容，包括但不限于涉及政治敏感、暴力、色情、侵权等的内容。

（2）真实诚信。网络主播应当真实诚信，不得虚假宣传或误导观众，应当对自己的言论负责，避免传播不实信息。

（3）尊重他人。网络主播应当尊重他人，不得侮辱、攻击或恶意评论他人，应当保持良好的社交礼仪和言行举止。

（4）保护未成年人。网络主播应当特别关注对未成年人的保护，不得传播或诱导未成年人参与不良行为或违法活动，应当为未成年人树立正确的价值观和榜样。

（5）尊重知识产权。网络主播应当尊重他人的知识产权，不得盗用或未经授权使用他人的作品或专利技术，应当遵守知识产权法律法规。

（6）遵守行业规范。网络主播应当遵守行业规范和职业道德准则，不得从事违法违规的直播活动或实施侵犯他人权益的行为，应当配合相关监管部门的调查和管理。

6.7.2　主播的出镜礼仪

主播出镜礼仪对于塑造专业形象、增强观众吸引力、提升品牌价值、促进社交互动以及传递正能量等方面都具有重要的意义。作为一个优秀的主播，注重礼仪不仅有助于个人发展，还能够为直播平台和社会带来积极的影响和价值。具体而言，主播的出镜礼仪主要包括以下几个方面。

（1）形象仪态与肢体语言。在镜头前，主播应保持整洁、大方的形象，穿着得体，不宜穿着暴露、低俗的服装。同时，言行举止要得体文明，不要使用粗俗的言语或做出不雅的动作，避免给观众带来不良影响。主播应保持端庄、大方的姿态，站姿要挺拔，不要给人以歪斜、驼背或过于随意的感觉；坐姿要自然、大方，不要过于僵硬或过于随意。

（2）表情控制。主播要保持稳定的面部表情，微笑可以使观众感到亲切和舒适。即使遇到突发事件或紧急情况，也应尽量保持冷静和笑容，避免过度紧张或情绪失控。

（3）注重细节。除了整体形象和面部表情，主播还应注意细节，如发型整齐干净、着装整洁、胸卡等配饰佩戴得当等。这些细节能够体现出一个主播的专业性和职业素养。

（4）互动沟通。主播要与观众保持良好的互动沟通，积极回应观众的留言和提问，表现出热情和耐心。同时，主播要注意尊重观众的意见和建议，尽可能地满足他们的需求。

（5）遵守法规。主播应遵守相关规定和标准，如不涉及违法、低俗或不良内容，不进行不正当竞争等。同时，也要注意保护个人隐私和尊重他人的权利。

主播的出镜礼仪是成为一名优秀主播的重要基础，需要注重形象、表情、互动沟通等多个方面。只有具备良好的出镜礼仪，才能赢得观众的信任和喜爱。

 课后分析思考

请结合你喜欢的一位主播，分析其妆容、造型（与品牌或与直播主题）的设计。

假设你是一位主播，为你的家乡文旅宣传，请设计一套能够提升本直播间传播力的直播话术与沟通要点。

结合镜头感训练的相关要求和自己的实践经验，思考：为什么在出镜时会缺乏镜头感？如何提升镜头感？

 课后扩展阅读

 即测即练

自学自测　扫描此码

第7章

抖音本地生活指南

本章知识图谱

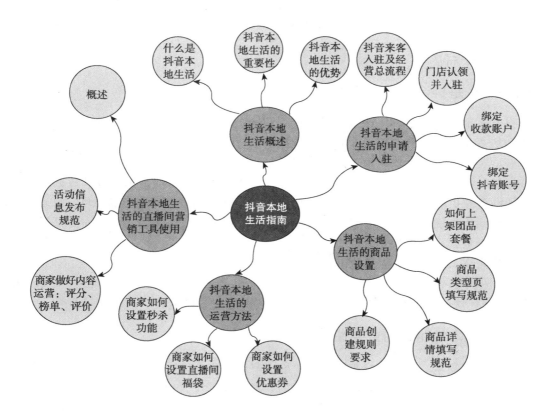

知识目标

通过本章学习，读者应该能够：

1. 了解抖音本地生活的概念，对抖音本地生活有清晰的认识；
2. 了解抖音本地生活的重要性以及优势；
3. 掌握抖音来客的使用方法以及运营方法；
4. 掌握抖音来客直播间营销工具的使用。

7.1　抖音本地生活概述

 知识驱动

以抖音餐饮本地生活直播为例

　　黄老板是一家餐饮连锁品牌的负责人，其公司业务属于传统线下业务，近几年公司 60% 的门店日营业额下滑了 40%。基于以上问题，黄老板找到了正在新媒体学院学习广告学的小黄，请他出谋划策，给出比较符合当下年轻人消费方式的经营策略。小黄给黄老板分析了现在大家常用的出门点餐方式，说到目前的抖音属于泛流量时代，可以考虑从抖音团购入手引流，从而增加营业额。黄老板将这个任务布置给了小黄，请他以其中一个门店做试点进行抖音团购的上线，并且在直播间售卖相关团购产品。

 知识要点

7.1.1　什么是抖音本地生活

　　抖音本地生活是一种基于抖音平台的生活服务功能，它借助抖音的流量优势、社交优势和场景优势，将用户与当地的商家连接起来。通过抖音本地生活，用户可以更加便捷地获取关于美食、休闲娱乐、旅游住宿等本地生活服务的信息，并能够直接在线上下单或预约，线下体验服务。同时，抖音本地生活也提供了丰富的营销手段和数据分析工具，帮助商家更好地了解用户需求和市场趋势，提高营销效果和用户满意度。总之，抖音本地生活旨在满足用户对个性化、便捷、高效的生活服务需求，同时也为商家提供了更广阔的商业机会和发展空间。

　　通俗来讲，抖音本地生活就是抖音版的"某团""某点评"，就是把你身边的吃、喝、玩、乐、住、娱、美，以团购套餐或代金券的形式重新在抖音上做一遍，再造一个新"战场"，比如餐饮店的团购套餐、运动健身促销、美容业的代金券、景区的门票等。

7.1.2　抖音本地生活的重要性

　　满足用户需求。抖音用户基数庞大，且用户对于个性化服务的需求在不断增加。抖音本地生活利用算法推荐，能够根据用户的兴趣和地理位置信息，提供个性化的本地生活服务，满足用户的需求。

　　提高商家曝光率和知名度。抖音拥有强大的社交功能和推广能力，通过抖音本地生活，商家可以获得更广泛的曝光和推广，提高知名度和影响力。同时，抖音的算法推荐机制也可以帮助商家精准地触达目标用户，提升营销效果。

　　促进消费升级。抖音本地生活可以为消费者提供多样化的消费选择，满足消费者对于高品质、个性化的生活服务需求。同时，抖音的社交功能可以让消费者更容易分享自己的消费体验和评价，促进消费升级和消费者满意度提升。

　　推动本地经济发展。抖音本地生活通过连接用户与周边商家，促进了消费者和商家之间的互动和合作。这不仅为本地商家提供了新的商业机会和发展空间，同时也为本地经济的发展带来了新的动力和活力。

7.1.3 抖音本地生活的优势

1. 流量优势

流量优势主要体现在以下几个方面。

海量用户基数。抖音是一款全球流行的短视频应用，拥有庞大的用户基数，这使得抖音本地生活能够覆盖更广泛的用户群体，吸引更多的潜在客户。

算法推荐精准。抖音的算法推荐机制可以根据用户的兴趣和地理位置信息，精准地推荐本地生活服务内容，提高用户黏性和转化率。

社交分享传播。抖音的社交功能可以让用户方便地分享自己的消费体验和评价，通过社交分享传播，可以吸引更多的用户关注和参与本地生活服务。

多样化服务领域。抖音本地生活服务涵盖了餐饮、美容、健身、教育等多个领域，满足了不同用户的需求，使得流量能够得到更加多样化的利用和转化。

精准营销推广。抖音的广告投放可以根据用户的兴趣、地理位置等信息进行精准的定向推广，提升广告效果和提高用户转化率。

抖音本地生活的流量优势主要来自其庞大的用户基数、精准的算法推荐机制、社交分享传播、多样化服务领域以及精准营销推广等方面。这些优势可以帮助本地商家更好地吸引潜在客户、提高知名度和影响力，同时也为消费者提供了更便捷、高效的生活服务体验。

2. 社交优势

社交优势主要体现在以下几个方面。

社交互动。抖音的社交功能可以让用户与商家进行互动和交流，用户可以通过评论、私信等方式与商家进行沟通，商家也可以通过回复评论、私信等方式与用户进行互动，提高用户参与度和黏性。

社交分享。抖音的社交分享功能可以让用户方便地将自己的消费体验和评价分享到社交媒体上，吸引更多的用户关注和参与本地生活，同时也可以提高商家的知名度和影响力。

社交营销。抖音的社交营销可以帮助商家通过精准的定向推广，提高品牌曝光率和用户转化率。商家可以通过抖音的广告投放功能，根据用户的兴趣、地理位置等信息进行精准的定向推广，提升广告效果，促进用户转化。

社交参与。抖音本地生活的社交参与可以让用户更容易参与到商家的营销活动中，例如打卡、晒单、评价等，这些活动可以提高用户的黏性和参与度，同时也为商家提供了更多的营销机会。

抖音本地生活的社交优势主要来自社交互动、社交分享、社交营销和社交参与等方面。这些优势可以帮助本地商家更好地与消费者进行互动和交流，提高用户的参与度和黏性，同时也为商家的营销活动提供了更多的机会和可能性。

3. 场景优势

场景优势主要体现在以下几个方面。

真实场景呈现。抖音本地生活通过短视频形式，将商家和商品真实地呈现在用户面前，让用户更直观地了解商家的环境和商品的特点，增强用户的信任感和购买意愿。

多样化场景选择。抖音本地生活涵盖了多个领域，包括餐饮、美容、健身、教育等，每个领域都有自己独特的场景和特色，能满足不同用户的需求。用户可以根据自己的需求和兴趣进行选择。

便捷的预订和支付。抖音本地生活提供了便捷的预订和支付功能，用户可以在线预订餐位、购买商品等，无须排队等待，提升了用户的消费体验。

个性化推荐。抖音本地生活通过算法推荐机制，根据用户的兴趣和地理位置信息，推荐符合用户需求的商家和商品，提高了用户的满意度。

精准营销推广。抖音本地生活通过广告投放等功能，根据用户的兴趣、地理位置等信息进行精准的定向推广，提高了商家的曝光率和用户转化率。

抖音本地生活的场景优势主要来自其真实场景呈现、多样化场景选择、便捷的预订和支付、个性化推荐以及精准营销推广等方面。这些优势可以帮助本地商家更好地吸引潜在客户、提高知名度和影响力，同时也为消费者提供了更便捷、高效的生活服务体验。

7.2 抖音本地生活的申请入驻

 知识要点

抖音来客是抖音生活官方专门针对本地商家推出的商家经营平台。商家在入驻该平台之后，可以通过发布团购商品、优惠套餐及代金券等方式进行营销推广。抖音号绑定后，可以通过短视频、直播、门店 POI 等渠道将团购商品展现给用户，用户可以线上购买，线下门店消费，从而提升门店客流，增加商家的营收和盈利。

7.2.1 抖音来客入驻及经营总流程

抖音来客入驻及经营的主要流程如图 7-1 所示。

7.2.2 门店认领并入驻

1. 任务操作

（1）下载"抖音来客"App，并注册账号，登录首页。

（2）根据商家适用情况选择认领"单门店"或"连锁店"，如图 7-2 所示。

（3）选择"单门店"后，进入认领门店页面，如图 7-3 所示。

（4）搜索需要认领的门店名称关键词，并确认门店信息。

（5）输入关键词后，可筛选地理位置缩小检索范围，更好地定位到门店。

（6）如果找不到需要认领的门店，可以自行创建门店，如图 7-4 所示。

（7）选择门店后，进入"提交资质"页面，按提示上传资质材料及信息，并提交审核。经营品类这里默认带入 POI 类目，商家可以在这里添加营业执照里的经营范围，如图 7-5 所示。

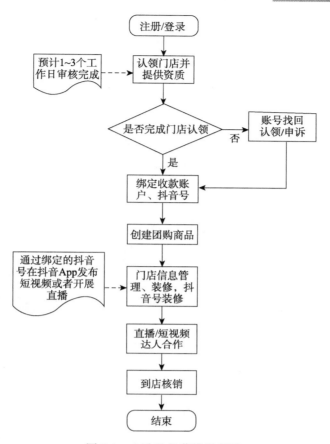

图 7-1 入驻及经营的流程图

图 7-2 选择门店类型

图 7-3 认领门店页面

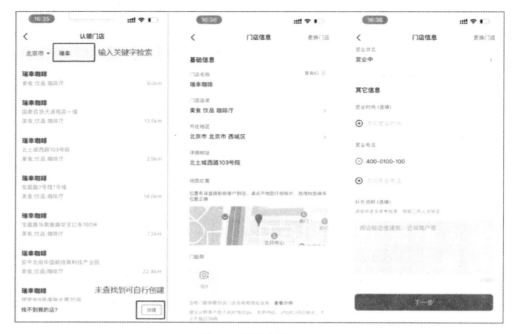

图 7-4 认领门店流程

图 7-5 "提交资质"页面

2. 审核结果

入驻申请提交后，等待审核结果，同时查看审核详情。申请提交后，1～3 个工作日内会收到审核结果反馈。等待审核过程中可在首页查看"审核详情"。审核进度将会通过短信方式进行通知。如审核不通过，可以按提示修改信息后再次提交申请。审核通过后，门店入驻成功，如图 7-6 所示。

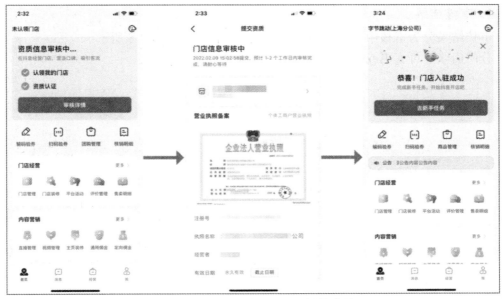

图 7-6　完成"门店入驻"的操作步骤

7.2.3　绑定收款账户

商家设置收款账户后，可进行核销款项的提现，同时支持结算至公司收款账户或实际核销门店收款账户。

1. 任务操作

（1）首页点击"门店经营"中"更多"→点击"收款账户"→进入收款账户清单页面→绑卡。

（2）部分字段由系统自动生成，其余银行卡信息需手动填写。

（3）针对不同开票主体（公司、门店）需求，勾选对应协议→点击"提交审核"，如图 7-7 所示。

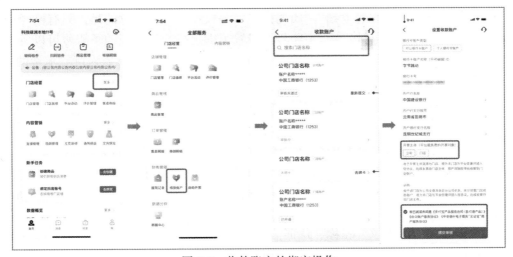

图 7-7　收款账户的绑定操作

2. 审核结果

审核结果分为审核中、已开通、审核未通过三种，如图 7-8 所示。

分门店账户可变更或解绑，公司账户审核通过后只能变更。

图 7-8　审核结果

7.2.4　绑定抖音账号

平台支持本地企业将唯一的抖音号与具体门店/公司进行绑定，代表着门店主体/公司主体在抖音平台的官方身份，方便向消费者持续强化企业形象。绑定成功的抖音号可以获得"蓝 V 标识""内容营销""团购推广"等权益。但需注意的是，只有已经认领成功的门店才能发起绑定抖音号。主账号及设置了绑定抖音号权限的子账号可以发起绑定抖音号。由抖音生活服务业务人员帮忙入驻的商家也可以联系业务人员寻求帮助，协助绑定抖音号。

1. 任务操作

（1）登录商家端后，点击"我"→"我的抖音号"进入绑定流程。

（2）选择需要绑定抖音号的企业主体，在主体信息下点击"绑定官方抖音号"。

（3）如果这个主体在抖音上已经有认证的抖音号，会直接展示该抖音号。

（4）如果这个主体在抖音上还没有认证过抖音号，需要输入抖音号，并确认搜索结果。

（5）确认需要绑定的抖音号后，点击"确定"进入信息确认页。

（6）修改并确认头像、昵称、认证信息、签名后，点击"同意绑定"，发起绑定。在"我的抖音号"页面还可以查看绑定进度和绑定记录，如图 7-9 所示。

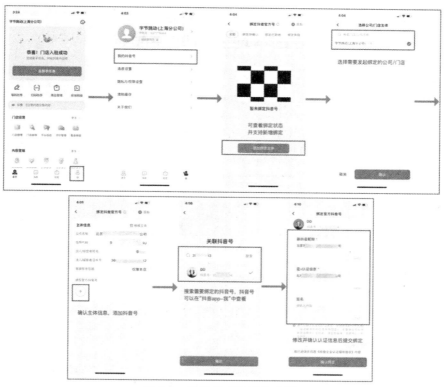

图 7-9　绑定抖音号操作步骤

2. 审核结果

商家端发起绑定申请后，对应的抖音号将会在"抖音"→"消息"→"系统通知"中收到绑定申请通知，对应的抖音号需要在 24 小时内通过抖音端操作确认，确认后即绑定成功，平台将针对认证信息进行审核，审核通过后绑定的抖音号获得"蓝 V 认证"等权益，如图 7-10 所示。

图 7-10　账号绑定确认

7.3　抖音本地生活的商品设置

 知识要点

7.3.1　如何上架团品套餐

创建商品流程总览如图 7-11 所示。

图 7-11　创建商品流程总览

7.3.2　商品类型页填写规范

任务操作

（1）进入"商品创建页"后，阅读"配置须知"，如图 7-12 所示。了解平台对团购活动配置的规则要求，确保在配置过程中不涉及违反相关规则，否则配置的团购活动将无法通过审核上架。

（2）点击"商品品类"，选择推广的商品类目，如图 7-13 所示。商品类目与后期上传的商品图片/套餐内容素材等信息需要保持一致。

（3）点击"商品类型"，依照推广的商品类型选择"团购套餐"/"代金券"，如图 7-14 所示。请注意后期填写的商品名称或其他商品信息，要与所选择的团购套餐/代金券类型保持一致，避免出现类型混淆情况。

7.3.3　商品详情填写规范

抖音来客共提供两种商品类型，分别是团购套餐和代金券。每种商品类型对应的填写要求也有所不同，下面将分别进行介绍。

（1）团购套餐类，如图 7-15 所示。

图 7-12　配置须知

图 7-13　商品品类

图 7-14　选择团购类型

	第一步-确认商家名称	第二步-选择收款方式	第三步-选择适用门店
操作步骤	核实"商家名称"信息内容	点击"收款方式"，根据商家商品实际情况进行选择	点击"适用门店"，选择/搜索商家门店
操作示例			
填写建议	商家名称为系统默认选取的营业执照名称，请商家进行核实即可	请根据系统提示的信息及商家实际情况进行选择	如商家在列表中查询不到，那么请前往多门店管理认领门店 温馨提示：当前App端仅支持单店商家入驻，多门店商家请在电脑版申请入驻

图 7-15　团购套餐类

（2）代金券类，如图 7-16 所示。

图 7-16　代金券类

7.3.4　商品创建规则要求

为助力商家合规经营，符合生活服务商品创建行为规范，提高商品上架通过率，保证收入的可持续增长，将生活服务商品审核规则进行汇总。希望在商品创建过程中，遵循以下规则。

1. 商品名称

不得出现广告禁用词汇，如诱导点击类（点击领奖、随时涨价、万人疯抢等），绝对化用语词汇（国家级、最××、第一等），权威类（中国驰名、特供、国家×××领导人推荐等）；不得为非文字或店铺风格所属国外语种文字信息内容，如表情包（*>.<*、ξ □•٠•□３ 等）；不得带有其他平台字样信息及非商品类信息展示，如 vx、二维码、加群、招聘、电话号码等；不得含错别字、病句、语义不通顺内容；不得含重复文字内容，如超级好吃的鸡腿套餐；不得为表述不明确内容如好吃、好用、无敌全套等，需有明确商品品名；不得为额外消费门槛或非商品套餐内容，如升级补差价套餐、××元购买×折优惠券等；不得含不适用于当前商品的关键词或内容。

2. 图片信息

不得出现模糊、失真、颠倒、胡乱拼接的图片；不得出现涉毒、涉暴、涉黄等违反法律法规、政策或监管部门要求或平台规定的敏感图片；不得出现对比图/视频/真人展示产品效果；菜品图与套餐名称不得存在不一致；菜品图与菜品名称不得存在不一致；不得打马赛克，不得有水印及其他品牌 logo（商户水印/logo 除外）。

　　不得拍宣传彩页等，不得含有截图的信息，如鼠标标识，下一页提示，iPhone 的屏幕 home 键等；不得为商户的展示类信息，如营业执照、二维码、广告、招聘、红包等；不得为动态图片；不得出现重复图片。

7.4　抖音本地生活的运营方法

 知识要点

7.4.1　商家如何设置优惠券

　　商家优惠券是本地商家的营销工具，支持商家自行出资建券，并投放到直播间、短视频、商品详情页等渠道，提升团购商品的售出量。商家可以通过此工具来拉新客、留老客，带动直播间的互动氛围。

　　抖音来客 App 配置操作路径：

　　（1）抖音来客 App→营销推广→更多→商家优惠券，如图 7-17 和图 7-18 所示。

图 7-17　在"营销推广"中选择"更多"　　图 7-18　选中"商家优惠券"

　　（2）在"营销推广"中选择"更多"，在弹出的界面中选中"商家优惠券"进行设置，如图 7-19 和图 7-20 所示。

　　优惠券说明。优惠券的使用需满足的金额条件，指的是一笔订单的支付金额。

图 7-19 "创建满减券"界面　　　图 7-20 选择券的投放渠道

投放渠道。投放渠道分为店内渠道、直播间发券、直播间福袋、达人直播间发券、达人直播间福袋发券、平台活动等。若选择商家店内渠道，则在 POI、企业号、商详页生效，注意券只会在指定的投放渠道显示，如选择了"直播间发券"则该券只可在直播间领取，POI/商品详情页不会显示该券；若选择达人直播间发券或达人直播间福袋发券，有以下要点需注意：配置后仅在所选达人直播间生效，授权主播可选范围仅支持两种主播，即商家员工号和达人代播账号；若选择"平台活动"，该券不会在平台组织的活动以外的任何区域生效，且创建完成后，须在"抖音来客"→"活动管理"→"平台活动"处进行报名，如图 7-21 所示。

图 7-21 平台活动设置

（3）商家填写优惠券信息，如图 7-22 所示。

优惠券填写内容说明：①可领取期限，最长可设置一年。②优惠有效期，即用户领取优惠券后，优惠券的使用有效期，目前支持自领取后×天内生效，如填写 0 代表领取后当天 24 点失效，若填写 1 代表领取后第二天 24 点失效，以此类推。③优惠券总数，即可发放的总数量。④单日发放上限，即每天可发放的总数量，不能大于优惠券总数。⑤单人领取优惠券数量设置。活动期间单人领取上限，即一名用户在整个领券有效期内最多领取的张数。单人单日领取上限，即一名用户每天最多领取的张数。⑥适用商品范围，可选择多个团购商品，指的是在购买这些商品时都能够使用该优惠券。注意，同一个商品，关联的商家券不能超过 15 个。

（4）下线/编辑优惠券，如图 7-23 所示。

图 7-22　填写优惠券信息　　　图 7-23　编辑满减券

（5）选择并确认下线优惠券，如图 7-24 所示。

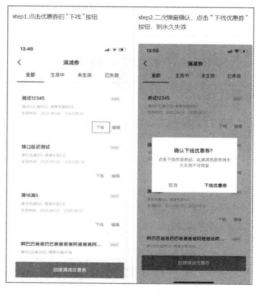

图 7-24　确认下线优惠券

（6）查看优惠券的数据详情，如图 7-25 所示。

图 7-25 查看优惠券的数据详情

（7）商家如何查看每个订单、商品的优惠价，对应公式如下。

①优惠计算公式，订单优惠金额=订单中营销活动实际抵扣金额=优惠券面额；单个团购商品的优惠金额=订单优惠金额/订单内商品个数，保留两位小数。

②补贴分摊公式，商家商品补贴金额=商家订单补贴金额/商品个数，保留两位小数。

③退款相关的内容，用户发生退款，则给用户退款金额=用户实付金额（分摊到件，支持按件退），商家应收=0，账期不结款即可。

7.4.2 商家如何设置直播间福袋

首先要有前置准备工作，即创建优惠券。商家创建优惠券时，选择"直播间福袋"。

1. 优惠券设置

（1）抖音来客 App→全部服务→营销推广→商家优惠券，如图 7-26 和图 7-27 所示。

图 7-26 选择"全部服务" 图 7-27 选择"商家优惠券"

（2）依次填写信息。投放渠道选择"直播间福袋"，如图 7-28 所示，注意配置券的可用商品（无关联券的商品不能用券），如图 7-29 所示。

图 7-28　选择"直播间福袋"　　　图 7-29　选择券的可用商品

（3）登录本地直播专业版，配置入口：营销–直播福袋。

（4）点击"创建福袋"。如图 7-30 所示，开播前后均可以进行福袋配置；建议在开播前进行配置，提前审核，开播后直接发放。

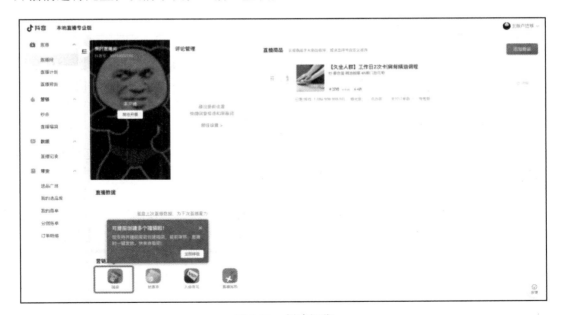

图 7-30　创建福袋

2. 填写券福袋信息

单品券福袋如图 7-31 所示。多品券福袋如图 7-32 所示。

图 7-31 单品券福袋

图 7-32 多品券福袋

1）设置奖品

（1）选择奖券。需要满足以下 3 个条件，首先商家自己创建了满减优惠券，且发放渠道选择的是直播间福袋渠道；其次优惠券是生效状态；最后优惠券当前可发放的剩余库存>0。可中奖人数：1 人/3 人/5 人/10 人/15 人/20 人/50 人/100 人/200 人（中奖人数不能超过商家券的单日发放上限）。

（2）奖品名称。单品券福袋免填写商品名称，多品券福袋总共支持 15 个字，格式为"满 X 减 Y_券"，其中满 X 减 Y 和券字是系统读取的字符，"_"中的名称可以手动输入，请尽量填写与奖品有关的文字。

2）设置参与信息

参与方式：口令参与（最多 15 个字），分享直播间参与。参与范围：所有观众可参与（默认值），仅粉丝团可参与。发放时长/倒计时：1 分钟/3 分钟（默认值）/5 分钟/10 分钟。

3. 播前及播中均可配置福袋

播前配置，如图 7-33 所示。播中配置，如图 7-34 所示。播前配置福袋默认在直播开始后需要手动发放。福袋审核通过后为"待发放"状态，直播开始后，运营可根据直播节奏进行福袋发放。若在直播过程中配置券福袋，可以选择"审核通过后自动发放"或"手动发放"；也可通过复制原有福袋进行创建。若通过"复制"原有福袋进行创建，被复制的最初始福袋审核通过时间在 24 小时内，且所复制福袋内的优惠券信息（含适用商品名称）、奖品名称、口令内容未发生变更，则通过复制新建的福袋可免审，如图 7-35 所示。

4. 福袋审核

福袋信息填写完成后，点击"提交审核"，进入福袋审核流程，如图 7-36 所示。

（1）审核内容。奖品名称：取配置填写的"奖品名称"，确认与优惠券可用商品名称是否一致。口令词：取配置的"口令"。

图 7-33　播前配置

图 7-34　播中配置

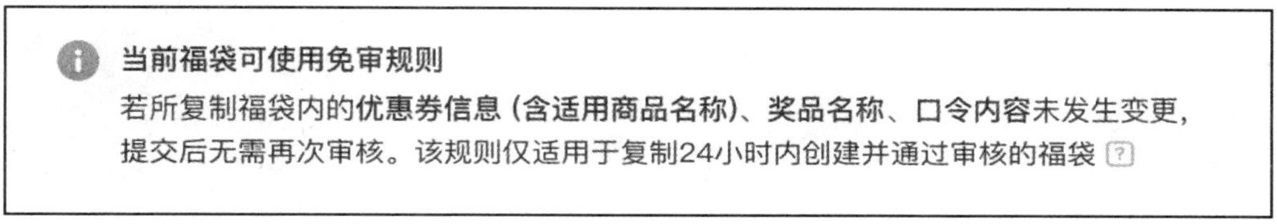

> **ⓘ 当前福袋可使用免审规则**
> 若所复制福袋内的**优惠券信息（含适用商品名称）、奖品名称、口令内容未发生变更**，提交后无需再次审核。该规则仅适用于复制24小时内创建并通过审核的福袋 ⍰

图 7-35　提示当前福袋可免审

图 7-36　福袋审核流程

（2）审核结果。审核通过后：福袋展示为待发放状态，运营可随时在直播过程中手动发放（选择"审核通过后自动发放"除外）；审核不通过：告知失败原因。可重新发起创建流程。

（3）审核时长一般为 3 分钟。

5. 福袋发放

（1）打开福袋列表页，选择想要发放的福袋，点击"发放"即可，如图 7-37 所示。福袋创建成功后，发放有效期为 24 小时；超过 24 小时该福袋失效。

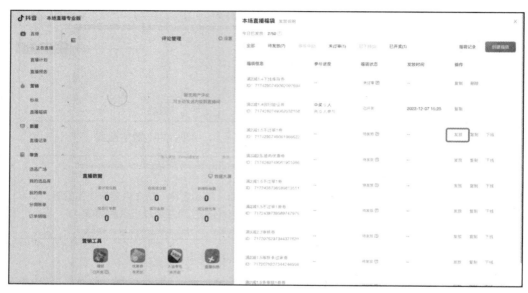

图 7-37　福袋发放

（2）查看福袋数据，如图 7-38 所示。

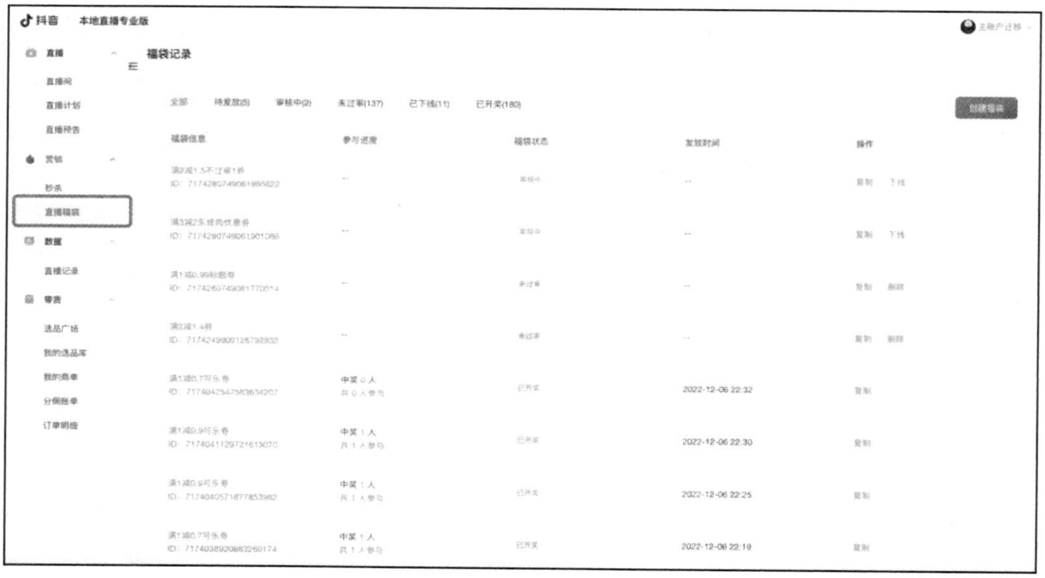

图 7-38　查看福袋数据

（3）查看中奖用户，如图 7-39 所示。

图 7-39　查看中奖用户

7.4.3　商家如何设置秒杀功能

1. 秒杀创建

（1）创建秒杀入口。

①抖音来客 App→营销推广→限时秒杀。

②抖音来客电脑端→抖音营销→营销工具→直播秒杀。

③本地直播专业版→营销→秒杀。

（2）本地直播专业版→营销→秒杀，点击右侧按钮"创建秒杀"，如图 7-40 所示。

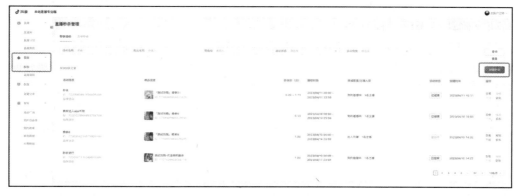

图 7-40　创建秒杀

填写说明。活动名称：仅做内部活动区分，不对外展示。选择活动商品：按需选择需要进行秒杀的团品。秒杀活动支持商家自播账号、达人代播账号。秒杀时段：秒杀活动生效的时间段。秒杀库存：选择的团品可设定的库存和后续设置生效后的秒杀占用库存。一键设置：可以对所选的自播账号或者达人代播账号，统一设置完全一样的商品秒杀价格和库存，提高效率。添加抖音号：添加需要授权的自播账号和达人代播账号。逐个设置：对每一个自播账号和达人代播账号分别设置秒杀价格和秒杀品库存，如图 7-41 所示。

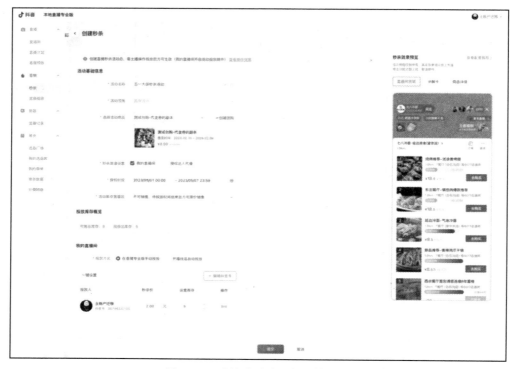

图 7-41　对秒杀活动进行具体设置

（3）创建完成。确认无误后，点击"提交"即可。秒杀投放，可以在本地直播专业版中点击直播管理、当前直播。

（4）点击出现秒杀按钮的团品。若账号未被授权，则不会出现该按钮，主播此情况请与商家确认是否已授权秒杀。

（5）配置秒杀投放信息，如图 7-42 所示。选择秒杀活动。投放方式：立即投放，可选择投放后的持续时间长度；定时投放，可自定义设置投放时间段。秒杀前倒计时，开启后更有活动氛围。

倒计时是开始投放后再倒计时，比如设置 20:00:00 开始投放，若设置 10 分钟倒计时，则 20:00:00 开始倒计时，20:10:00 开始秒杀。点击提交后，即可投放秒杀活动。

2. 审核结果

首页→营销→秒杀→历史秒杀，如图 7-43 所示。对"未开始"或"进行中"的秒杀活动可以进行编辑和操作下线。点击"查看"，查看指定秒杀活动历史数据和效果。

图 7-42 配置秒杀投放信息

图 7-43 查看历史秒杀信息

7.5 抖音本地生活的直播间营销工具使用

 知识要点

7.5.1 概述

1. 目的

为有效规范创作者在直播间开展有奖销售与优惠活动的秩序,切实保障消费者合法权益，提升消费者在平台交易体验，根据现行国家法律法规、政策规章，以及《抖音生活服务素材发布要求》《生活服务创作者管理总则》《生活服务机构违规管理规则》《抖音用户服务协议》等平台规则与服务协议，特制定《网络直播营销活动行为规范》。

2. 适用范围

本规范适用于直播间营销互动玩法场景的使用行为管理及违规管理，适用对象包括但不限于抖音生活服务创作者、商家。

3. 定义

直播间营销互动玩法是在抖音生活服务平台背景下，创作者开展的用于加强与消费者互动、促进直播间氛围的活动玩法，包括但不限于秒杀、抽奖、赠品等。

本规范所称"创作者"指在抖音客户端及网页端平台（含火山版、简化版、极速版等其他版本）开通商品分享功能的生活服务创作者，包括商家、达人、服务商等身份。

本规范所称"商家"指通过抖音生活服务平台及相关服务开展经营活动，发布包括企业 Logo、名称、标识和商品/服务名称、图片、销售价格等内容在内的信息，与消费者进行交易的法人或其他组织。

7.5.2　活动信息发布规范

1. 创作者行为基础规范

创作者应真实、客观、准确地描述活动、奖品、赠品和优惠信息，不得使用虚假或引人误解的描述。创作者发布的单一奖品价值不得高于五万元，且单场直播向同一个消费者发放的奖励价值不得高于五万元。活动应保障消费者合法权益及时兑现承诺，不得出现损害消费者体验，不得采用谎称有奖或者故意让内定人员中奖的欺骗方式进行有奖销售。创作者应合法合规地使用抖音平台提供的营销工具产品功能，不得将之用于赌博、诈骗等违规活动。

若平台提供官方营销工具，直播间进行营销互动时须使用平台提供的工具及相关玩法，包括秒杀、福袋、赠品、优惠券等。创作者应明确设奖品的种类、兑奖条件、奖金金额或者奖品等有奖销售信息。除抽奖玩法外，直播间宣传的所有形式营销互动玩法的玩法信息及涉及的权益、商品/赠品等信息需要在商品详情页展示。涉及商品详情页信息发布的，创作者需与商家协商一致并由商家代为发布，商品详情页未展示相关玩法信息的，直播间推广时不得宣传。

2. 创作者行为具体规范

（1）秒杀。为保证消费者权益，请使用生活服务"秒杀组件"进行，组件使用方式请参照《"营销产品手册"商家团购秒杀功能（支持达人发放）——公开版》。若创作者在直播期间开展秒杀活动，每场秒杀活动开始前，需在直播间以物料形式清晰、明确展示秒杀活动具体信息，包括但不限于以下：每场每次秒杀开始时间。秒杀活动开始日期若为当日，可不写或写"今日"；若开始日期为非当日，需写明具体活动开始日期。秒杀商品信息及数量。商品品牌＋商品名称＋价格＋商品数量＋核心参数（如有）；如商品有明确的核心参数，需写明（例如：酒店房型商品应写明具体房间户型、含早等）。秒杀活动商品限制条件（例如，不可核销日期或使用条件限制）。秒杀活动结束前，秒杀活动信息应以物料形式明确展示于直播间画面内，关键信息不可被遮挡；秒杀活动进行时，活动商品应保证上架时间准确、活动开始时间准确、活动价格正确、活动商品与介绍相符。

正确案例。秒杀开始时间：20:00；秒杀商品信息及数量：必胜客欢乐牛排套餐 9.9 元秒杀，限量 100 份；秒杀活动限制条件：单次消费一桌仅可以使用一张。

错误案例。秒杀开始时间：20:00；秒杀商品信息及数量：亚特兰蒂斯酒店 999 元一晚。违规如下：未明确秒杀商品数量："1 间"；未明确商品核心参数：亚特兰蒂斯行政套房（酒店房间活动应注明房型）；未写明限制条件：元旦（2022 年 12 月 31 日—2023 年 1 月 2 日）不可使用。

（2）抽奖。为保证消费者合法权益，请使用生活服务福袋进行抽奖，抖币、实物福袋请参考《抖音电商学习中心——抖音电商官方学习平台》，虚拟商品福袋请参考《营销产品手册福袋抽商家券操作手册（支持达人发放）——公开版》。创作者在直播期间开展抽奖活动时，每场抽奖活动开始前，需在直播间以物料或以口播形式清晰、明确展示抽奖活动具体信息，包括但不限于开奖时间、抽奖人数、商品名称、参与条件等，示例如下：福袋开奖时间及用户参与时间，需在口播中明确开奖时间，具体到分钟；可参加抽奖用户的条件要求及限制；福袋商品信息及数量，商品品牌＋商品名称＋价格＋商品数量＋核心参数（如有）；商品明确的核心参数需写明（例如，酒店房型商品应写明具体房间户型及朝向等）；福袋商品使用限制（例如，不可核销日期或使用条件限制等）；创作者不得夸大奖品的中奖概率和奖品价值。

正确案例。福袋倒计时，10 分钟；开奖时间：20:10；参与条件：关注主播并在评论区扣"想要福利"；福袋商品信息及数量：必胜客欢乐牛排套餐 1 元秒杀，一份；福袋商品使用限制：单次消费一桌仅可以使用一张。

错误案例。福袋倒计时：10 分钟；开奖时间：20:10；福袋商品信息及数量，亚特兰蒂斯酒店 999 元一晚。违规点，未明确福袋参与条件：评论中发送"亚特兰蒂斯最好玩"；未明确商品数量："1 间"；未明确商品核心参数：亚特兰蒂斯行政套房（酒店房间活动应注明房型）；未写明限制条件：元旦（2022 年 12 月 31 日—2023 年 1 月 2 日）不可使用。

（3）赠品。创作者宣传赠品信息时，赠品信息需在商品详情页进行明确标注及展示，未展示不得在直播间进行推广宣传。涉及商品详情页信息发布的，创作者需与商家协商一致，并由商家代为发布，商品详情页未展示赠品信息的，直播间推广时不得宣传。商品详情页中包含赠品信息时，创作者在直播间需清晰、真实宣传赠品品种、规格、数量等信息，不得出现误导消费者的信息。赠品服务需依照《抖音生活服务平台禁止发布的商品/信息明细》中规定的不得包含平台禁止发布的商品。赠品为有瑕疵、二手、临期等情形的，创作者宣传赠品信息时需明确说明，不得虚假描述或误导消费者。赠品价值不得超过主品（即消费者实际购买的商品），详情请参考《抖音生活服务商品价格发布规范》。

（4）优惠券。为保证消费者权益，请使用生活服务优惠券工具进行优惠活动，优惠券工具请参考《营销产品手册商家优惠券配置手册（支持达人发放）——公开版》。

创作者在直播间应以物料或口播的方式明确表达领券方式或操作路径，需准确描述和强调券的可用时间、使用方式。创作者在直播间中应以"券后价"描述使用优惠券以后的商品价格，保证消费者对对应的商品价格理解到位。

3. 违规管理细则

创作者知道或应当知道所推广的商品或服务不符合保障人身、财产安全的要求，或者有其他侵害消费者合法权益的情形，仍予推广的，或者因创作者虚假夸大描述、发布不实信息以及实施其他虚假宣传行为而引发消费者投诉、售后问题的，创作者应当与提供该商品或服务的商家向消费者承担连带责任。若创作者产生以下违规行为，平台将按照《生活服务创作者违规管理规则》的规定进行处理，包括但不限于对直播内容进行不推荐、断播、封禁、回收商品推广权限等处罚：创作者宣传抽奖活动后，实际未上线抽奖活动，或上线的抽奖活动时间涉嫌虚假宣传。创作者虚假宣传其他不具备兑现基础的抽奖条件。创作者宣传的赠品未在商品详情页展示或说明，或宣传的赠品信息与商品详情页展示的赠品信息不一致。创作者在推广商品中作出的任何形式的提供服务、福利、奖励等承诺，但实际未按约定或平台规定进行履约。创作者未按照平台规则要求使用营销工具或违规开展相关营销玩法。

7.5.3　商家做好内容运营：评分、榜单、评价

1. 评分/榜单/评价是什么？

（1）评分是综合多个维度建立的评估体系，致力于真实、准确、客观地反映商户在用户心中的真实经营情况，帮助用户决策，帮助商家提升经营水平。

（2）抖音吃喝玩乐榜是基于抖音平台大数据，综合真实用户的收藏、分享、评价、投稿、下单等行为，排除商户作弊数据后评选出的榜单。

（3）POI 评价是用户对该地点或者该地点的商品做出的评价，主要由评价态度/星级打分、评价文本、评价图片、关联视频几部分内容组成。

2. 评价/评分/榜单经营对商家的价值

首先影响流量分发机制，帮助商家提升流量与转化，评分高的商户当前会在视频推荐上有流量倾斜（测试中），未来还将应用在搜索、频道等场景的分发上，评分越高会有机会获得更多的流量。其次上榜商户有额外的流量入口，同时在各场景中也能获得更高的转化效率。最后官方荣誉背书帮助商家品牌宣传，在 POI 页、视频锚点、搜索、频道等大流量场景都透露出"上榜商户"的荣誉标签，真实反馈影响用户决策，帮助商家改善经营。用户评价中所反馈的真实消费后体验，能帮助商家发现并改善经营服务过程中的问题，从而更好地服务更多用户。榜单与评分是用户找店参考与选店决策的重要依据，上榜商户/高分商户被用户选择的概率更大。

3. 评价/评分/榜单的关系

（1）评分根据评价计算：评分的计算规则包含评价真实度、评价质量、评价时间与评价数量。榜单（好评榜）排名根据评价与评分计算，好评榜按新版评分由高到低排名，评分相同时按评价数量由高到低排名。评分是榜单上榜门槛之一，人气榜、收藏榜与热销榜的上榜门槛为 POI 评分≥3.5 分，好评榜需满足评分≥4.0 分。

（2）评价真实度。只考虑真实的用户评价，作弊评价、刷好评、恶意差评等虚假评

价都不考虑在内。考虑写评人的诚信度，写评诚信度越高的用户，所产生的评价对评分的影响越大。

（3）评价质量。评价包含的信息量越丰富、越有用，对评分的影响越大。评价包含越多真实有帮助信息的图片及文字，其影响越大，仅打分数的评价对门店评分提升用处不大。

（4）评价时间。1天前的所有评价都会计算在内，越新鲜的评价对评分的影响越大。

（5）评价数量。其他条件相同的情况下，评价数量越多，评分变高的概率越大。

 课后分析思考

请根据本章知识点，就案例中的小黄同学开通抖音本地团购之后，如何进行推广进行阐述。

 课后扩展阅读

 即测即练

自学自测　　扫描此码

第8章

新媒体直播流量模型

本章知识图谱

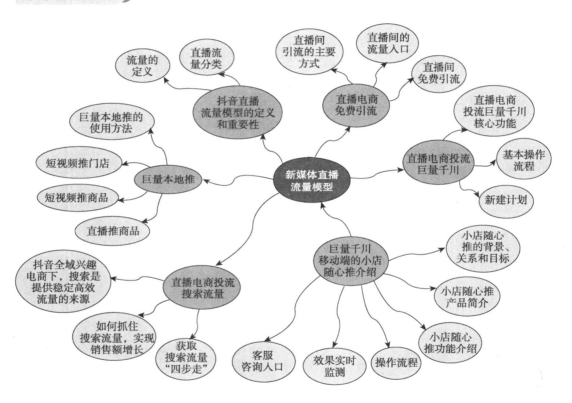

知识目标

通过本章学习，读者应该能够：

1. 了解抖音直播流量模型的定义和重要性；
2. 了解抖音直播电商免费引流；
3. 掌握抖音直播电商投流巨量千川；
4. 掌握抖音直播电商小店随心推；
5. 掌握直播电商投流搜索流量；
6. 掌握抖音直播电商投流巨量本地推。

8.1　抖音直播流量模型的定义和重要性

 知识驱动

请尝试给"舞爪学堂"直播间设计投流计划。

 知识要点

详细解读"流量"这一概念，并探讨新媒体运营者如何有效地获取并转化这些宝贵的网络资源，是新媒体运营实战最重要的准备。"舞爪学堂"是舞爪食品公司的一个重要的新媒体账号，请尝试给"舞爪学堂"直播间设计投流计划，对流量有一个基础的体验。

8.1.1　流量的定义

流量通常表示短视频的完播、点赞、评论、转发等以及直播过程中的点赞、转发、在线时长、评论等，这些代表流量的数据，均是人工行为，是互联网特有的人们对互联网内容的互动行为。无论是短视频还是直播，都需要这种人们的互动行为，这种互动行为越活跃，就表示流量越好，流量越好得到的流量推荐就越多，期待的流量转化效果就会越好。

因此，流量的本质是人流量，是单位时间内经过账号或经过直播间的确切人流量，唯有观众在线，方能完成诸如完整观看、点赞、互动、评论、保持在线时长、产生音浪以及实现转化等行为。若离开人的参与，则流量概念不复存在，如图 8-1 所示。

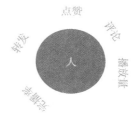

图 8-1　流量的本质

直播流量就是指直播过程中观看直播的人数和时间的统计数据，通常可以用点赞、转发、在线时长、进入人数、评论等维度来表示，这些统计维度通常关系着直播间是否获得很好的转化。直播流量对于直播电商平台和主播具有重要意义，是评估平台影响力和用户活跃度的重要指标，流量越高，代表着该平台的用户越多、用户活跃度越高，也就意味着广告收益和平台价值的提升。对于主播而言，直播流量是评估其直播质量和影响力的重要指标。流量越高，代表着该主播的影响力越大，意味着他的粉丝数和收入会相应提升。

8.1.2　直播流量分类

以线下店铺为例，商家往往会选择在人流量较高的区域开设店铺，这些区域就是一个个流量池，来来往往的人流代表着潜在的客户群体。选址的过程类似于在网络直播电商平台上进行选择的过程，人流量越高的地方，预期的转化率也相对更高。商家在某一平台上选定店铺位置，该平台所拥有的人气就是人流量，在直播电商领域被称为流量池。

因此，总体流量我们称为流量池，而随意逛逛、对产品或店铺没有明确需求的顾客带来的流量被称为泛流量。而被店铺吸引或对产品有明确需求的顾客，他们所带来的流量则被视为精准流量。所以流量池按精准度分为泛流量和精准流量两大类，如图8-2所示。

图8-2　流量池

在直播电商的语境下，直播间犹如网络平台上的店铺，流量来源主要分为自然流量和付费流量两大类。自然流量是顾客在平台内自然浏览时被店铺或产品吸引而涌入的流量，其获取依赖于店铺或产品的高度吸引力，数量有限，需通过顾客口碑等方式持续增加。而付费流量则是通过主动宣传和推广获得，如发放传单、举办促销活动或广告投放等，能更主动地吸引对店铺或产品感兴趣的顾客，提高流量的质量和数量。所以，按流量来源分，直播间的流量还可以分为自然流量和付费流量。

8.2　直播电商免费引流

 知识要点

8.2.1　直播间引流的主要方式

在直播间运营中，最受瞩目的指标是GMV（Gross Merchandise Volume，商品交易总额），代表网站的成交金额，具体指的是在一定时间段内，一个电商平台上所有商品的销售总额。这个指标通常被用来衡量电商平台的交易活跃程度和市场规模。GMV的计算公式通常为：GMV=销售额+取消订单金额+拒收订单金额+退货订单金额。它包括了已付款订单和未付款订单，是一个更为宽泛的指标，反映了电商平台在特定时间段内的整体交易活跃度。GMV直接反映了每一场直播的经济效益。决定GMV的三大因素是流量、客单价以及产品转化率。在确定直播间的客单价，经过综合评估确认直播间已具备有效的转化条件后，才能着手提升直播间的流量，从而更有效地推动营业额的增长。

不同产品类型和赛道对流量的需求存在显著差异。以卤味行业为例，其主要依赖的是将本地生活流量引导至实体店铺。消费者在购买团购券后，需到店核销，因此流量的引导与店铺的地理位置紧密相关。这种模式下的引流和营业额提升，必须依赖于实体店铺的分布。由此可见，选择适合自己的引流模式，需要对产品和市场业态进行深入分析。

直播间的流量来源广泛，包括但不限于直播切片短视频引流、直播间互动、主播的个人魅力、直播间的热度、商品的吸引力以及价格优势等。不同来源的流量各具特点，对直播间的影响也各不相同。

8.2.2　直播间的流量入口

以人们开设实体店铺为例，在店主未选择付费流量之前，主要依赖的是自然流量。这些自然流量大多源自商圈平台的自带人流量，具体受店铺的地理位置、品牌的知名度、产品的市场需求度以及口碑等多重因素影响。新媒体账号类线上的店铺，其自然流量的来源也同样多元化，且不同的流量入口会导致粉丝端呈现出各异的形态。

1. 直播广场入口

以抖音平台为例，直播广场作为其官方的核心推荐流量池，承载着向用户推送优质直播内容的重任。抖音直播间的绝大部分推荐流量均源自直播广场。账号被推荐至直播广场，其曝光量将得到显著提升。因此，直播广场作为一个重要的流量入口，将带来新的观众群体。通过平台智能推荐系统，更多人将被引导进入直播间。同时，直播广场也为用户提供了一个快速浏览和选择直播间的便捷途径，用户可以在此浏览直播间内容。

首先需登录抖音平台，在主页上选择"直播"或"直播广场"。进入直播广场后，用户可以自由浏览不同的账号和直播内容，并通过封面按钮一键进入自己感兴趣的直播间。直播广场入口如图 8-3 所示。

2. 同城页入口

同城页不仅是抖音平台的重要功能，也是小红书等多个社交媒体平台的关键组成部分。同城页为用户提供了一个便捷的渠道，使用户能够迅速访问到同一城市内其他用户的直播间。这一功能带有鲜明的地域特色，非常适合进行本地生活推广，有助于同城用户发现有趣内容，进而增加直播间的曝光度。

同城页主要根据用户的地理位置信息进行内容推荐。其操作方式与直播广场类似，用户首先需在应用上登录，随后在主页找到"同城"选项，点击进入即可浏览同城页内容。一旦直播间被推荐至同城页，便能有效吸引同城用户进入直播间。同城入口如图 8-4 所示。

图 8-3　直播广场入口

图 8-4　同城入口

3. 朋友入口

在社交媒体平台上，互相关注的用户被称为"朋友"，朋友入口通常设置在平台首页的显眼位置。以抖音为例，朋友功能在社交媒体中占据重要地位，它利用铁粉机制，优先向用户推荐其已关注的直播间。这种机制使得相互关注的粉丝，成为账号最稳固的支持者。用户访问朋友入口，只需登录应用，在首页底部找到明显的"朋友"选项，点击进入即可。在朋友页中，用户可以轻松浏览到正在直播的直播间。朋友入口如图 8-5 所示。

4. 关注入口

直播间高度依赖粉丝关注，这是账号稳定基础的重要来源。以抖音为例，其推荐机制优先考虑铁粉（即互相关注的用户），其次是普通粉丝。为此，特别设置的关注入口成为粉丝的专属重要功能，方便平台将直播内容优先推送给粉丝。通过关注入口，粉丝可直接在主页接收所关注账号的直播信息。该入口位于应用顶部显眼位置，用户可轻松找到并进入直播间。同时，直播间也展示在直播区域，用户可通过点击快速访问直播间。平台还提供开播通知功能，确保粉丝及时收到直播消息，在直播电商平台中具有重要地位，是连接粉丝与直播间的关键纽带。关注入口如图 8-6 所示。

图 8-5　朋友入口

图 8-6　关注入口

5. 其他入口

除以上所说的这些流量入口以外，通常还有几个流量入口。推荐入口是账号最核心的引流方式之一，通常可以通过粉丝的兴趣爱好将粉丝喜欢的内容推荐给观众，观众可以通过推荐入口，进入直播间。热门话题入口指观众可以在热搜页面找到热门话题，从而获得账号的引流推介。PK 入口：连麦是主播非常重要的一个活跃直播间粉丝的活动，通过 PK 活动，可以增加直播间的活跃度，从而让粉丝进入直播间。其他入口如图 8-7 所示。

8.2.3　直播间免费引流

了解直播流量的入口有利于掌握流量来源、制定引流策略进行宣传并将流量导入直播间。自然流量是商家最核心的盈利点，掌握免费流量密码或撬动免费流量，成为商家

图 8-7　其他入口

必争之法。了解直播间流量的入口、标签、平台规则这些底层逻辑之后，才能真正实现免费引流。虽然现在已经进入付费引流的时代，但自然流量仍然是重要的流量来源，在直播间引流中占到 60% 以上，错过自然流量，将给直播的运营者增加更大的成本。

1. 了解平台规则

遵守平台规则是获得流量推荐的基础，主要包括直播间内容不涉及违法或违反社会公德的行为，不违反平台各项规定。在内容上具体体现为是否违反法律法规，是否有恶意、低俗的内容，是否有刷粉、刷赞等作弊行为。在平台范围内遵守法律法规、社会公德、推荐机制、社区规范和活动规则，成为是否能获得平台流量推荐的前提和基础。

2. 标签精准

平台的推荐机制基于大数据分析，将符合账号需求的群体推至直播间。这要求平台了解直播间的特点、类型和内容，以形成明确的标签。标签的清晰度直接影响平台推荐的精准度，包括直播内容的曝光率、粉丝互动与转化等指标，以及商品的曝光、点击、转化和成交情况。标签不精准会导致流量推荐随机，可能对直播间数据产生错误偏移，影响流量效果。因此，标签是流量的核心要素。

（1）基础标签。在直播标题或者文案描述中添加基础标签，这些标签里包含搜索关联关键词和内容关联关键词。这些关键词是一些名词、形容词和动词，可以简明扼要地表达直播间的主题和要点。

（2）兴趣标签。标签可以帮助平台和账号运营者准确了解粉丝兴趣，通常用关键词或短语表示，例如，美食爱好者、旅游爱好者、美拍爱好者等。标签可以帮助运营者调整内容和形式，为粉丝提供更加精准的服务，吸引更多的目标用户，也可以让平台给直播间推送更加精准的意向流量，提高粉丝的参与度、忠诚度和转化率，从而大大增加粉丝变现的可能性。

（3）交易标签。交易标签是系统根据用户在直播间或账号下的交易行为，为其打上的一种认知和分类标识，主要包括用户下单品类、购买频次和客单价等属性。交易标签的精准度在直播间运营中展现出截然不同的效果。如"服装""母婴""美妆""3C"等精准标签，能清晰描述直播间商品和服务类别，反映交易行为和用户购买习惯，使平台能准确理解账号赛道并推荐精准流量，提升购买意愿和转化率，为电商平台提供计算依据。相反，不精准标签导致平台只能随机推荐流量，可能影响直播间数据指标和流量效果。交易标签精准度与平台推荐关系如图8-8所示。

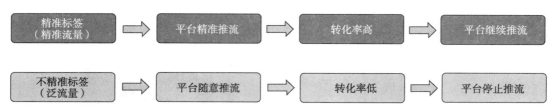

图8-8　交易标签精准度与平台推荐关系

3. 直播间短视频引流

直播间可以通过短视频精准引流，直播前的短视频预告、直播中的短视频投放，都是吸引更多的用户进入直播间的过程，可有效提高直播间的曝光和流量。

通过短视频为直播间引流的具体做法如下：

（1）准备高质量的短视频，其内容要符合商品调性，并具有吸引力和亮点，能够引起粉丝的兴趣或者好奇心。

（2）短视频也可以加入直播切片，展示直播间的亮点、特别嘉宾、活动等内容，让观众对直播间产生期待。

（3）要选择合理的发布时间和频率，通常选择直播前15～30分钟发布短视频。

总之，短视频是直播引流的一个重要方法。实践证明，短视频给直播引导的流量更为精准，转化率更高。在直播时，视频会陆续推荐给用户，观众可以通过闪动的头像进入直播间，如图8-9所示。

图8-9　直播时短视频的头像闪烁

4. 直播广场和同城页免费推送

前面说过直播广场和同城页是直播推广的重要免费平台，拥有庞大的用户基数，可以通过精准的推荐算法，将直播间的信息准确地推送给潜在的目标受众。想要获得免费流量，通过平台的推荐机制，得到直播广场和同城页的推介，效果将会叠加，主要方法如下。

（1）标题与封面设计。标题与封面设计是直播间吸引观众的关键因素。标题设计需简洁明了，要能突出直播的主题和亮点。同时还可以尝试融入引人入胜的元素，如悬念、幽默或情感共鸣，以增加观众的兴趣和好奇心。封面图片的选择同样重要，应选用与直播内容紧密相关、视觉效果清晰美观的图片，用来展示直播间的特色和亮点，让观众在众多直播中一眼看到并被吸引。

（2）直播间的内容质量。直播间的内容质量是吸引和留住观众的关键所在。运营者需要对自己的专业领域有深入的了解和研究，并致力于提供准确、有趣且具有吸引力的信息，确保所传递的信息既有价值又引人入胜。此外，主播们还需要关注直播间的环境和个人仪表，包括穿着、发型和面部表情等。自信、亲切的主播形象能够拉近与观众的距离，清晰、流畅的语言表达和适当的音量控制能够让观众更好地听清主播的讲述，从而更好地理解直播内容。

（3）定期直播。保持定期直播是提高曝光率、吸引更多粉丝的重要方式。要想培养观众的观看习惯和提高粉丝黏性，应制定固定的直播时间表，并在直播间内保持稳定和持续性。通过与观众建立稳定的互动关系，能够提高观众的参与度和忠诚度，积累更多的人气。定期直播还有助于提升直播间的知名度和关注度，从而获得更多被直播广场和同城页推荐的机会。

（4）观众互动。观众互动能够显著提高观众的参与感和忠诚度。主播们应该积极与观众进行互动，鼓励他们发言、提问和深入参与讨论。通过与观众的互动，可以营造出活跃的直播间氛围，吸引更多人加入。

（5）社交媒体引流。社交媒体引流是一种零成本的流量获取方式，也是吸引粉丝和观众进入直播间的有效途径。通过在微博、微信、抖音等热门社交媒体平台上发布直播预告和精彩内容，可以提前激发粉丝和潜在观众的兴趣和期待。这些平台拥有庞大的用户群体和高活跃度，使得与直播相关的信息能够迅速扩散，精准触达目标受众。

（6）热门话题引流。热门话题流量是一种高质量的免费流量来源，具有数量庞大、用户活跃度高、参与度高和黏性强的特点。通过紧密关注当前的热门话题和时事热点，直播运营者可以吸引大量对相关内容感兴趣的观众进入直播间。善于捕捉和利用热门话题流量，对于提升直播的曝光度、影响力和观众互动体验具有重要意义。

（7）平台活动引流。Banner 是一个用于展示广告、信息或宣传内容的图形区块，在网页或 App 界面设计中占据显著位置，通常出现在页面的顶部或特定栏目中。它通过视觉元素如文字、图像、动画等来吸引用户的注意力，旨在传达特定的消息、推广内容或引导用户进行进一步的操作，如点击链接、访问特定页面或购买产品等。

在直播广场 Banner 页，或者从主播中心进入活动，了解活动规则和相关奖励参与平台活动。直播电商平台活动是一种极具效益的免费流量来源。通过参与或举办各类直播电商平台活动，如主题挑战、节日庆典、合作推广等，直播运营者可以吸引大量观众涌入直播间。

8.3 直播电商投流巨量千川

 知识要点

8.3.1 直播电商投流巨量千川核心功能

巨量千川的常见应用场景涵盖了账号标签化、账号快速启动、稳定观众互动、提升商品交易总额、打造爆款商品以及与自然流量的协同运用等多个方面，全面满足商家各异的营销策略需求。此外，该平台提供了丰富的投放方式，包括按播放量定价和按优化目标定价等灵活选项，同时还支持查看最近七天内投放订单的数据统计、基础订单信息以及跳转功能，为商家的营销活动提供全方位的数据支持和策略优化参考。

巨量千川是小店商家广告搭建和投放的一体化平台，支持直播、短视频多种带货形式。支持移动端和 PC 端双端投放，基于投放自动化程度，分成极速推广和专业推广。巨量千川基于庞大的数据支撑，拥有实时监控主要数据、智能推荐、自动打标等多项核心功能。

1. 巨量千川首页功能布局

系统提示专区：展示全员重要通知、资质不通过、预算不足等信息，帮助广告主了解账户重点信息。

账户整体数据概览：直观展示账户近期（默认为过去 7 日，支持自定义）的消耗和推广数据（支持自定义维度），帮助广告主快速了解投放情况。

账户余额：展示账户余额、今日消耗数据，帮助广告主快速了解账户情况。今日消耗数据包含短视频/图文带货、直播带货、DOU+千川消耗数据。

今日数据：展示今日整体消耗数据情况。

功能上线通知：直观展示最新上线产品功能，帮助广告主便捷了解功能详情。巨量千川首页功能布局如图 8-10 所示。

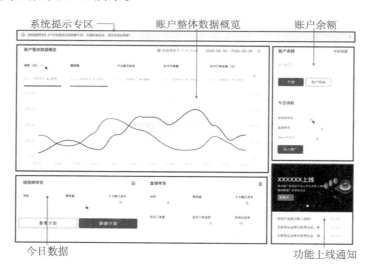

图 8-10　巨量千川首页功能布局

2. 巨量千川的推广

巨量千川的推广管理主要分为两大场景，即短视频/图文带货和直播带货。前者侧重于通过短视频或图文展示产品，后者则注重实时互动和销售，两者共同构成其核心策略。

（1）关键指标。巨量千川关键指标支持展示与上一周期相比数据的波动情况，便于广告主快捷定位数据波动原因。具体的巨量千川关键指标如表 8-1 所示。

表 8-1　巨量千川关键指标

基础功能	关 键 指 标
基础效果	消耗、展示消耗、展示次数、点击率、点击次数、平均千次展现费用
成交转化	下单订单数、下单订单金额、下单 ROI、支付订单数、支付订单金额、支付 ROI

在巨量千川计算机端的功能区里，也可以看到具体的巨量千川关键指标数据，如图 8-11 所示。

图 8-11　巨量千川关键指标

（2）计划与创意管理。首先可以点击计划、创意层级，这样可快速切换查看各层级情况，无须反复跳转。在计划与创意管理列表中，所有数据指标均支持排序。具体的计划与创意管理指标如图 8-12 所示。

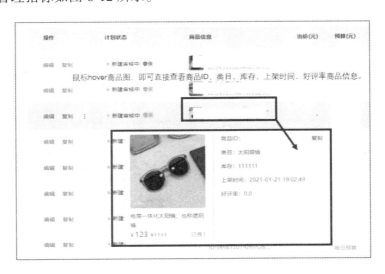

图 8-12　计划与创意管理指标

（3）自定义数据。在功能列表中，自定义数据包含基础效果、成交转化、互动效果三类丰富的数据指标，可逐一添加配置，已选指标可进行拖动排序，根据自身诉求自由调整各列顺序，如图 8-13 所示。

图 8-13　自定义数据

（4）计划查询。巨量千川有一个重要的功能，称为计划查询，在巨量千川后台，用户可以利用计划查询功能查找和了解特定的投放计划。计划查询可以分为商品和抖音号两种。商品投放计划查询如图 8-14 所示。

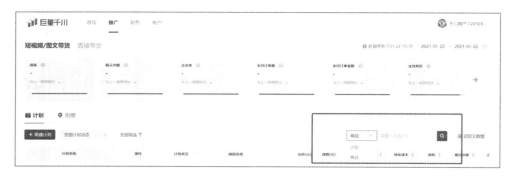

图 8-14　计划查询 1：商品

同时，还可以选择抖音号，自主切换，如图 8-15 所示。

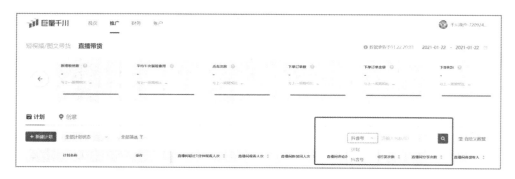

图 8-15　计划查询 2：抖音号

（5）概览面板。在巨量千川的功能面板里，点击计划名称，可跳转至概览面板。概览面板将数据、创意、操作日志、投放设置四大版块高效串联，支持四大版块快速切换，全面展示计划详情，可快速了解所有关键信息，如图 8-16 所示。

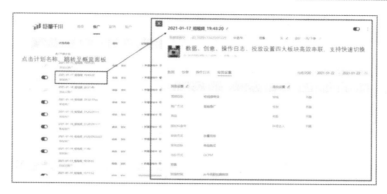

图 8-16 概览面板

3. 财务专区

在巨量千川的基础功能中，财务专区是一个重要的模块，用于展示资金钱包、财务流水、充值记录、退款记录。其中资金钱包展示账户总余额，区分非赠款余额和赠款余额，并支持广告主进行充值、退款、开票等操作。具体如图 8-17 所示。

图 8-17 财务专区

4. 账户专区

账户专区是巨量千川功能中的一个属性版块，包含账户信息、资质认证、账号授权、抖音号授权、操作日志五大版块。其中，账户信息版块支持协议签署，并展示账户名称、主体名称以及开户行业；资质认证版块支持资质提交、对公验证、申请 CA 签章以及增加投放资质；抖音号授权版块支持授权官方、自运营、达人抖音号并可查询授权生效状态。资质认证如图 8-18 所示。

图 8-18 资质认证

8.3.2　基本操作流程

1. 登录流程

以下是巨量千川的基本操作流程，具体功能和步骤可能会根据版本更新和平台政策有所变化（以 2022 版本为例）。

首先打开商家后台，在顶部导航栏位置找到营销中心，具体如图 8-19 所示。

图 8-19　巨量千川的账号登录 1：营销中心

点击营销中心后，在左边的菜单中找到广告投放区，如图 8-20 所示。

图 8-20　巨量千川的账号登录 2：广告投放区

抖店人店一体所绑定的官方账号，在巨量千川平台上会自动完成绑定授权，操作简便快捷。需要注意的是，抖店所绑定的渠道号的商品授权逻辑，与巨量千川的抖音号授权（即投放内容）逻辑，是完全独立的两套体系，彼此之间并无直接关联。PC 端支持的授权类型可以通过授权分级及支持的内容来表示，如表 8-2 所示。

表 8-2　PC 端支持的授权类型

授权分级及支持内容	备注&说明
	1. 官方账号（抖店侧说明） 在开通巨量千川账户或绑定人店一体账号时，会自动关联店铺对应的官方抖音号。 2. 抖店自播账号（抖店渠道号） 3. 自运营和合作达人的区别：是否支持在广告平台发布视频到抖音号主页

2. 授权流程

（1）在巨量千川的授权流程中，B 端用户（即企业用户或商家）通过 PC 界面发起授权申请。在巨量千川里找到"抖音号授权"，点击后可以找到"抖音授权"界面，在该界面中可以申请添加抖音号，如图 8-21 所示。

图 8-21　B 端 PC 界面发起授权

需要注意的是，客户需要先跟达人进行沟通，在获得对应达人的合作码之后，方可发起添加抖音号授权申请，C 端用户（即达人或个人抖音号持有者）确认授权后即可授权成功，如图 8-22 所示。

（2）授权生效时，支持 B 端客户操作续期，续期申请发出后需达人确认方可生效。

（3）授权到期、授权主动操作解除都会触发这个抖音号的停投，需谨慎引导客户操作，如图 8-23 所示。

图 8-22　C 端用户添加抖音号的操作

图 8-23　授权主动操作解除

8.3.3　新建计划

1. 选择营销目标和推广方式

（1）营销目标：广告主可以结合自己的营销目标，选择短视频/图文带货或直播带货来吸引用户。

（2）推广方式：广告主可以结合自身情况选择推广方式。极速推广适用于投放新手，操作门槛低，相对便捷；专业推广适用于熟练投手，如图 8-24 所示。

①极速推广：只需设置预算、出价等关键要素即可投放，支持基础的定向人群选择。

②专业推广：自定义更多投放和创意设置，支持更丰富的定向人群选择。

图 8-24　营销目标和推广方式

2. 计划创建

巨量千川的计划创建是投流的核心环节，涵盖明确推广目标、选择投放策略、创建广告计划以及优化调整等步骤。在此过程中，广告主需关注账户结构、素材质量、定向策略和预算控制，以确保广告投放的有效性和效率，实现品牌推广与销售促进的目标。具体功能如表 8-3 所示。

表 8-3　巨量千川的计划创建功能

营销目标	推 广 方 式	
	极 速 推 广	专 业 推 广
短视频/图文带货	功能概述：添加商品、视频，设置预算和出价等关键要素即可完成广告创建。投放将以原生化广告（让广告作为内容的一部分植入到实际页面设计中的广告形式）方式进行	功能概述：可支持客户进行进阶投放及创意设置；投放将以原生化广告的方式进行
直播带货	功能概述：极速版主要设置预算和出价等关键要素，人群定向等可由系统智能推荐。适用于新手上路、直播中即时补量	功能概述：支持自定义设置投放速度、更精准的人群定向等要素进行推广；适用于有比较固定的开播计划、更精准的定向需求的熟手

　　巨量千川投放计划创建的概览面板功能丰富，为广告主提供了全面的投放计划管理和优化工具。通过直观查看投放数据、创意详情、操作日志和投放设置，广告主可以更好地了解和管理广告投放计划，实现更精准、高效的广告投放。概览面板中的巨量千川投放计划管理如图 8-25 所示。

图 8-25　概览面板中的巨量千川投放计划管理

　　同时，概览面板中的"数据概览"功能为用户提供了一个全面、直观的数据展示和分析平台，可以帮助用户更好地了解广告投放的效果并进行优化，如图 8-26 所示。

图 8-26　概览面板中的数据概览功能

　　总而言之，抖音直播巨量千川的操作流程需要商家在全面了解并遵循相关规定的基础上，不断优化和调整广告策略，以实现最佳的营销效果。这不仅要求商家具备敏锐的市场洞察力和创意制作能力，更需注重数据驱动和精细化运营，才能在激烈的市场竞争中脱颖而出，实现商业价值的最大化。

8.4　巨量千川移动端的小店随心推介绍

 知识要点

8.4.1　小店随心推的背景、关系和目标

巨量千川移动端的小店随心推通常在手机上完成操作，具体的背景、关系和目标如表 8-4 所示。

表 8-4　小店随心推的背景、关系和目标

背景	DOU+是创作者提高内容热度的营销工具，可以间接优化订单效果。小店随心推则是适配电商营销场景的 DOU+电商专属版本，与小店紧密结合，是电商营销新手在移动端推广小店商品时的入门增长工具
关系	巨量千川是电商广告一体化工具，包含移动端小店随心推、PC 极速推广、PC 专业推广三个版本，助力电商营销推广。小店随心推将 DOU+的原始电商场景和巨量千川整体规划相融合，为创作者、腰尾部商家（特别是自助客户）提供原生环境、自助的流量解决方案
目标	实现广告和电商全方位融合协同，推动内容电商广告收入的可持续增长；统一投放入口及账号体系利于对电商进行统一管控，以提升业务健康度

8.4.2　小店随心推产品简介

（1）小店随心推是一款帮助推广者在抖音端推广小店商品的轻量级广告产品，其主要目标有两个：

①实现广告和电商全方位融合协同，推动电商广告收入的可持续增长；

②统一投放入口及账号体系利于对电商进行统一管控，以提升业务健康度。

（2）小店随心推的目标用户是小店商家、电商达人、普通达人和电商机构服务商，他们可以通过巨量千川账号的投放购物车场景，实时观测投放效果和轻量级投放操作的营销诉求。

8.4.3　小店随心推功能介绍

1. 明确投放目标

优化目标，使其更符合电商用户的投放诉求；涨粉、互动等浅度目标，强化电商属性，优化底层策略；增加电商属性深层转化目标。

（1）短视频目标：商品购买、内容种草、提升粉丝量；

（2）直播目标：直播间人气、直播间商品点击、直播间带货、直播间涨粉、直播间评论。

小店随心推投放目标如表 8-5 所示。

表 8-5　小店随心推投放目标

短视频	商品购买	用户通过小店随心推视频进入小店完成下单
	内容种草	用户通过对视频点赞/评论/分享/点击个人主页等方式进行互动
	提升粉丝量	对视频感兴趣的用户产生关注行为
直播	直播间人气	为直播间增加观看量
	直播间商品点击	为直播间增加商品点击量
	直播间带货	为直播间增加下单量
	直播间涨粉	为直播间增加粉丝量
	直播间评论	为直播间增加评论量

2. 出价方式

小店随心推支持以下三种出价方式。按播放量出价，主要是根据视频预期播放量设定价格，适合希望提升视频曝光度和覆盖面的用户；按优化目标出价（手动出价），系统根据出价来优化广告投放效果，以满足特定的营销目标；按优化目标出价（自动出价），广告主设定营销目标，系统自动调整出价以达到最佳投放效果，实现广告效果的最大化。

3. 小店随心推订单列表

（1）订单列表具有分 tab 展现视频/直播订单；

（2）支持近 7 日投放订单的数据汇总；

（3）支持在列表中查看订单基础数据；

（4）支持跳转功能，可通过订单列表跳转至下单页/订单详情页等功能。

4. 查看订单详情

小店随心推的数据字段与巨量千川 PC 版对齐，在 DOU+原有版本的基础上新增更详细的数据披露，帮助用户全方位分析订单效果，如表 8-6 所示。

表 8-6　全方位分析订单效果

短视频	互动数据	新增粉丝量、点赞次数、分享次数、评论次数、主页访问量
	小店数据	支付订单量、支付订单金额、投资回报率
	转化数据	点击次数、转化次数、转化成本、转化率
直播	小店数据	支付订单量、支付订单金额、投资回报率
	直播数据	观看人次、查看购物车数、商品点击次数、新增粉丝次数、评论次数、分享次数、打赏次数、音浪收入、新加团人次

5. 小店随心推创编功能

小店随心推创编功能是一个重要功能，能让用户轻松创建推广个性化营销内容。

（1）品牌优化：保曝光度；

（2）效果优化（短视频）：加粉、点赞评论、商品购买，出价方式为按优化目标出价而自动或手动出价；

（3）效果优化（直播）：直播间人气、直播间涨粉、观众互动、直播间带货，出价方式为按优化目标出价而自动出价；

（4）数据：短视频支持订单粒度分析，直播支持订单粒度分析。

8.4.4　操作流程

1. 开户资质

小店随心推的开户资质如表8-7所示。

表 8-7　小店随心推的开户资质

业务角色	对应的抖音用户类型	开户资质要求
商家	认证为抖店官方账号的达人	1. 开户资质：复用店铺主体资质； 2. 对公验证：复用店铺对公验证； 3. 投放、行业资质：复用店铺投放、行业资质； 4. 默认拉取店铺的主体资质和对公验证结果，无须二次上传
电商达人	开通电商橱窗权限的达人	1. 开户资质：复用商品橱窗主体资质； 2. 对公验证：若主体为企业则需复用商品橱窗对公验证，若主体为个人则无要求； 3. 投放、行业资质：无要求； 4. 默认拉取开通电商橱窗的主体资质和对公验证结果，无须二次上传
普通达人	普通达人（未开通电商橱窗权限）	1. 开户资质：抖音实名认证+身份证正反面； 2. 投放、行业资质：无要求
MCN 机构	开通了电商橱窗权限的达人	1. 开户资质：复用商品橱窗主体资质； 2. 对公验证：若主体为企业则需复用商品橱窗对公验证，若主体为个人则无要求； 3. 默认拉取开通电商橱窗的主体资质和对公验证结果，无须二次上传
	普通达人（未开通电商橱窗权限）	1. 开户资质：抖音实名认证+身份证正反面； 2. 投放、行业资质：无要求
	企业用户	暂不支持

2. 素材代投授权

（1）需要素材代投授权的（例如广告创意非广告主自有），则需要创意所有者达人侧进行授权，达人侧授权通过后广告主才能下单，素材授权支持的场景如表 8-8 所示。

表 8-8　素材授权支持的场景

短视频带货推广	直播带货推广
视频素材授权，以单个视频为单位的授权粒度（也可以称为单视频 item 粒度），同时支持授权给多个广告主	1. 短视频引流直播间：视频素材授权（单视频 item 粒度），同时支持授权给多个广告主； 2. 直投直播间：直播授权为 UID 粒度（User Identification，以用户 ID 为单位的授权粒度），同时支持授权给多个广告主

（2）授权限制：每天最多向3个达人发出申请，申请总次数是10次。

（3）授权时长：申请授权后达人7天内无响应，则申请会失效；达人授权同意后，一期授权时长为30天，二期授权支持自定义。

（4）素材授权流程：为不影响主播直播体验，直播订单下单前需广告主提前申请授权，并需达人提前同意授权。素材授权流程如表8-9所示。

表 8-9　素材授权流程

类　别	流　程	订单类型	申　请　授　权
广告主发起授权申请	下单时发起授权	视频订单	"短视频引流直播间"或"短视频带货推广"点击订单支付时，会弹出授权弹窗，发送授权申请，等待授权结果
	下单前发起授权	视频订单直播订单	小店随心推"个人中心""合作授权申请""搜索达人""选择合作素材""单视频合作授权"或"直播间合作授权"，发送授权申请，等待授权结果
达人管理授权申请	消息通知提示	视频订单直播订单	"抖音主页""消息""功能通知""广告授权申请""确认知晓并同意广告授权协议""确认授权"
	直接从某条视频页面授权	视频订单	选择视频下方的"广告授权"，选择"授权期限"和"授权方式""确认知晓并同意广告授权协议""确认授权"

3. 资金充值

小店随心推和原 DOU+的差异是，暂不支持移动端充值和转账，具体如表 8-10 所示。

表 8-10　资金充值

充值	移动端暂不支持巨量千川全产账户余额充值，需移步巨量千川 PC 端进行账户充值
支付	余额支付：巨量千川账户余额抵扣（如未开通 PC 端无法充值巨量千川账户，可通过现金支付随用随付） 现金支付：人民币模式，可通过支付宝/微信支付，随用随付
转账	移动端暂不支持转账，需移步巨量千川 PC 端进行操作
退款	移动端支持退款，退款方式如下： 1. 余额支付的退回账户余额（同步移动端） 2. 支付宝支付的退回支付宝（微信支付的退回微信）

4. 主下单流程

（1）前置流程：若已有巨量千川账号，则直接拉取账号、资质信息；若无巨量千川账号，则填写资质后自动生成巨量千川账号 adv_id（系统自动分配给新用户的账号 ID）。

（2）下单流程：选择转化目标与投放时长→选择定向→出价→设置投放金额→选择支付方式→完成下单。

8.4.5　效果实时监测

创建订单后，通过以下两种方式进入小店随心推个人中心。首先需要下滑到订单模块，点击查看订单详情：

（1）点击小店随心推创建订单页面右上角的图标。

（2）进入抖音，依次点击"我"→"≡"→"更多功能"→"小店随心推"。

8.4.6　客服咨询入口

抖音小店随心推的客服咨询入口如图 8-27 所示，此功能可以为用户提供便捷的问题解答与服务支持。

订单详情页	申请发票页	帮助与客服	退款	未支付页

图 8-27　客服咨询入口

8.5　直播电商投流搜索流量

8.5.1　抖音全域兴趣电商下，搜索是提供稳定高效流量的来源

搜索流量来源于两条路径："货找人"内容场（短视频、直播）和"人找货"的中心场（商城、搜索），两大路径协同经营，实现高效的转化承接，如图 8-28 所示。

图 8-28　搜索流量来源

近几年，抖音用户搜索量级不断攀升。2021 年，站内用户关于电商需求的搜索流量增长了 238%。搜索人均客单价是其他流量渠道的 3 倍，7 日内抖音账号加粉率达 7%。近 3 月 GMV 环比增长超 30%，搜索已经成为撬动"新流量"的关键一环。

抖音电商针对商城搜索、商品搜索、综搜场景提供了商品卡、短视频卡、直播卡等不同的结果承接体裁，能够丰富不同搜索入口的商品信息展示，促进搜索流量高效转化。通过商品卡等体裁内容，满足用户不同搜索场景下的购物需求。商品信息承载体裁如图 8-29 所示。

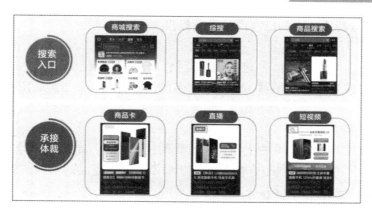

图 8-29　商品信息承接体裁

8.5.2　如何抓住搜索流量，实现销售额增长

不同搜索场景下商品的呈现与商品信息相关性与转化率、店铺服务能力和传递的内容价值信息息相关，"好商品"承接购买转换，"好服务"推动售前决策，"好内容"激发用户电商需求，提升用户黏性。找到高搜货品商机，运营"好商品""好服务"和"好内容"，是提高搜索流量、助力生意增长的核心要素。搜索转化如图 8-30 所示。

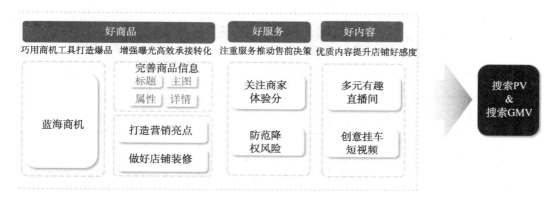

图 8-30　搜索转化

8.5.3　获取搜索流量"四步走"

1. 巧用商机挖掘工具，顺势打造高搜爆品

（1）发掘高搜商机工具——搜索蓝海商机。

方法一：抖店→商品→商机中心→搜索蓝海商机；

方法二：抖店→搜索→搜索蓝海商机。

（2）商机发品教程。

①发品类型。

创建同款商品：若店铺内无已有同款商品，则需创建新的同款商品链接，点击"创建同款"即可。

关联已有商品：若店铺内已有同款商品，则无须再创建新的商品，可直接点击"关

联已有商品", 选择店铺内的已有商品进行提报。

②发品步骤。

第一步: 点击"创建同款", 进入创建流程; 点击"关联已有商品", 进入提报界面。

第二步: 完成商品信息填写, 勾选要报名的同款商品, 点击"确定提报"即可成功提报。

第三步: 等待审核。

第四步: 在"商机中心"右上角点击"我的报名"后, 在"线索类型"处筛选"蓝海商机", 即可在"报名状态"处查看报名蓝海商机同款商品的审核结果。

2. 做好商品承接购买转化

（1）完善商品基础信息, 提升搜索曝光。

①做好标题, 丰富词根获取精准流量。

长标题: 长标题应该包含商品品名, 描述产品的使用场景、规则、外观等关键属性。充分利用好 30 字的信息传达效率, 要在关键产品信息前面突出热搜词。

短标题: 短标题是指符合平台规范要求, 通过有效且精简的内容突出商品核心亮点。

②标题优化工具: 标题优化工具分为选词工具和诊断工具两类, 如表 8-11 所示。

表 8-11　标题优化工具

分类	工 具	使 用 说 明
选词工具	搜索下拉框	搜索下拉框可以按照搜索词、点击量、库存深度等综合排序行业实时热搜词
	电商罗盘	支持查看周期内流量搜索词分析, 可以识别查看行业热搜词、飙升词、高潜热词, 帮助快速洞察市场商机。此外, 行业词新增二级目录及叶子类目, 可以更精准定位到详细类目的搜索词
诊断工具	商品发布	商品信息发布页可以自动对商品标题字数、是否缺少品牌词、品类词信息进行诊断并给出热搜词推荐
	搜索商品诊断	搜索商品诊断可以快速捕捉线上商品标题优化空间, 并提出字数、推荐词、品牌词、品类词诊断建议 （注: 热搜词推荐支持除食品行业外的全行业头部类目, 食品行业在持续拓展中）

③优化数据监测。

重点关注指标: 商品卡曝光人数、商品卡点击人数、商品卡成交 GMV。

查看地址: 电商罗盘。

入口路径: 抖店后台→电商罗盘→商品卡→单商品卡流量→查看→流量漏斗→搜索渠道搜索数据。

④优化示例。

例如, 做好主图, 突出主体卖点的可视化。商品主图需满足优质视觉效果, 要"突出主体""构图干净""清晰美观", 高质商品更有利于被系统识别, 低质画风、触及软色情等红线会面临降权、封禁等处罚。

（2）增加商品营销亮点, 提高转化率。

要想提高商品转化率需要重点关注商品销量、点击率、转化指标, 借助价格优势、营销活动和前端功能展示共同推动消费者购买决策, 凸显核心竞争力, 如表 8-12 所示。

表 8-12 增加商品营销亮点

方　　向	建　　议
营销活动	多参加平台大促和营销活动，快速积累商品销量，引导消费者完成收藏加购
用户决策信息	重点优化标题和主图，结合行业特点突出新品、稀缺货品等亮点进行高效表达； 开通运费险，推动消费者购买决策； 商家平台共建开通抖音月付免息活动，撬动增量 GMV
价格	同品类价格具有竞争力，给出消费者让利空间，提升成交概率

（3）做好店铺承接搜索流量，提高店铺 GMV。

为了有效承接搜索流量并提升店铺 GMV，必须重视店铺形象和用户体验。精致独特的装修能吸引用户注意，给用户留下深刻印象。精心设计的布局和美观的陈列能创造愉悦购物环境，激发购买欲望，延长用户停留时间，提高用户黏性，进而提升转化率。优化的用户体验还能增强用户信任和好感，提升用户消费意愿，并使其乐于分享。口碑传播和用户推荐可以进一步扩大店铺曝光度和影响力，吸引更多潜在客户。注重用户体验的店铺更易获搜索引擎青睐，能够提高搜索结果排名，增加曝光机会。因此，提升店铺形象和用户体验，将搜索流量转化为实际销售额，不仅能显著提升 GMV，还能增强品牌影响力和市场竞争力，为店铺长期发展和品牌建设打下坚实基础。店铺装修的前后端展示如表 8-13 所示。

表 8-13 店铺装修前后端展示

进店入口	前端样式	后台入口

3. 做好服务推动售前决策

做好店铺生态基建、经营店铺体验分、避免违反平台规则，是获取搜索流量的重要一环。体验分广泛应用于平台流量倾斜、营销活动提报、精选联盟准入、终止合作等场景。体验分越高，搜索流量越稳定，需要商家运营重点关注。

（1）体验分为 5 分制，最低为 3 分，由商家近 90 天内的商品体验、物流服务及客服体验三个评分维度加权计算得出，如表 8-14 所示。其评分不定期更新，可通过抖店后台→店铺→店铺成长→商家体验分查看。

（2）避免违反平台规则，为用户提供健康搜索生态，违反平台规则会影响商品曝光，如表 8-15 所示。

表 8-14　商家体验分

评分维度	关注指标	运营指导
商品体验	商品基础分/综合负向反馈率	提升产品质量，符合平台规则条件下提升用户订单反馈
物流服务	揽收及时率/订单配送时长/物流用品	提升物流质量和配送效率
客服体验	投诉率/纠纷商责率/IM（卖家客服的响应速度和效率）3 分钟平均回复时长/仅退款自主完结时长/退货退款自主完结时长/IM 不满意率	响应速度：短时间内回复，提升满意度 专业度：拥有高专业度，用户才能放心 态度：服务态度好

表 8-15　避免违反平台规则

治理类型	治理规则	优化建议
异常价格	异常低价如跨品类或款式差异较大商品设置 SKU（库存量单位）、虚假 SKU、低价高邮恶意引流，异常高价包括虚高商品售价、设置防拍价等	遵循平台规则，避免超出/低于商品实际价格、低售价高运费、高售价大力度促销等违规售卖行为
商品信息（平台施以治理）	1. 低质画风：水印、大字报、低质图或图片引起用户心理不适 2. 商品信息：标题、图片、类目等属性信息缺失、类目错放、相关性差 3. 山寨打压：依照标准、消费者相关反馈或大众评审是否构成混淆	1. 优化商品标题、图片、类目等基础信息，提升商品信息视觉传达效果 2. 提交上传真实商家运营资质证明，拒绝商家通过售卖虚假商品获取流量
商品质量	商品质量可从商品好评率和店铺体验分两个维度考察，维护好商品"三率"：差评率、品退率和投诉率	1. 通过优惠券、礼品等方式引导买家购物反馈 2. 提升服务响应度、专业度，做好客情维护提升店铺体验分
风控治理	虚假交易、规避或恶意利用信用记录、干扰或妨害信用记录秩序，不正当获取虚假销量、店铺评分、信用积分、商品评论或成交金额等行为	请商家严格遵守平台虚假交易实施细则

4. 做好内容提升店铺好感度

通过优质的商品卡、挂车短视频以及直播等形式，可以有效增加顾客对商品的兴趣和购买欲望。

（1）短视频（挂车）：运营好短视频标题，保证商品标题完整度，具备品牌词、品类词等属性，提升搜索曝光。生产多元有趣短视频内容，加强用户互动，提高互动率。

（2）直播：保证标题完整度，具备品牌词、品类词等关键属性，良好互动氛围，多角度介绍商品信息/卖点，增强信息价值表达，提升用户在直播间停留时长。保持账号活跃度，增加开播频次。

8.6　巨量本地推

 知识要点

8.6.1　巨量本地推的使用方法

巨量本地推是一款针对本地商家的广告推广工具，旨在帮助本地商家通过抖音等平台进行有效的线上推广。它可以帮助商家精准定位目标客户群体，提高店铺曝光度和销售额。商家在抖音来客 App 上开通巨量本地推后即可进行推广操作，巨量本地推的使用方法如下：

第一步：新建推广；第二步：选择营销目标。

巨量本地推有短视频推门店、短视频推商品和直播推商品三种模式，对应优化目标如表 8-16 所示。

表 8-16　优化目标

推　广　目　的	优化目标	优化目标说明
短视频推门店	门店浏览	用户进入 POI 详情页浏览
	用户互动	用户点赞、评论、转发、收藏
	粉丝增长	用户关注抖音号
	商品浏览	用户进入团购详情页浏览
	商品购买	用户完成团购商品支付
短视频推商品	商品浏览	用户进入团购详情页浏览
	商品购买	用户完成团购商品支付
	粉丝增长	用户关注抖音号
	用户互动	用户点赞、评论、转发、收藏
直播推商品	直播观看	用户进入直播间观看
	直播停留	用户在直播间停留
	商品点击	用户在直播间点击团购商品
	商品购买	用户完成团购商品支付
	粉丝增长	用户关注抖音号

8.6.2　短视频推门店

短视频推门店是利用短视频这一内容形式，通过选择目标受众人群并传播有价值的内容，来吸引用户了解企业品牌、产品和服务，最终实现交易的一种营销方式。在巨量本地推的框架下，短视频推门店特指通过短视频来推广门店，以增加门店曝光和客流量，操作步骤如表 8-17 所示。

表 8-17　短视频推门店

步　骤	步　骤　说　明	示　意　图
1. 进入计划创编页面	短视频推门店计划创编页面	
2. 选择要推广的门店	点击更换为其他已在抖音来客认领并审核通过的门店	
3. 选择希望获得	1. 选择"门店浏览""用户互动"或"粉丝增长" 2. 系统将向最有可能发生该目标行为的客户展示你的推广	

步　　骤	步骤说明	示　意　图
4. 选择出价方式	出价方式默认为"智能出价"，可切换为"手动出价"	智能出价　　手动出价
5. 设定日预算	可选默认预算，也可以选自定义预算	
6. 设定推广时间	1. 推广日期可选"从今天起长期投放"或"自定义"日期 2. 推广时段可选"全天推广"或"自定义"时段	
7. 设定地域定向	可选"全国""门店附近""自定义"	
8. 设定人群定向	可选"系统智能推荐"或"自定义" 自定义可设置"性别"和"年龄"定向	
9. 选择要推广的内容	即广告创意 1. 选择推广的抖音号 2. 点击添加抖音号中的视频，最多可选9个	
10. 设定推广名称	即广告计划名称，仅展示于广告后台，对广告受众不可见	推广名称（仅展示于广告后台） 2022-05-12_短视频推广门店_03:20:42
11. 完成广告创编，立即推广	点击"立即推广"	立即推广

8.6.3　短视频推商品

短视频推商品是指通过巨量本地推这一营销平台，利用短视频的形式来推广和销售特定的商品。这种推广方式结合了短视频的直观展示效果和巨量本地推的精准投放能力，旨在吸引潜在消费者的注意力，并激发他们的购买欲望。具体操作步骤如表 8-18 所示。

表 8-18　短视频推商品操作步骤

步　　骤	步 骤 说 明	示　意　图
1. 进入计划创编页面	短视频推商品计划创编页面	
2. 选择要推广的商品	可选择已创建并审核通过的商品	
3. 选择希望获得	可选"商品浏览""商品购买""用户互动"或"粉丝增长"	
4. 选择出价方式	出价方式默认为"智能出价"，可切换为"手动出价"	
5. 设定日预算	可选默认预算，也可以选自定义预算	
6. 设定推广时间	选定推广日期，自定义推广时段	
7. 设定地域定向	可选"全国""门店附近"或"自定义"	

步　骤	步　骤　说　明	示　意　图
8. 设定人群定向	可选"系统智能推荐"或"自定义" 自定义可设置"性别"和"年龄"定向	
9. 设定推广名称	即广告计划名称，仅展示于广告后台，对广告受众不可见	推广名称（仅展示在广告后台） 2022-05-12_短视频推商品_03:51:06
10. 完成广告创编立即推广	点击"立即推广"	立即推广

8.6.4　直播推商品

直播推商品即通过直播的形式来推广和销售商品。其特点为互动性强、传播速度快，实时展示商品的特点、吸引观众的兴趣并促使其下单购买。操作步骤如表 8-19 所示。

表 8-19　直播推商品操作步骤

步　骤	步　骤　说　明	示　意　图
1. 直播推商品计划创编页面	进入计划创编页面	
2. 选择用于推广的抖音号	选择抖音号	
3. 选择希望获得	1.可选"直播观看""直播停留""商品点击""商品购买""粉丝增长" 2.系统将向最有可能发生该目标行为的客户展示你的推广	直播观看　直播停留　商品点击　商品购买　粉丝增长
4. 选择出价方式	出价方式默认为"智能出价"，可切换为"手动出价"	智能出价　　　手动出价

续表

步　　骤	步 骤 说 明	示　意　图
5. 设定日预算	可选默认预算，也可以选自定义预算	
6. 设定推广时间	所筛选的时间内，仅直播时进行投放 1. 可选"投放日期"或"固定时长" 2. 推广日期：可选"从今天起长期投放"或"自定义"日期 3. 推广时段可选"全天推广"或"自定义"时段	投放日期 固定时长
7. 设定地域定向	可选"全国""门店附近""自定义"，"门店附近"可设置6~20千米内定向，"自定义"可选择按"省市""区县""商圈"定向	
8. 设定人群定向	可选"系统智能推荐"或"自定义"，自定义可设置"性别""年龄"定向	
9. 选择要推广的内容	即广告创意，可选"直播间画面"或"短视频"。若选短视频，则点击"添加短视频"添加抖音号中的视频，最多可选9个视频	
10. 设定推广名称	即广告计划名称，仅展示于广告后台，对广告受众不可见	
11. 完成广告创编立即推广	点击"立即推广"	

课后分析思考

　　福州舞爪食品有限公司在马尾开了一家专营店，需要通过本地推导流，请设计一份投流计划。

 课后扩展阅读

 即测即练

自学自测　　扫描此码

第 9 章

新媒体直播数据复盘与分析

本章知识图谱

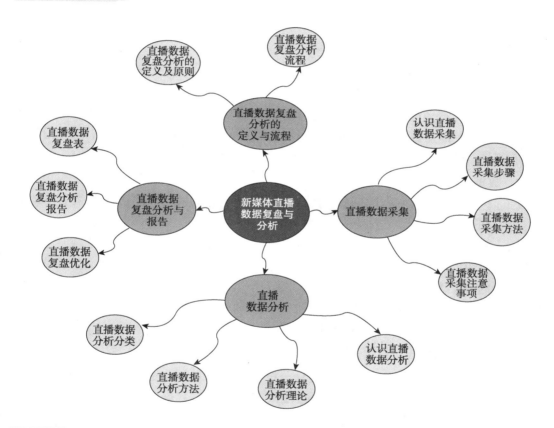

知识目标

通过本章学习，读者应该能够：

1. 了解直播数据复盘分析的定义，对直播数据复盘的流程、方法、技巧有全面清晰的认知；

2. 了解直播数据采集的定义、步骤、方法与注意事项，掌握直播数据采集方法；

3. 了解直播数据分析的定义、理论与方法，掌握直播数据分析方法；

4. 了解直播数据复盘的定义，掌握直播数据复盘流程、数据复盘报告的撰写方法。

9.1 直播数据复盘分析的定义与流程

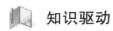 **知识驱动**

为公司旗下店铺账号的直播数据进行复盘

随着互联网经济的快速发展，直播电商成为新型网络营销方式，福建瀚智科技有限公司旗下开设"海鲜旗舰店铺"抖音店铺，店铺上线运营一年来取得了较好的直播销售成绩。为充分迎接"6·18"年中消费大促，公司决定对该店铺账号上个月的直播数据进行整体复盘与优化，特进行月度抖音直播数据复盘。作为该店铺项目运营负责人，通过本章学习，你需要对该店铺月度直播数据进行综合复盘与优化。

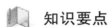 **知识要点**

9.1.1 直播数据复盘分析的定义及原则

随着新媒体行业的发展，新媒体运营团队对新媒体的运营已经从过去的"粗放式运营"过渡到当前注重数据复盘分析的"精细化运营"阶段。在大数据时代，只有用数据驱动新媒体运营的团队，才能从激烈的市场竞争中脱颖而出。

1. 数据

（1）数据是事实或观察的结果，是对客观事物的逻辑归纳，是用于表示客观事物的未经加工的原始素材。

（2）数据不仅指狭义上的数字，还可以是具有一定意义的文字、字母、数字符号的组合，以及图形、图像、视频、音频等，也可以是客观事物的属性、数量、位置及它们之间关系的抽象表示。

（3）新媒体账号在运营过程中会产生大量数据，按照数据的呈现形式，这些数据可以分为数值型数据、文本型数据和图文型数据。

2. 数据复盘分析

（1）数据复盘分析是指用合适的统计分析方法对收集来的大量数据进行分析，将它们加以汇总和整理，以求最大化地开发数据的功能，发挥数据的作用。

（2）数据复盘分析中的数据也被称为观测值，是实验、测量、观察、调查等的结果。数据分析中所处理的数据分为定性数据和定量数据，将只能归入某一类而不能用数值进行表示的数据称为定性数据。

（3）数据复盘分析可以分为描述型分析、诊断型分析、预测型分析和指导型分析。

3. 直播数据复盘分析

直播数据复盘分析指的是针对直播间一段时间的直播后台数据进行全方位的复盘与分析。直播数据能够直观地反映直播的实际效果，分析直播数据有助于找出直播中存在的问题，进而进行有针对性的优化。分析直播数据要全面，既要针对直播间的各类数据进行有效、全面的分析，也要针对直播间所在行业进行横向对比分析，了解行业当前的用户购买特征与热门商品的表现形态等。

4. 数据复盘分析的作用

（1）把握新媒体账号的运营方向。新媒体账号的数据复盘与分析，不仅要分析后台相关数据来了解新媒体账号的运营状况，还要结合大数据技术来分析新媒体账号的运营方向。结合直播电商的直播数据，运用大数据技术可以直观地分析出新媒体账号在一定时间内的整体运营情况，同时做纵向与横向对比，可以分析得出新媒体账号的整体运营方向。

（2）了解新媒体账号的运营状况。在网络信息技术的加持下，新媒体账号的运营情况可以用"数据"来进行体现，新媒体账号的直播也可以通过"数据"来进行综合展示。直播运营人员通过采集分析直播数据，能够全面和细致入微地分析出该账号的整体运营状况，采集与分析的数据一般包含场观人数、同时在线人数、粉丝转化、互动数据、购买数据、粉丝画像数据等。

（3）控制新媒体账号的运营成本。任何运营都需要成本，在互联网发展日益成熟的当下，直播电商的运营也已发展到精细化运营的时代，任何成本都需要精细控制，特别是进行商业化运营，投入与产出比就需要进行精准控制。直播电商无论采用自然流还是商业投流，只要进行商业化运营，其成本所包含内容都是比较丰富的，只有进行精细化的直播数据分析才能精准地算出投入产出比，继而不断优化运营成本，从而帮助运营团队进行成本控制。

（4）对营销方案进行有效评估。在新媒体账号的运营过程中，运营者会制定相应的营销方案，每一种营销方案都是在过去的经验总结基础上制定出来的。在具体的营销环境下实施时，需要对营销过程与营销结果进行综合数据评估，以便在后面制定营销方案时做进一步调整与优化。

5. 数据复盘分析的原则

（1）科学性。数据复盘与分析本身就是在信息技术的科学原理指导下而进行的，任何一次数据采集、处理、分析出现失误，都会影响复盘分析结果，从而可能导致营销方案的"满盘皆输"。所以直播运营团队必须要本着科学、严谨的态度对待数据复盘与分析的每个环节，做到科学、严谨的采集、处理与分析，从而帮助整个项目往更好的方向发展。

（2）系统性。数据复盘与分析不是一种简单的记录、整理和分析的过程，它本身具有很强的系统性与完整性，需要运营团队制订详细的计划，进行科学严谨的组织，同时还要进行科学系统的实施。数据复盘与分析由一整套科学、系统、完整、规范的体系共同组成，因此是一项系统性比较强的工作。

（3）针对性。因为统计数据工具存在差异性，数据统计分析方法也各有不同，所以运营者在数据分析时，要根据实际情况对数据复盘与分析进行有针对性的区别对待，要根据数据分析的目的选择合适的分析方法与模型，只有这样才能得到想要的分析结果。

（4）实用性。直播数据的复盘与分析说到底是为直播运营服务的，因此在数据分析过程中，除要保证分析过程的专业性与科学性外，也要考虑数据分析结果的实际应用价值。因此，运营者在数据分析过程中要考虑数据指标的可解释性，以及数据分析报告的可读性，并分析结论的指导意义与实用价值。

9.1.2　直播数据复盘分析流程

直播数据复盘与分析主要包含五个流程，分别是规划设计、数据采集、数据分析、数据复盘与分析报告撰写、数据复盘优化。

1. 规划设计

规划设计指的是在明确数据分析目的的基础上进行数据收集分析思路设计，只有在清晰、准确的分析目的指引下，才能制定出清晰、合理的数据收集分析规划，从而指导后面的数据复盘分析过程。

2. 数据采集

数据采集是数据分析的前提，数据采集指的是在完备的数据采集工具帮助下进行完整的数据采集工作，运营者可以通过多种采集工具进行数据采集，如直播账号后台采集、第三方软件采集等。

3. 数据分析

数据分析是数据复盘与分析过程中最重要的环节，指的是通过数据分析工具对数据进行综合分析，从而得到有价值的指导性结论的过程。通常数据分析采用 Excel、抖音巨量数据、飞瓜数据、新傍指数、蝉妈妈指数等分析工具进行综合分析。

4. 数据复盘与分析报告撰写

数据复盘与分析报告撰写指的是针对数据分析的结论进行数据可视化展示，并根据数据分析的结论进行综合文字化总结与陈述，在分析报告中指出直播账号目前的运营状况、问题呈现，必要时还要给出解决方案。一份完整的分析报告需要条理清晰、详略得当、图文并茂、观点明确、见解独到，所以要求运营者对直播账号的数据进行全方位的综合分析与考量，并站在行业发展的角度考虑直播账号的发展方向。

5. 数据复盘优化

数据复盘与分析并不只是得出必要的结论就"万事大吉"了，运营者还需要针对直播数据中存在的明显问题，在接下来的运营过程中做进一步的调整与优化，针对重点数据问题进行营销方案的优化，如互动数据、粉丝转化数据、粉丝画像数据等，以达到直播团队精细化运营的目标。

9.2　直播数据采集

 知识要点

9.2.1　认识直播数据采集

数据是开展数据分析的前提，新媒体运营者只有收集到足够多的有价值的数据才能进一步建立数据分析模型，再通过分析数据发现数据背后隐藏的规律，从而得出有价值的分析结果来指导新媒体的运营。

数据采集是一个非常广泛的概念，可以指代任何从外部获取数据的过程。这些数据可以有不同的来源，包括实时传感器读数、网站流量日志、购物网站的交易记录、社交媒体上的帖子和评论等。

对于直播间而言，数据采集是非常重要的，因为它能够帮助商家了解直播间的运营情况，以及观众的喜好和行为习惯。通过对数据的分析，商家可以找出问题所在，并提出合理化的解决方案。此外，数据分析还有助于商家预测未来趋势，从而帮助商家做出明智的决策。

9.2.2　直播数据采集步骤

1. 明确数据采集的信息需求

（1）明确核心指标。任何工作都需要强化重点，新媒体运营更需要明确最核心的指标体系，在进行直播数据采集之前，必须要明确最核心的指标到底有哪些。

（2）根据核心指标构建数据分析指标体系。最核心的指标往往需要甄别与调整，为了精细化运营，数据采集需要进行一系列的构建，首先就是要根据核心指标来构建指标分析体系。

（3）根据数据分析指标体系有针对性地采集数据。根据构建好的指标体系进行有针对性的采集，这样才会得到精确的数据，为后面数据分析打下坚实的基础。

2. 按需采集数据

（1）运营者要整理出数据指标。数据采集本来就是一个烦琐复杂的过程，对于许多大型商业公司而言，其直播账号与直播流量都是比较大的，无法在短时间内对全部数据进行采集，或者没必要进行全部数据采集。所以根据实际需要，进行有针对性的采集是最好的办法，这就需要运营者在采集之前事先整理和制定好数据采集的"指标"，做到有针对性的采集。

（2）根据数据指标和数据分析目的采集数据。运营者根据整理好的数据指标，以及提前设定好的数据分析目的进行数据采集，做到有较强的合理性和针对性。

3. 数据可用性判断

（1）数据真实性判断。为了科学严谨地对待数据采集，必须要对采集的数据进行"真实性"判断，这就需要对数据进行纵向与横向对比，并采用必要的工具进行判断，这样可以佐证采集的数据可靠性与真实性。

（2）数据完整性判断。数据不仅要真实，而且需要根据事先设定好的指标和目的进行"完整性"判断，因为一旦某个指标体系内的数据是缺失的，那么会直接影响后面分析结论的可靠性，也会影响分析建议的指导性。

（3）数据价值判断。虽然已经根据事先设定好的指标体系进行了完整的数据采集，但为了做到科学与严谨，还是要针对采集好的数据进行再一次"价值"判断，来判断是不是所有必要采集的数据都能够对后面的分析产生价值，如果发现某些指标数据没有必然的价值，可以在采集后直接进行删除。

9.2.3 直播数据采集方法

从新媒体账号后台获取数据

目前大部分直播软件都已经开通了后台直播数据的采集通道，区别在于直播数据的完整度与精细度。目前来看，淘宝直播与抖音直播的后台直播数据是比较完善的，通过直播大屏能够比较完整地看到一场直播的基本数据。如图 9-1 所示，通过登录抖音直播后台，可以直观地查看到一场直播的基本数据，如直播销售数据、实时在线人数、总观看人数、人均观看时长、UV 价值等。

图 9-1 抖音直播大屏数据

同时也可以点击商品查看具体商品的直播销售数据，如图 9-2 所示。

图 9-2 抖音直播销售数据

通过新媒体账号后台直接获取的数据，可以直观地查看和获取新媒体团队自营的直播间大部分数据信息。通过获取、查看以及分析这些数据，可以为自营的直播间进行相对完整与高效的复盘，进而优化与提升管理，不断提升直播间的运营效果。

　　直播数据采集在直播运营中起到非常基础的作用，只有利用好各类直播平台完善的后台数据采集工具，才能有效地获取相对完整的运营数据，并根据相应的数据采集标准与方法，尽可能地获取各类有效的数据，并在后面的数据分析过程中获得较好的分析结果，进而为直播间运营提供有利的数据依据，帮助运营团队更好地运营直播间。

　　下面就针对抖音直播平台，进行一系列的直播数据采集操作。

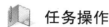 **任务操作**

1. 直播实时数据采集与分析

　　首先进行的是某直播间实时数据查看与采集。

　　（1）在 PC 端登录抖音创作服务平台，点击"数据"→"实时分析"选项卡，然后点击直播间名称，如图 9-3 所示。

图 9-3　点击直播间名称

　　（2）进入直播间详情页面，可以查看实时更新的直播间流量数据、互动数据、待支付数据及成交数据。直播间详情页面中共包含直播间详情、整体看板、分钟级趋势、商品分析、用户画像 5 个子模块，如图 9-4、图 9-5 所示。

图 9-4　直播间详情信息

图 9-5　直播间整体看板

　　（3）点击"分钟级趋势"选项卡，可以查看直播间的分钟级数据，如图 9-6 所示。

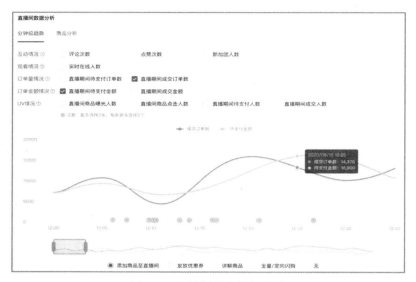

图 9-6　直播间的分钟级数据

（4）点击"商品分析"选项卡，根据需要选中相应指标的复选框，可查看直播间各款商品的数据表现情况，如图 9-7 所示。

图 9-7　直播间商品分析

（5）点击"用户画像"选项卡，可查看观看直播的用户的特征，了解用户的性别、年龄分布，如图 9-8 所示。

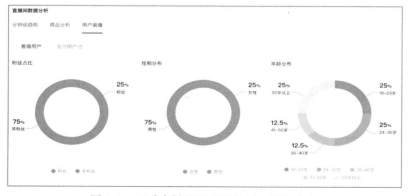

图 9-8　观看直播的用户的性别、年龄分布

2. 直播间历史数据采集

接着进入某直播间，进行直播间历史直播数据采集。

（1）在 PC 端登录抖音创作服务平台，点击"数据"→"抖音直播"选项卡，进入历史直播数据页面，如图 9-9 所示。

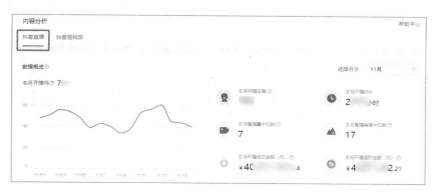

图 9-9　历史直播数据页面

（2）下拉至直播间明细列表，选择时间范围与想要查看的数据指标，即可查看历史直播的各项数据，如图 9-10 所示。如果需要分别查看自播及合作达人的直播数据，可以通过搜索主播昵称或抖音号进行拆分查看。点击"下载"按钮，可以下载数据。

图 9-10　查看历史直播数据

3. 使用第三方数据分析工具采集数据

后台数据一般是针对某个直播账号一场直播的数据，若要针对某一定时期内某账号或是其他账号的直播数据进行采集，就必须要使用到第三方软件进行采集了。需要说明的是，第三方软件所提供的服务是有限额的，如果需要更为全面的数据，需要使用付费服务，当然第三方软件也只能提供法律范围内允许的服务。一般提供直播数据的第三方软件包含新榜（新抖、新快、新视）、飞瓜数据、蝉妈妈数据等平台。

（1）新榜直播数据采集如图 9-11 和图 9-12 所示。

新榜旗下抖音短视频直播电商数据工具——新抖。

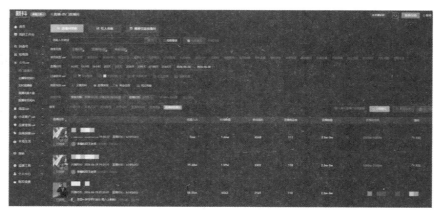

图 9-11　新抖热门直播数据

新榜旗下快手短视频直播电商数据工具——新快。

图 9-12　新快热门直播数据

（2）飞瓜数据直播数据采集，如图 9-13 所示。

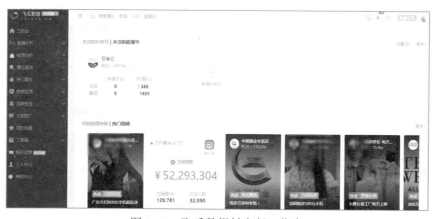

图 9-13　飞瓜数据抖音版工作台

（3）蝉妈妈直播数据采集，如图 9-14 所示

图 9-14　蝉妈妈热门直播数据

（4）八爪鱼爬虫数据工具采集，如图 9-15 所示。

图 9-15　八爪鱼爬虫数据工具

在进行直播间数据采集的过程中，不管是利用直播平台自身的后台数据采集工具，还是利用第三方数据平台进行数据采集，都是为了能够更完善、更精准、更实用地获取直播间的相关数据。所以一般情况下，作为直播运营团队，不会局限于只利用一种平台进行数据获取，而是要综合、互补性地利用多种平台获取更多维度的数据，从而帮助运营团队掌握更多样化的数据，为后面的数据分析提供强有力的支撑。

9.2.4　直播数据采集注意事项

1. 时效性

对于直播软件而言，其所保存的直播账号数据是有一定时效性的，不可能无限时地

保存下去。所以运营团队需要在规定时间内尽快对需要的直播数据进行采集，以防后面需要的时候无法得到完整详细的数据，而错失良机。

2. 完整性

为了能够进行精细化运营，一般情况下，数据采集需要根据事先制定好的采集指标，尽可能将直播账号的后台数据采集完整，以便后面进行详尽的分析与总结。

3. 针对性

在做到完整采集的前提下，对于直播账号的重点指标，比如直播互动数据、直播转化数据等，要进行有针对性的采集与记录，这些数据关乎商业项目投入产出比的精细化运营。

9.3 直播数据分析

 知识要点

9.3.1 认识直播数据分析

很多情况下，新媒体运营者从采集到的源数据中并不能得到有效的结论，此时就需要运营者以科学的数据分析方法论为指导，采用合适的方法对数据进行更深层次的分析，探索数据背后隐藏的规律，洞察数据反映的运营情况。

9.3.2 直播数据分析理论

数据分析需要在科学、严谨的分析逻辑指导下进行，前人已经总结得出一整套分析方法论，这种分析方法论可以帮助运营者梳理分析思路，构建完善的分析框架，从而对整个商业项目有着清晰稳定的把握。

1. PEST 分析理论

PEST（Politics, Economy, Society, Technology，宏观分析模型）分析理论是企业从外部宏观环境的角度来对数据进行全面的梳理与认知，主要包含政治、经济、社会和技术四个方面，这种分析方法对于整个项目的运营有着较强的指导意义。

2. 5W2H 分析法

5W2H 分析方法又称 7 问分析法，主要是何事（What）、何因（Why）、何人（Who）、何时（When）、何处（Where）、怎么做（How）、做多少（How Much）。5W2H 分析方法可以简单快捷地帮助企业运营者制定决策，并为执行营销活动提供一定的思路，也能帮助运营者避免在考虑问题时出现纰漏。

3. 逻辑树分析法

逻辑树也称问题树，它能将项目运营的所有问题进行统一整理和归纳总结，像一棵大树一样从树干到树枝组成一个整体。项目运营的主要问题是树干，对项目运营过程中存在的某种问题进行延伸，就可以得到一个树枝，把所有跟项目主干问题有关的情况进行分析，就可以得到一棵完整的问题与元素清单树，从而能从整体上分析出项目运营的问题与解决思路。在直播电商项目运营过程中，逻辑树的分析理论可以清晰准确地为项目的运营方向把关，为项目健康发展把关。

除以上常用的分析理论外，还有"用户行为理论""4P 营销理论"等分析理论可供选择。对于商业项目的实际运营者，单纯只靠一种数据分析理论很难得到完整的分析结果，所以可以根据实际需要综合使用。

9.3.3　直播数据分析方法

1. 对比分析法

对比分析法也称比较分析法，通过将两个或两个以上的数据进行对比，分析它们之间的差异，进而揭示这些数据背后隐藏的规律。

2. 分组分析法

分组分析法是指根据目标数据的性质、特征，按照一定的指标，将目标数据划分为几个部分进行分析，以揭示各个部分的内在联系和相互关系。

3. 结构分析法

结构分析法是在统计分组的基础上，计算某一总体内各组成部分占总体的比例，进而分析总体的内部结构特征、总体的性质、总体内部结构变化规律的分析方法。

4. 平均分析法

平均分析法是利用平均指标对事物进行分析的方法。平均指标又称平均数，是反映事物总体的一般水平。

5. 综合评价分析法

综合评价分析法是指运用多个指标对多个参评单位进行评价的方法，其实质就是将多个指标按照不同的权重，转化为一个能够反映事物综合情况的指标，来对事物进行分析评价。

9.3.4　直播数据分析分类

随着互联网的不断发展，直播电商也已从早期的粗放式发展，逐渐进入到集约式、精细式、专业化的运营与发展阶段。对于商业直播项目而言，直播数据的分析也需要根据不同类型的需要做针对性分析，大致可以把直播数据分析分为两类，一类是浅层分析，另一类是深层分析。

1. 浅层分析

为了能够高效、快速、准确地对直播项目进行复盘与了解，许多时候项目运营主体只需要对直播间数据做浅层分析就可以直观地了解项目的运营情况。浅层分析指的是针对直播项目的"直观性、表层性、短期性"的数据进行分析的活动类型，一般应用在短期内的项目运营需求。

2. 深层分析

在商业项目运营到一定程度后，特别是项目运营上出现比较明显的问题，或者需要做重大调整时，就需要对直播项目的数据做更为深入的分析，这个时候的分析就需要更为全面、更为深入，或者增加横向与纵向的对比，这个过程称为深层分析。深层分析往往需要一定周期的积累，有更为全面的数据表现之后才展开。

9.4　直播数据复盘分析与报告

 知识要点

9.4.1　直播数据复盘表

直播复盘指的是对直播过程进行全面的整理与审核，一般分为两类，一类是对直播过程进行复盘，主要是对直播过程中人员的表现进行综合审核，包含主播（含主播和助播）表现、运营的表现（含场控表现、中控表现、投手表现等）；另一类指的是对直播数据进行复盘，这一类复盘指的就是对直播数据进行采集、处理与分析，完成对于直播数据进行综合展示的目的，必要的时候还要制作"可视化图表"，以达成更为全面地展现直播数据的效果。

1. 主播表现

主播是直面用户的第一人，直播过程中，主播通常会出现的问题是在线人数激增时无法承接流量、直播间节奏出现偏差、"黑粉"出现时的临场反应差、粉丝提出专业问题无法及时回答、产品介绍时卖点错误且混乱、直播间号召力差、催单逼单付费能力弱等问题。

2. 助播表现

助播在直播过程中充当了主播"好闺蜜"的角色，灵敏度、激情度、配合度极佳的优质人才是助播的不二之选。助播需要在主播介绍吃力时制造话题、烘托气氛；在粉丝要看细节时，第一时间给到产品近景；在做福利时，详细介绍规则及抽奖操作。直播间粉丝有任何问题，助播都要冲到第一线快速解决。

助播在直播中会出现的问题是激情不足无法调动起直播间的气氛、与主播配合不佳、产品细节展示不清晰、优惠券发放不及时、回答或者解决问题不及时、传递道具错误等。

3. 场控表现

场控作为正常直播的指挥官，也是复盘的组织者，需要随时观察直播过程中的任何事情，时刻要关注目标达成情况，在线人数低的时候要组织加大引流、上福利、留住人并增加互动等方案实施，需要对正常直播的稳定性和高效性负责。

直播间出现的场控需要关注的问题主要是产品上镜没有特点、产品要点归纳不足、预估直播数据出现偏差、直播中突发状况无法做出有效判断等。

4. 中控表现

中控的工作内容比较简单，一般就是后台的操作，产品上下架、价格及库存的修改、配合主播进行数量的呐喊、优惠券的发放、实时记录数据等工作。

中控在直播中出现的问题主要有产品上下架操作失误、库存数量修改错误、逼单催单气氛配合度不足、声音不够洪亮、实时问题出现后没有进行记录等。

5. 投手表现

投手主要的工作内容是为直播间引流，不管是直播间画面短视频或引流短视频的准备和发布，还是巨量千川或 DOU+ 的投放，都需要做好及时输出。

直播表现复盘主要是对直播过程中工作人员的表现进行综合审核，一般情况需要结合相应的直播表现记录表进行复盘，表 9-1 所示的是一种常见的直播表现复盘表。

表 9-1　直播表现复盘表

＿＿＿＿＿直播项目复盘记录					
1. 直播数据	销售额：	直播时长：	直播时间段：	主播：	运营：
2. 直播问题总结	1. 主播、助播的问题： 2. 运营（场控、中控、投手）的问题： 3. 直播间的问题： 4. 产品的问题：				
3. 需要改进的地方	1. 主播、助播： 2. 运营（场控、中控、投手）： 3. 直播间： 4. 产品：				
4. 人员表现打分（10 分）	主播的表现（运营评分）	主播表现评分项（每项 2 分）	运营的表现（主播评分）	运营表现评分项（每项 2 分）	
		1. 话术流畅 2. 直播激情 3. 粉丝互动 4. 优惠促销讲解 5. 关注引导		1. 产品优惠信息提前公布 2. 产品链接上架准确 3. 直播间粉丝维护 4. 与主播的配合 5. 开播前设备与账号维护	
参会人			记录人	日期	

直播数据的表现，主要展示的是在直播过程中和结束后的直播间的数据表现，数据复盘表没有完全统一的制作样式，表 9-2 所示的是常见的一种直播数据复盘表。

表 9-2　直播数据复盘表

直播数据复盘		
直播日期		
直播产品		
人员参与	主播（主播、助播）：	运营（场控、中控、投手）：
项目	数据	备忘
时间及时长		
点赞数		
观看人数		

直播数据复盘		
评论数		粉丝评论截图
转发数		引导转发有礼
直播涨粉数		
订单管理		查看全部状态订单
账单管理		查看交易中及交易完成金额
点击数		到达商品店铺点击数量
付款数		带来的付款订单笔数
总金额		总收入金额数

直播复盘表是为了能够方便、快捷和高效地记录直播间的运营表现和数据，并能够直观地给出直播间的综合表现与问题，对于直播间运营起到良好的促进作用。

但为了更完整地记录和分析直播间的运营情况，就需要更为完善和完整的直播数据复盘分析总结，"直播数据复盘分析报告"就应运而生。

9.4.2　直播数据复盘分析报告

为了能够更为全面地了解和掌握直播项目的整体运营情况，通常情况下，在一定时期内，需要对直播项目的直播表现与直播数据进行全面的展示与总结，这就需要用到"直播数据复盘分析报告"这一专业形式进行展示。数据分析报告是一种根据数据分析原理和方法，运用数据来分析、反映事物的发展现状、本质和规律，并得出相关分析结论，提出解决办法的分析应用文体。直播数据复盘分析报告就是结合直播数据分析原理与方法，对直播数据进行科学、合理的分析，以展示直播项目的运营现状、运营问题并提出解决方案的应用型文体。

1. 直播数据复盘分析报告的作用

直播数据复盘分析报告是运营团队为了对一定时期内本直播间以及相对应有参考价值的直播间，进行综合分析而得出的整体分析结果，需要通过一定的数据分析方法，对直播结果、直播效果、直播问题以及直播建议进行整体阐述。不仅需要直观地表现直播间运营的整体和细节情况，也要能够为其他部门提供较为详细的数据运营支持，并用以存档，以备后续查看参考。

2. 直播数据复盘分析报告常见类型

（1）日常运营报告。日常运营报告通常以定期的运营数据作为分析依据，反映的是新媒体账号在一段时间内的运营状况，也可以用于展示某项计划的执行情况。日常运营报告具有时效性强、与时间进展相结合以及结构比较规范的特点。

（2）专题分析报告。专题分析报告是指针对某一特定问题或现象进行专门研究分析的数据分析报告。它具有主题的单一性和内容的深入性两个特点。

（3）行业分析报告。行业分析报告是全面分析新媒体行业或某个新媒体领域发展情况的数据分析报告。行业分析报告具有强调分析对象的总体特征和强调现象之间的相关性两个特点。

3. 直播数据复盘分析报告的基本结构

数据分析报告的结构并不是固定不变的，而会根据报告的目的、内容、受众的不同而有所变化。

在数据分析报告中，"总—分—总"是最经典的一种结构类型。这种结构的数据分析报告主要由开篇、正文和结尾三个部分构成。其中开篇部分包括标题页、目录和前言，正文部分包括具体的数据分析过程和结果，结尾部分包括分析结论和附录。

（1）标题页。

①拟定数据分析报告标题的方法。

概括报告主要内容：指明数据分析报告反映的基本事实。

解释基本观点：采用能够表明某种观点的句子说明数据分析报告的基本观点。

提出疑问：使用疑问句说明数据分析报告要分析的问题，以引起读者的关注和思考。

②标题的版式。

数据分析人员可以根据报告版面的大小和标题字数的多少，将标题设置为一行或两行，最好不要超过两行。

（2）目录页。目录展示的是数据分析报告各章节的名称，用于向读者说明数据分析报告的结构和主要内容。

数据分析人员设置数据分析报告的目录时需要注意以下两点：

①目录无须设置得太细，最多列出三级目录即可。

②如果数据分析报告中有大量的图表，也要列出图表的目录。

（3）前言。前言是对整篇数据分析报告内容的概括，包括项目背景、分析目的、分析思路等内容，用于帮助读者了解数据分析的背景和意义。

①项目背景。项目背景主要说明开展数据分析的背景，如为什么实施此次数据分析，实施此次数据分析的意义是什么等。

②分析目的。分析目的主要说明开展此次数据分析能够产生什么效果，能够解决什么问题。在某些情况下，也可以将项目背景和分析目的合并在一起进行阐述。

③分析思路。分析思路主要说明开展此次数据分析采取的思路、使用的数据分析工具，并向读者解释数据分析的指导思想。

（4）正文。正文系统、全面地展示了数据分析的过程，并对一个个论点进行分析和论证，展示数据分析人员的观点和研究成果。

数据分析人员在写数据分析报告的正文时，需要注意以下三个问题。

①正文中不能只有论点，还要有数据分析的事实和论据。

②正文要图文并茂，运用图表、图形、文字相结合的形式展示整个分析过程。

③正文的逻辑要合理、严谨，各个部分之间应存在合理的逻辑关系，不能想到什么就写什么。

（5）结论。结论是对数据分析报告所得出的结果的总结，但它不是简单地再一次描述一遍正文的内容，而是对正文内容进行概括，是经过综合分析、逻辑推理形成的总体性论点。

结论部分除包含总体论点的总结外，还可以有建议。建议是数据分析人员根据数据分析结果提出的解决问题的方法。由于建议是数据分析人员根据数据分析结果提出的，因此可能会存在一定的局限性。

（6）附录。

①一般来说，附录主要展示正文中涉及但未阐述的资料，因此它对数据分析报告的正文起着补充说明的作用。附录涉及的内容包括专业名词解释、数据来源、计算方法说明、原始数据获取方式说明等。

②附录是正文内容的补充，但它并不是必需的，数据分析人员可以根据实际情况来决定是否要为数据分析报告添加附录。如果数据分析报告中有附录，在报告的目录部分也要列出附录，以便读者查阅。

9.4.3 直播数据复盘优化

销售数据分析不是一次性的工作，而是需要持续进行的过程。通过不断地搜集、整理和分析销售数据，并根据数据结果进行调整和优化，可以提升直播带货的销售效果，并不断迭代改进。

 课后分析思考

1. 举例说明不同直播数据采集方法的区别。
2. 如何理解数据分析中浅层分析与深层分析的区别。
3. 根据本章所学知识，针对某一抖音店铺直播间，利用第三方分析软件，分析其某一场直播的数据，并做一份"直播数据复盘表"。

 课后扩展阅读

 即测即练

自学自测　　扫描此码

第 10 章

新媒体直播法律法规与风险防范

本章知识图谱

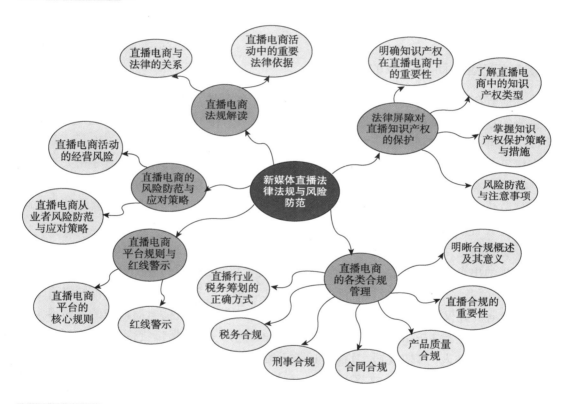

知识目标

通过本章学习，读者应该能够：

1. 明晰与直播电商相关的法律法规的适用范围、法律责任等；
2. 明确知识产权在商业活动中的重要地位，提升风险防范意识；
3. 了解合规的重要性，培养在实务中的合规意识；
4. 掌握直播电商平台的普遍规则与红线；
5. 认识直播电商可能出现的风险，掌握不同风险的应对策略。

10.1 直播电商法规解读

 知识驱动

小杜是一名新入职的合规专员,凭借对直播电商相关法律法规的了解以及对直播各方法律关系和法律责任产生何种影响的思考,为保障公司业务合规运营,他也决定从直播著作权保护、合规管理、风险防范与应对策略三个板块开展工作。同时,他也将肩负起为公司人员提供直播电商合规管理培训的工作。

读者的核心工作在于,运用所学知识与实战经验,精心制定一套高效、系统的风险评估措施和合规管理体系。

 知识要点

10.1.1 直播电商与法律的关系

直播电商行业是数字经济的重要组成部分,它的发展对于法律法规的制定和完善具有重要的意义。直播电商行业需要遵守法律法规,以保障消费者权益和行业健康发展。法律法规可以规范直播电商行业的经营行为,保护消费者的合法权益,防止不法商家利用直播平台进行欺诈、虚假宣传等行为。在直播电商行业中,商家需要遵守相关法律法规,确保广告宣传、产品质量等方面的合法合规。同时,法律法规可以引导直播电商行业向规范化、健康化的方向发展,防止出现行业乱象和恶性竞争。同时,监管部门也可以通过监管直播电商平台和商家,保障行业的合法合规经营。

随着直播电商行业的快速发展,市场出现了许多乱象,如虚假宣传、价格欺诈等,法律法规的出台有助于规范行业行为,保护消费者权益,促进行业的健康有序发展。例如,《电子商务法》和《网络直播营销管理办法(试行)》等法律法规为规范网络直播带货、保护消费者权益提供了重要依据。上述法律法规明确了直播电商行业的主体界定及责任划分,有助于维护市场秩序,防止恶性竞争。例如,对直播带货行业划出多条红线,包括不得高薪挖人、虚构数据、片面对比等手段恶性竞争。国家通过制定相关法律法规,可以有效保护消费者的合法权益。例如,要求互联网直播发布者遵守法律法规,提供符合法律法规要求的直播内容,保证信息真实、合法,不得对商品和服务进行虚假宣传,欺骗、误导消费者。法律法规的完善不仅规范了行业行为,同时还鼓励技术创新和提升服务质量,推动直播电商行业的高质量发展。例如,《直播电商行业高质量发展报告(2022—2023年度)》提出,合规和质量提升、技术创新成为趋势。

10.1.2 直播电商活动中的重要法律依据

为了依法保护正当的广告活动,防止和打击虚假广告现象,充分发挥广告的积极作用,保护消费者的合法权益,并促进我国广告业的健康发展,我国颁布了《中华人民共和国广告法》(以下简称《广告法》)。具体来说,《广告法》旨在规范广告活动,保护消费者的合法权益，侧重于保护"需求侧"，并且通过规制虚假广告来实现对消费者的保护。此外，《广告法》还致力于维护社会经济秩序，促进广告业的健康发展。这些目的共同构成了《广告法》的核心立法宗旨，即通过法律手段确保广告市场的健康有序发展，同时保障消费者权益不受侵害。其适用范围主要是在中华人民共和国境内，商品经营者或服务提供者通过一定媒介和形式直接或者间接地介绍自己所推销的商品或者服务的商业广告活动。这一规定明确了《广告法》的适用对象和活动范围，即所有在中国境内进行的商业广告活动都需遵守《广告法》的相关规定。此外，《广告法》还对广告主、广告经营者、广告发布者的行为进行了规范，要求他们在从事广告活动时应当遵守《广告法》的规定。这表明《广告法》不仅适用于广告的发布者，也适用于广告的制作和经营过程中各个环节的主体。

同时，为了保障电子商务各方主体的合法权益，通过法律手段保护消费者、商家等参与电子商务活动各方的利益不受侵害。规范电子商务行为，以确保电子商务活动中的各种行为在法律框架内进行，避免出现违法行为。维护市场秩序，通过法律手段确保电子商务市场的公平竞争和健康发展，防止市场垄断和不正当竞争行为。同时促进电子商务持续健康发展，也包括推动技术创新、提升服务质量等方面，以实现电子商务行业的长期可持续发展。

10.2　法律屏障对直播知识产权的保护

 知识要点

10.2.1　明确知识产权在直播电商中的重要性

直播电商作为一种新兴的商业模式，其快速发展带来了对知识产权保护的新挑战。在直播电商中，越来越多的品牌和创作者通过直播平台进行内容创作和商品推广。为了保护这些品牌和创作者的合法权益，避免他们的知识产权被侵犯，需要加强知识产权保护工作。当前直播电商行业存在假冒伪劣商品泛滥、不正当竞争等问题，这些问题不仅损害消费者权益，也破坏了市场的正常秩序。通过加强知识产权保护，可以有效治理假货，制止不正当竞争行为，从而维护良好的市场环境。直播电商行业想要有健康的发展，势必需要一个良好的知识产权保护环境作为支撑。通过建立健全的知识产权保护体系、规则及投诉处理流程，可以为直播电商提供一个更加规范和健康的运营环境。然而直播电商活动中可能会涉及多种知识产权问题，如商标权、著作权等，一旦发生侵权行为，可能会面临法律责任和经济损失。因此，加强知识产权保护，建立健全的知识产权管理制度具有重要意义。

10.2.2　了解直播电商中的知识产权类型

商标是一个用于识别和区分商品或服务来源的标志。这个标志可以是文字、图形、字母、数字、颜色、声音等，或者是这些要素的组合。商标经过政府有关部门的注册后，受到法律的保护，注册者享有专用权。因此，商标具有法律属性，是企业形象和品牌建设的重要组成部分。商标在直播电商中的应用包括品牌标识、商品包装等。商标权则是指商标所有人对其商标所享有的独占的、排他的权利。在我国，由于商标权的取得实行注册原则，因此商标权实际上是因商标所有人申请、经国家商标局确认的专有权利，即因商标注册而产生的专有权。

商标在直播电商中作为品牌的标识，能够帮助消费者快速识别出自己所关注或信赖的品牌，还有助于区分不同品牌的产品。在直播过程中，主播可以展示各品牌的商标，以使消费者更清楚地知道自己正在购买哪个品牌的产品。商标的出现可以增加品牌的曝光度，在直播中，主播常常会提及和展示商标，这种"软性"宣传方式能够提升品牌知名度，加强品牌与消费者之间的联系。

商标在直播电商中的作用在于可以与用户建立起信任，一个被公众认可、有良好口碑的商标，可以为消费者提供信任基础，使消费者在直播购物过程中更有信心进行购买。加之借助直播电商这一新型销售模式，商标可以得到更广泛的传播和推广，进而提高品牌价值。而且商标权保护使得其他商家不能擅自使用相同或相似标记进行误导或混淆消费者，从而维护了直播电商的交易秩序。

著作权是一种法律上对文学、艺术和科学作品的作者或创作者所享有的专有权益的保护，它既包括人身权也包括财产权，通过一系列具体的权利内容来实现对创作者权益的保护。其内容主要包括发表权、署名权、修改权、保护作品完整权、复制权、发行权、出租权、展览权、表演权、放映权等。这些权利旨在保护作者的人格和经济利益，防止他人未经许可使用其作品，从而维护作者的合法权益。

直播电商中的著作权内容主要涉及直播商品的著作权保护，包括但不限于直播商品申请专利权、著作权、商标权等，以及直播商品具有一定影响的域名、网页等新类型数字化知识产权财产权益，还有直播内容的著作权、地理标志、商业秘密等。此外从保护消费者的角度出发，直播平台的运营模式和盈利模式决定了其应当就平台内直播的内容承担更高的注意义务。如果主播在直播带货过程中实施侵害他人著作权的行为，侵权行为将被追究责任。同样在直播中，直播平台的版权保护和内容的合规性也不容忽视，直播平台需要采取多种措施来保障版权和内容合规性，如数字版权保护技术、内容审核和过滤等。

专利是指国家依法授予发明创造者或其权利继受者在一定时期内独占其发明创造的权利，是一种专有权。专利权仅在该国家或地区的法律管辖范围内有效，对其他国家没有约束力。此外，专利是一种无形财产，具有时间性、地域性、独占性的特点。

在直播电商中，专利的内容也非常丰富，例如政府鼓励直播电商企业积极运用云计算、大数据、人工智能、区块链等技术，以及虚拟人、VR/AR/MR、高清影像（8K及以上）、元宇宙等创新技术。其中抖音电商通过火山引擎打造了不同产品特性的定制化展示策略，提高了直播画面的清晰度就是其中的代表性案例。针对当前直播带货过程中商品属性与主播属性不匹配导致的问题，有发明专利申请旨在解决该问题，如"基于商品信息进行网络直播带货的信息处理方法及系统"。这类专利有助于优化直播带货的效果，提高商品销售效率。

10.2.3 掌握知识产权保护策略与措施

直播电商商户应从实务层面保护知识产权，主要可以通过建立商品知识产权数据库来实现。应引导直播电商平台建立商品知识产权数据库，为追溯管理和证据核查提供依据，这有助于及时发现和处理侵权行为。同时鼓励直播电商平台依法开展知识产权宣传教育，建立健全知识产权保护体系、规则及投诉处理流程。这包括对主播/MCN 机构的知识产权保护指引，以及对品牌方与非品牌方两类直播电商商家通过不同方式加强知识产权管理。有效的监管体系也是不可或缺的，在直播电商平台应依法设立知识产权侵权投诉流程，明确平台投诉的注意事项、恶意投诉法律后果与救济措施。这有助于权利人根据情况采取相应的维权措施。从业人员应当规范选品，在内容生产和销售过程还应树立良好的知识产权意识，在选品、内容生产以及销售过程中合法合规，避免侵犯他人知识产权的行为发生。鼓励直播营销平台建立与知识产权权利人的合作机制，为用户提供知识产权信息查询的窗口，帮助用户查询经营销售产品的信息及产品涉及的权属证明。

10.2.4 风险防范与注意事项

在知识产权的风险防范与注意事项方面，商家应当加强知识产权意识，在选品与内容生产以及销售过程中，合法合规，避免侵犯他人知识产权的行为发生。同时，主播和 MCN 机构也应从直播账号、直播内容、侵权防范三方面进行知识产权保护。具有自主品牌及自主研发技术的直播电商商家应通过提前进行知识产权布局等方式加强知识产权管理。对于不具有自主品牌及自主研发技术的商家，则应通过规范经营流程等方式降低知识产权侵权风险。鼓励直播电商平台依法开展知识产权宣传教育、建立健全知识产权保护体系、规则及投诉处理流程。此外，直播平台应对直播内容的合法性负有更高的注意义务和审核义务。直播平台和商家应加强对直播内容的审核和监控，建立严格的版权保护机制，采取技术手段和人工审核相结合的方式，确保直播内容符合知识产权法律法规。直播电商从业者应注意防范侵害他人知识产权风险，不得推销侵害他人知识产权的商品或服务。引导直播电商平台依法设立知识产权侵权投诉流程，说明平台投诉的注意事项、恶意投诉法律后果与救济措施。

10.3 直播电商的各类合规管理

 知识要点

10.3.1 明晰合规概述及其意义

实务界普遍认可"合规"通常包含以下三个方面。

（1）遵守法规，即企业要遵守经营活动所在地的规则性法律，企业活动最低限度的要求是符合"公共利益"。

（2）遵守规制，即企业要制定并施行内部的规章和制度。

（3）遵守规范，即企业正常的经营还要求企业员工遵守相应职业操守和道德规范。

合规管理需要关注到企业经营中的各个环节，以此制定出合理的规程或制度，制度化、流程化还可以起到控制企业运营管理成本的作用。合规管理不仅要有目标、有标准、有制度，还要融入业务才能有效落地，除了需要建立相应的合规管理组织架构，还要进行有效的人员管理。其中，合规文化的建设有利于加强员工对企业文化的认同，有利于员工更自觉地执行合规管理要求。合规管理通过提升企业在经营管理上的合法合规性，可以最终保证企业资产安全、效率提升，企业依法合规、诚信经营的价值观也必将为企业创造良好的信誉和形象。

10.3.2 直播合规的重要性

从司法实践来看，直播行业涉及的纠纷已从劳动纠纷发展到合作纠纷、买卖纠纷，还涉及侵权纠纷、知识产权与竞争纠纷，这说明风险已经波及直播行业的方方面面，已经对直播行业的健康快速发展造成了不利影响。对于管理不规范、抗风险能力弱的企业来说，个别风险事件的发生都可能使企业遭受致命打击。而合规体系建设对企业的优化作用是不区分企业的行业属性的，直播行业引入合规就成为企业提高管理水平、防范风险最重要的选择。这将是直播企业软实力的重要体现，也符合企业自身发展的内在需要。

10.3.3 产品质量合规

相较于消费者直接在商家店铺下单购买，通过直播间购买相同的产品更具有价格优势。由于不少主播直播场次频繁，带货产品数量又多，主播或其背后的选品团队没有足够的时间对产品进行深入的了解或试用。主播为了吸引消费者购买，便对产品进行夸大、虚假描述等诱导性宣传，利用其影响力让消费者下单，导致消费者收到的产品实际质量与主播在直播间的描述存在着巨大差异。

同时，直播间"翻车"事件也频频发生，如一些"大V"直播间的不粘锅现场粘锅、烧水壶爆炸以及"糖水燕窝"事件等，也让消费者不断质疑产品质量问题，担心在直播间购买的产品质量和安全无法得到保证。

因此，无论是商家、主播还是直播平台，都应重视产品质量，切实履行好自己的责任和义务，保护消费者的合法权益，共同促进直播带货行业行稳致远。

不同直播带货模式下的产品责任承担

（1）"店铺直播"模式下因产品质量承担责任。商家是直播带货中提供产品的主体，是把控产品质量的源头。商家作为产品的生产者或销售者，应保证生产、销售的产品符合产品质量的相关规定。主播可能是受雇于商家的员工或本身就是商家的负责人，因此主播在向直播间的观众介绍产品时，要尽到如实告知的义务，不得虚假描述产品质量、夸大宣传产品功效等，要保障消费者的知情权和选择权。

当商家选择让"网红"主播带货，在向主播及其团队介绍产品的时候更要真实、准确，同样要如实告知产品的质量、性能、功能、销售状况、用户评价等，切不可为了利益隐瞒、欺骗甚至误导消费者。《中华人民共和国产品质量法》第三十九条规定：销售者销售产品，不得掺杂、掺假，不得以假充真、以次充好，不得以不合格产品冒充合格产品。商家如果违反上述规定或合同中关于质量的约定，则有可能承担侵权责任或违约责任。

（2）个人社交平台直播因产品质量承担责任。随着短视频内容平台的发展，一大批网络主播积累了大量粉丝，从传统的"打赏、刷礼物"变现方式逐渐转变成直播带货的模式。部分粉丝并不仅是出于喜欢产品而下单，更是基于对主播的喜爱和信任而去购买产品。主播的准入门槛较低、涵盖群体较广，小部分主播法律意识淡薄，销售欺诈、提供缺陷产品等行为时有发生。

直播平台为直播带货提供了技术服务，其中包括电商平台、社交平台、内容平台，都应当对入驻的主播、商家的主体身份予以严格审核，并进行登记、建档。对关系消费者生命权、健康权的商品，更要对商家的资格、资质进行严格的审查。同时，平台要建立全面的评价机制，加强对主播、商家的监管，不能仅关注粉丝影响力、带货销售额，更要将诚信、合法合规等列入评价体系。平台还需要建立完善的投诉处理及严格的惩罚机制，对于举报、投诉的侵害消费者权益的行为应当及时采取必要的措施，将违法违规情节严重的主播或商家拉入黑名单，取消其直播带货的资格，切实强化主播、商家的合规意识。

（3）主播自营店铺带货因产品质量承担责任。大多数主播在拥有了大量的粉丝后，便会开设自己的淘宝店铺，从而将粉丝转化为购买力。主播在自营的店铺里直播带货，首先应当对其产品质量负责。主播作为品牌商、生产商或者销售商，其提供的商品质量必须符合法律的规定，保证与其直播的内容相一致。如果主播直播带货的行为构成虚假广告，主播作为广告经营者、广告发布者或者广告代言人，可能需要承担《广告法》中规定的责任。

主播在不同的直播带货模式下，扮演着不同的法律角色，不同的法律角色又决定着主播不同的权利、义务和责任。直播前，主播或其团队会对带货的产品进行筛选。在选品的过程中，主播或选品团队应对产品的质量进行把关，切身体验、试用后再向消费者推荐。主播在选择商家合作时也应提高风险防范意识，严格审核各类资质、授权等证书。主播是在直播中与消费者直接互动交流的人员，要解决消费者与商家之间信息不对称的问题。主播在直播带货中，要对产品信息做真实的披露，要客观公正地介绍描述，不得对产品进行虚假宣传，误导、欺骗消费者。

主播服务机构（如 MCN 机构）应当建立起完善的内部管理规范，定期组织开展直播合规培训，加强主播们的法律意识，对签约主播的直播内容、行为等进行规范管理。

10.3.4　合同合规

直播与电商的融合是商业上的创新，给消费者提供了更丰富的购物体验。但在法律上，直播商业模式的变现却对基于平台角色和责任边界的权利义务界定提出了新的挑战。电商直播主要是商家、主播等参与者在网络平台上以直播形式向用户销售商品或提供服务的网络直播营销活动。一个完整的电商直播活动往往会涉多部法律、法规和规章等的相关规定。直播销售可能会涉及的合同包括但不限于与直播平台相关的合同、与直播人员相关的合同、与销售平台相关的合同。

1. 直播行业合同纠纷的典型特点

（1）合同违约类案件较多。主播违约跳槽，高额违约金赔偿成为焦点。直播行业的纠纷可能涉及直播平台（含经纪公司）诉主播违约跳槽纠纷、直播平台诉经纪公司合作违约纠纷、主播或经纪公司诉直播平台支付收益分成纠纷、用户诉直播平台返还相关款项纠纷、平台服务商诉直播平台服务合同违约纠纷。

（2）未成年人直播打赏类案件频发。随着互联网技术的快速发展，以及应用和移动智能终端设备的广泛普及，未成年人不可避免地成为网络用户的主力军，也是网络消费的重要构成部分。近年来，随着各种直播平台的迅猛发展，越来越多的未成年人成为网络直播的用户，未成年人高额打赏主播的事件屡有发生，低俗、媚俗等不良风气在直播领域的滋生蔓延，严重污染了网络视听生态，也对未成年人产生了不可估量的不良影响。

（3）直播带货引发的法律风险层出不穷。平台主播责任承担应引起高度重视。近两年，直播带货成为经济新的"火爆增长点"，主播们的带货也经常让直播间成为大型"翻车"现场，可能存在侵害消费者权益的虚假宣传、货不对版、质量"翻车"、售后维权无门等问题，直播带货也伴随着巨大的法律风险。

2．合同合规管理

（1）建立合同管理制度。直播平台的合同管理人员应该关注行业发展趋势，持续学习梳理直播行业相关的适用法律、规范指引、典型案例，构建起动态实时更新的法律法规库，建立合同管理合规制度，正确理解合规规范的规定及政策对直播平台的影响，及时指导调整合同的签订、审查、履行。全流程管理是合同管理的前置重要环节。

（2）高度重视合同签订的事前合规要素及合作主体的合法性审查。

（3）关注合同形式及效力的合规性，提升合同签订效率及质量。

10.3.5　刑事合规

直播行业发展明显加快，涉嫌刑事犯罪的案例也屡见不鲜。从目前直播行业高发的犯罪情形和该行业特性来分析，直播行业中直播企业和直播人员可能会涉及的刑事犯罪行为主要分为以下四类：

（1）利用直播的便利条件而实施的传统犯罪，常见的有诈骗罪、传播淫秽物品牟利罪等；

（2）基于商品质量而侵犯消费者权益的生产销售伪劣商品类犯罪，常见的有生产、销售伪劣产品罪，生产、销售、提供假药罪等；

（3）基于冒用商标等行为侵犯知识产权类的犯罪，常见的有销售假冒注册商标的商品罪、销售侵权复制品罪等；

（4）运用计算机技术实施的侵犯计算机网络安全类的犯罪，常见的有帮助信息网络犯罪活动罪、拒不履行信息网络安全管理义务罪。

10.3.6　税务合规

直播行业所涉及的主要税收包括增值税、个人所得税、企业所得税和其他次要税费，这些税种基本以主播个人或其企业的收入或利润，经一定扣除调整后的结果为基数（即"税基"），按一定的百分比（即"税率"）确定应纳税额，即应纳税额＝税基（以收入或利润为基础，经一定扣除调整后确定）×税率，而如果没有依法履行纳税义务，相应的惩罚措施也会按照偷逃税款的一定百分比设定，包括：滞纳金=滞纳税款额×0.05%/日×滞纳税款天数（日），自滞纳税款之日起算，罚款=不缴或者少缴的税款×罚款比例（0.5～5倍）。

　　税收是国家经济秩序的重要保障，偷逃税款不仅面临补税、滞纳金、罚款等财务处罚，更有可能触发刑事犯罪，届时财务处罚尚属次要，"牢狱之灾"更引人唏嘘。就我国刑法体系而言，与税务有关的重要罪名包括了逃税罪和逃避追缴欠税罪。逃税罪，纳税人可处三年以上七年以下有期徒刑，并处罚金（注：就直播行业的盈利能力而言，凡适用此款罪名的，预计均属于"逃避缴纳税款数额巨大并且占应纳税额百分之三十以上"的情形）；逃避追缴欠税罪，纳税人可被处三年以上七年以下有期徒刑，并处欠缴税款一倍以上五倍以下罚金（注：就直播行业的盈利能力而言，凡适用此款罪名的，预计均属于"数额在十万元以上"的情形）。

10.3.7　直播行业税务筹划的正确方式

　　树立正确的申报意识，如果未按期进行纳税申报，就会被税务机关处以罚款。同时要关注长期的零负申报，避免出现风险预警提示，影响企业的纳税信用等级评定等。在合同签订过程中，应就销售/采购价格是否含税做出明确约定，增加过渡期条款以减少后期纠纷，这在增值税改革过程中政策频繁变动的背景下显得尤为重要。运用好进项加计抵减政策，服务类电商应该充分利用政策优惠以降低增值税税负。企业的设立形式选择上会较大程度地影响企业的税负，注册为公司的缴纳企业所得税，注册为个体工商户、个人独资企业的以及合伙企业的自然人合伙人，缴纳个人所得税。企业所得税和个人所得税的税率不同，征收规则不同，最终的税负也不同，故而在设立时需要予以综合考量。国家对于小微企业实行税收优惠政策，因此小微企业税收优惠属于普惠性优惠政策，力度大、范围广。

10.4　直播电商平台规则与红线警示

 知识要点

10.4.1　直播电商平台的核心规则

1. 直播电商平台的准入规则

　　直播电商平台的准入规则涉及多个方面，包括但不限于平台运营资质、商家或个人入驻条件以及直播内容的相关规定。对于平台运营者而言，需要取得一系列的资质证书，以确保平台的合法运营。这些资质包括营业执照、ICP 经营许可证（增值电信业务经营许可证）、网络文化经营许可证（简称文网文）、广播电视节目制作许可证等。此外，电商平台还需要办理 EDI 许可证和 ICP 经营许可证，允许外资成分参与。这些资质证书的办理，旨在规范直播带货平台的运营，保障消费者权益及购物体验。

　　对于商家或个人主播入驻直播电商平台，不同平台有不同的入驻条件。例如，抖音直播要求商家需要是个体工商户或者企业法人、经营人，在有效经营期内的营业执照，并且确认经营商品是否属于营业执照显示的经营范围中（从 2023 年 3 月起，自然人也可以依法无须办理营业执照，仅提供个人身份证等资质信息，并经实名认证通过后申请入驻抖音小店成为个人商家），其余包括但不限于完成实名认证、视频数量大于 10 个、粉丝数量大于或等于 1000 等基础条件。此外，对于特定的服务或产品，可能还需要 ICP 备案或 ICP 许可证、淘宝直播要求已入驻阿里创作平台成为达人且账户状态正常，具备一定的主播素质和能力；淘宝网卖家则需店铺信用等级为 1 钻及以上。京东直播对参与者也有一定的要求，但具体条件未在证据中明确说明。此外，直播内容的管理也是直播电商平台准入规则的一部分。例如，直播平台主体公司必须是国企控股才能申请《网络视听许可证》，这表明直播内容的管理和发布受到一定的监管和限制。

2. 主播和商家的入驻标准、审核流程

直播电商平台对主播和商家的入驻标准及审核流程主要包括以下三个方面，旨在确保平台内容的质量和安全，保护消费者权益。

（1）对于达人主播，需要已入驻阿里创作平台成为达人，且账户状态正常，同时具备一定的主播素质和能力。非商家个人主播需满足淘宝达人账号层级达到 L2 级别，具有较好的控场能力，口齿流利、思路清晰，与粉丝互动性强，并需上传一份主播出镜的视频展现这些能力。抖音平台要求根据公司注册要求及规则入驻平台成为直播主播，方可使用平台提供的相关服务开展包括但不限于在线游戏解说、游戏技巧展示、唱歌跳舞或其他才艺展示等视频内容的直播活动。

（2）淘宝网卖家申请商家主播，店铺信用等级须为 1 钻及以上。入驻淘宝直播公会的商家需要完成对公账户办理，有主播资源储备，能够开具增值税专用发票。公司营业执照需能在天眼查平台查询到公司信息，暂不支持个体工商户，无法人营业执照类型入驻。

（3）平台应建立直播电商商家和达人入驻的资质审核机制并公示。直播电商经营规范中提到，电子商务平台商家入驻审核规范和电子商务平台信息展示要求，强调了数据信息的安全性和真实性。对于电商平台网络直播，《消费者权益保护法实施条例》明确直播间运营者、直播营销人员应当对电子商务经营者提供的直播内容予以审核，并对直播内容与所链接的商品或者服务是否相符予以核验。

3. 商品或服务的上架、下架标准

（1）《电子商务直播售货质量管理规范》规定了适用于所有电子商务直播方式进行有形商品推广和销售的个人和组织的质量管理的基本要求，包括组织管理、从业人员管理、商品管理、直播信息管理和消费者权益保护等方面，进一步完善了网络直播营销中的消费者权益保护规则，确保消费者在直播电商消费场景的相关权益得到有效保障。

（2）直播电商商家在选品、内容生产以及销售过程中，应树立良好的知识产权意识，做好法律合规，以避免产品下架、被索赔等后果。

（3）市场监管总局对直播带货平台提出了增强质量意识、落实法律法规要求等六点要求，并强调要做学法守法模范。此外，直播电商平台也推出了管理规范、负面清单、处罚规则等细则，促进各方合规经营。

4. 主播在直播中的言行规范要求

（1）主播应在法律框架内规范自身言行，不得发布虚假或者引人误解的信息，欺骗、误导消费者。同时，禁止实施虚构或者篡改交易量、关注度、浏览量、点赞量等数据流量造假的行为。相关法律也有规定适用于网络直播带货，明确了直播营销各方参与主体的责任和义务。

（2）在直播营销活动中，主播应当规范自身行为，履行与平台内经营者的约定，依法向公众推销商品或服务，确保信息的真实性。直播带货必须明确"谁在带货""带谁的货"，以保障消费者权益。

（3）主播应坚持社会主义核心价值观，遵守社会公德，不得含有带动用户低俗氛围、引导场内低俗互动、带有性暗示、性挑逗、低俗趣味的行为。

10.4.2　红线警示

1. 直播电商平台红线警示的主要方面

（1）直播电商平台必须严格遵守国家法律法规，不得发布任何违法违规内容，如危害国家安全、破坏社会稳定、扰乱社会秩序、侵犯他人合法权益、传播淫秽色情等信息。

（2）直播电商经营者应承担直播销售商品或服务的质量和安全责任，对销售的商品或服务提供明确的产品信息和售后服务承诺，不得销售假冒伪劣、侵犯知识产权或不符合保障人身、财产安全要求的商品。

（3）直播电商经营者不得进行虚假宣传，发布的直播内容必须真实准确，不得欺骗、误导用户。

（4）直播电商平台还需关注数据流量造假、推广引流高风险行为、骚扰诋毁他人等红线行为，并加强对直播营销活动相关广告、直播营销场所、互动内容管理、商品服务供应商信息核验以及网络虚拟形象使用等方面的管理。

2. 违反直播电商平台规则的处罚措施

（1）对直播间运营者和直播营销人员的直播营销行为有涉嫌违法违规的高风险营销行为采取弹窗提示、违规警示、限制流量、暂停直播等措施。直播营销平台应当对违反法律法规和服务协议的直播间运营者账号，视情采取警示提醒、限制功能、暂停发布、注销账号、禁止重新注册等处置措施。

（2）平台根据违规行为的情节严重程度，可采取包括但不限于公示警告、扣除违约金、限制店铺权限、商品管理、扣除违规所得货款、清退店铺、关联等处理措施。同时平台有权依据法律法规、平台规则及协议等进行处理，并有权视违规程度采取包括但不限于预警、下架违规商品、限制营销活动、限制广告活动、降低店铺星级、要求商家支付罚款等措施。

📖 课后分析思考

了解国家为进一步规范直播电商行业，出台了哪些政策与法规。

直播电商平台在推动行业规范化的同时，也承担着重要的监管责任，分析直播电商平台应如何进行自我监督。

10.5　直播电商的风险防范与应对策略

　知识要点

10.5.1　直播电商活动的经营风险

从类型来看，直播电商经营活动中可能存在的风险大致可分为法律风险、内容风险和产品风险。

（1）直播电商在运营过程中可能会遇到版权问题和隐私侵权等问题。例如，直播中不合理地获取、公开他人姓名、肖像等个人信息和感情生活等信息，或者通过网络直播扰乱他人安宁，都属于隐私侵权行为。此外，虚假宣传、售假情况也比较突出，这些行为不仅违反了相关法律法规，也严重损害了消费者的权益。

（2）直播电商的内容风险主要体现在内容同质化和低俗内容的出现上。随着直播电商行业的快速发展，大量相似的直播内容充斥市场，导致内容运营风险增加。同时，一些直播内容为了吸引用户关注，可能会涉及低俗或不合法的内容，这不仅违反了相关法律法规，也不利于直播电商的长期发展。

（3）产品风险主要包括商品价格风险和商品质量风险，主播们在直播中经常强调商品原价与折扣价之间的幅度，但这种做法有时会导致消费者对商品的真实价值产生误解。此外，商品质量问题也是直播电商需要面对的重要风险之一，如果商品质量不符合消费者的期望，将直接影响消费者的购物体验和平台的信誉。

10.5.2　直播电商从业者风险防范与应对策略

直播电商从业者在日常经营中会面临各种风险，包括产品质量问题、虚假宣传、售后服务纠纷、平台合规等方面的挑战。以下是针对直播电商从业者的风险防范与应对策略建议。

（1）防范产品质量风险，应当与可靠的供应商合作，建立稳定的供应链体系。定期对产品质量进行检测和抽检，确保产品符合标准。在宣传推广的过程中，严格遵守相关法律法规，并且定期在内部进行合规省察，确保经营行为符合法律规定。直播电商与大数据信息密切关联，故而需要加强数据安全措施，保护用户个人信息和交易数据的安全性。定期更新系统补丁，防范数据泄露和网络攻击风险。快速响应用户投诉，维护用户满意度有助于消除潜在的风险，相对应地建立完善的售后服务机制，提供多元化的沟通渠道便显得尤为重要。

（2）面对已经发生的经营危机，建立公关预案应对突发事件和负面舆情。及时发布公开声明，积极应对舆情。依托售后服务机制，设立专门的客服团队，及时处理用户投诉和反馈。针对常见问题建立标准化解决方案，提升处理效率和用户体验。行业发展日新月异，保持持续学习与创新的热情，关注行业动态掌握前沿风向，通过不断推出新模式吸引用户关注，保持市场活力。通过有效的风险防范和灵活的应对策略，直播电商从业者可以更好地规避风险，保障业务的稳健发展和长期成功。

课后分析思考

1. 直播电商中如何建立有效的商品质量追溯体系？
2. 直播电商平台如何加强版权保护和内容审核以避免侵权行为？
3. 直播电商市场竞争的现状及主要挑战是什么？

 课后扩展阅读

 即测即练

自学自测  扫描此码

参 考 文 献

[1] 邱科达，宋姗姗，张李义. 我国直播电商政策量化分析与优化建议[J]. 当代经济管理，2024，46(4)：24-36.

[2] 郭全中. 中国直播电商的发展动因、现状与趋势[J]. 新闻与写作，2020(8)：84-91.

[3] 冯华. 直播电商产业存在的问题和治理对策[J]. 人民论坛，2023(6)：104-106.

[4] 李泠. 新媒体网络直播获取"流量密码"的策略探究[J]. 新闻研究刊，2023，14(12)：78-80.

[5] 余斌斌. 泛娱乐类网络直播现象中的问题分析研究[D]. 北京：北京印刷学院，2018.

[6] 李星华. 新媒体环境下网络直播平台发展现状及影响——以手机直播平台为例[J]. 中国报业，2018(5)：88-89.

[7] 骏君，李剑豪. 直播营销：高效打造日销百万的直播间[M]. 北京：中华工商联合出版社，2021.

[8] 吴炜，神龙工作室. 直播间实战：搭建+拍摄+剪辑+复盘全攻略[M]. 北京：人民邮电出版社，2023.

[9] 行动派琦琦，素宣. 爆款直播间：人人都能抓住的变现机会[M]. 长沙：湖南文艺出版社，2023.

[10] 张贵泉. 电商采购实战一本通[M]. 北京：人民邮电出版社，2021.

[11] 张宝生，张庆普，赵辰光. 电商直播模式下网络直播特征对消费者购买意愿的影响——消费者感知的中介作用[J]. 中国流通经济，2021，35(6)：52-61.

[12] 于邢香. 选品与采购 [M]. 2 版. 北京：高等教育出版社，2023.

[13] 唐·舒尔茨，等. 整合营销传播[M]. 呼和浩特：内蒙古人民出版社，1999.

[14] 云梦妮. "东方甄选"直播带货传播策略研究[D]. 呼和浩特：内蒙古师范大学，2023.

[15] 赵小琴. 乡村振兴背景下助农主播的直播叙事研究[D]. 上海：华东师范大学，2023.

[16] 曾佳. 媒介融合环境下文化遗产保护的电视直播分析[D]. 重庆：重庆工商大学，2017.

[17] 申林，史文思. 融媒体环境下时政新闻主持人的媒介形象塑造——以央视主持人康辉的 Vlog 为例[J]. 传媒，2020(10)：49-52.

[18] 陈诚. 戈夫曼戏剧理论呈现视阈下主持人的形象塑造[J]. 东南传播，2015(11)：156-158.

[19] 〔美〕詹姆斯·W. 凯瑞. 作为文化的传播[M]. 丁未，译. 北京：华夏出版社，2005.

[20] 年度报告|2023 年短视频直播与电商生态报告[EB/OL]. (2024-02-02)[2024-12-01]. https://dy.feigua.cn/article/detail/890.html?chl=feigua3_baidufeigua.

[21] 抖音电商搜索商家运营白皮书（外化版）[EB/OL]. (2022-09-14)[2024-12-01]. https://school.jinritemai.com/doudian/web/article/aHaey3MmfTDF?btm_ppre=a4977.b31122.c0.d0&btm_pre=a4977.b7658.c0.d0&btm_show_id=390f5989-9de2-4bfa-a44c-40d681571cdb.

[22] 李靖，胡永锋. 新媒体数据分析与应用[M]. 北京：人民邮电出版社，2022.

[23] 丁仁秀. 直播运营与操作实务[M]. 北京：北京大学出版社，2021.

[24] 宋夕东，邱新泉. 直播电商运营实务[M]. 北京：人民邮电出版社，2022.

[25] 耿康敏. 网络直播带货中主播的法律责任及风险防范[C]//香港新世纪文化出版社. 2023 年第六届智慧教育与人工智能发展国际学术会议论文集（第二卷）. 沈阳工业大学，2023：4.

[26] 刘霞. 直播带货法律规制问题研究[D]. 天津：天津师范大学，2023.

[27] 马晓静. 电商直播行业税务合规风险防范研究[J]. 财会研究，2022(12)：23-29.

[28] 姚震. 网络直播平台著作权侵权制度研究[M]. 北京：中国政法大学出版社，2022.

教师服务

感谢您选用清华大学出版社的教材！为了更好地服务教学，我们为授课教师提供本书的教学辅助资源，以及本学科重点教材信息。请您扫码获取。

≫ 教辅获取

本书教辅资源，授课教师扫码获取

≫ 样书赠送

电子商务类重点教材，教师扫码获取样书

 清华大学出版社

E-mail: tupfuwu@163.com
电话：010-83470332 / 83470142
地址：北京市海淀区双清路学研大厦 B 座 509

网址：https://www.tup.com.cn/
传真：8610-83470107
邮编：100084